神들의 이름

神[신]들의 이름

일본 천황가의 한국식 이름 연구

김인배 · 김문배 지음

오늘

後學들의 不斷한 연구정진을 격려하며

蘇鎭轍

(정치학박사 · 원광대교수 · 고대사연구가)

『古事記』와 『日本書紀』는 일본의 제일 오랜 「관찬정사(官撰正史)」로서, 쌍벽을 이루고 있는 古書이다.

『고사기』 권두의 서문에는 찬수자(撰修者) 태안만려(太安万侶)가 천무(天武)천황의 조(詔)를 받고 『제기(帝紀)』와 『구사(舊辭)』의 내용 중 잘못된 것을 고치는 일을 했다고 한다. 그 뒤 원명(元明)천황의 재조(再詔)를 받고 그는 이 일을 계속하여, 마침내 和銅 5년 정월(712년)에 『고사기』 3권을 완성했다는 것이다.

그러나 『일본서기』에는 그러한 찬문(撰文)이 없으며, 또한 발문(跋文)과 같은 것도 없어서 그 성립연대를 점치는 일은 쉬운 일이 아니다.

아무튼 『고사기』에는 제1대 신무(神武)~추고(推古)까지 33인, 『일본서기』에는 제1대 神武~제40대 지통(持統)까지 40인의 천황 시호(諡號)와 휘(諱)가 나온다. 특히 이들 역대 천황들의 휘는 한자로 표기되어 있긴 하나 정식한문 구조가 아니어서, 무슨 암호문같이 여겨질 만큼 난해했다.

따라서 지금까지 이들 천황의 이름들을 일본식 음·훈독으로 읽고는 있지만 무슨 뜻인지는 여전히 수수께끼였다. 그런데 이번에 김인배·문배 형제가 『神들의 이름』이란 제목으로 이들 역대 천황들의 이름을 해독한 연구서를 펴내게 되어, 나에게 그 권두언을 써주기를 의뢰해 왔다.

내가 듣기로는, 김인배 교수는 원래 소설가이며, 현재 대학에서 문학을 강의하고 있는 한편, 고대사 연구에도 깊은 관심을 가져 이 분야에서 공동연구자인 弟氏와 더불어 몇 권의 공저를 내기도 하였고, 일본의 월간지에 번역된 「万葉歌の謎」와 같은 논문들과 「記紀·万葉の解讀通信」이란 학회지에도 한때 고정필진으로 참여한 경력이 있는 줄로 알고 있다.

나 역시 한·일 고대관계사를 연구한 저서 「金石文으로 본 百濟武寧王의 世界」를 비롯하여 많은 논문들을 써온 까닭으로 두 형제분과는 공감의 폭을 넓혀온 것이 인연이 되어, 아마도 이번에 내게 이런 부탁을 해온 것으로 생각된다.

한·일 고대관계 연구라는 공통의 관심사 외에도 소위 「皇國史觀」에 침윤(浸潤)되지 않은 광복 후의 세대가 이와 같은 연구에 정진하고 있다는 점이 대견스럽기도 하여, 후학들을 격려하는 입장에서 쾌히 응낙하고 이 글을 쓰게 되었다.

내가 1994년에 펴낸 『금석문으로 본 백제 무령왕의 세계』에서도 지적하였듯이, 『일본서기』 편찬 때 많이 인용한 사료로 이른바 百濟三書(『백제기』, 『백제신찬』, 『백제본기』)가 있는데, 편자들은 그 원본에도 「가필(加筆)」하여, 그 내용을 「변개(變改)」하고 「조작(造作)」까지 한 것으로 보인다. 그리하여 천황의 몰년(歿年)은 「붕어(崩御)」로 표기하게 되고, 백제왕의 것은 「훙거(薨去)」로 표기하고 있다. 이런 기재방식으로 그들은 백제가 일본국의 신속국(臣屬國)인 양 만들어 놓았다.

그러나 백제국의 25대 사마왕(斯麻王), 즉 무령왕의 능(陵)에서 출토된 지석(誌石)에는 그 무덤의 주인공인 사마왕이 62세의 천수를 누리고 「崩御」 하시었다는 사실이 확실히 기록되어 있었다. 이로써 사마왕은 명백한 「大王」이었고, 대왕인 그 사마왕으로부터 소위 「우전팔번경(隅田八幡

鏡」의 銘文에 새겨 鏡을 하사받았던 계체(繼體)천황, 즉 男弟王은 거꾸로 「후왕(侯王)」이었음이 밝혀진 것이다.

이처럼 날조된 역사는 언젠가는 반드시 그 진상이 드러나게 마련이다. 『일본서기』가, 그 원본이라고 하는 『日本紀』와 내용이 다르다는 것은 「天皇」의 시호(諡號)만 보아도 알 수가 있다. 『일본기』가 편찬된 720년에는 「神武」와 같은 시호가 없었다는 것이 학계의 통설이다. 천황의 시호는 丹海御船이 처음 작호(作號)하였다고 하는데, 그는 721년에 출생했으며, 785년에 歿하였다고 한다.

따라서 津田左右吉이란 학자는 「太朝臣安万侶가 쓴 『고사기』도 후세의 적지 않은 윤색(潤色)이 있었다」고 지적한 것으로 보면, 『일본서기』 편자들이 심지어 『고사기』의 원문에도 가필을 했던 것임을 알 수 있다.

그러나 역사의 진실을 은폐하기 위해 의도적으로 변조하면 훗날 반드시 역사의 보복을 당하기 마련인 것이다.

이번에 간행한 『神들의 이름』은 그 부제인 「일본 천황가(家)의 한국식 이름 연구」에서도 알 수 있듯이, 역대 일본천황의 휘(諱)가 고대 한국어로써만 해독될 수 있다는 '가설' 아래 접근한 연구서지만, 이는 충분히 예상 가능한 가설이다. 또한, 신라왕자 천일창의 일본 도래(渡來) 기사가 『고사기』에서는 본래 <응신기>에 기재돼 있던 것이 『일본서기』 편자들에 의해 엉뚱하게 이보다 훨씬 연대를 소급하여 <수인기>에다 실어놓았다. 이 같은 역사 변조가 왜 일어났는지도 이 연구서는 자세히 밝히고 있다.

여러모로 참신한 발상과 독창적 방법에 의해 논지를 펼친 이번 연구서의 출간을 慶賀하며 또한 격려하는 바이다.

己丑年(서기 2009년) 初春

발간에 즈음하여

일본은 가히 '신들의 나라'로 불릴 만하다.

열도(列島)의 곳곳에는 온갖 신을 모신 수많은 신궁(神宮) 및 신사(神社)들이 세워져 있다.

국신(國神)이든 조상신이든 또는 마을 단위의 수호신이든 일상에서 신을 기리고 참배하는 것이 일본민족임은 주지의 사실이다. 최첨단 과학시대인 오늘날까지도 그런 국민적 관습은 변함없이 이어져 오고 있다. 그것이 어느 정도냐 하면, 한때 일본 정부를 대표하는 주요 각료가 공석에서 '일본은 신의 나라'라고 공공연히 말할 정도이다.

대다수 일본 국민들에게는 정작 그런 발언이 하등 이상할 것 없이 받아들여진다는 것 역시 타국인에겐 좀처럼 이해되지 않는다. 이처럼 소위 신의 나라 백성임을 자처하는 생활태도는 일본인들에게 일종의 집단 무의식을 형성할 만큼 깊게 뿌리 내리고 있다 해도 과언이 아니다.

그렇다면 이러한 특이한 정신구조는 어디서 연유하는 것일까?

그 연원(淵源)을 캐고 들면 아주 깊고 오래된 것임을 알 수 있다. 그것은 일본인들이 단순한 역사서를 넘어 '국민문학'으로까지 인식하고 있는 『고사기(古事記)』 및 『일본서기(日本書紀)』에서부터 시작되었다고 볼 수 있다. 거기에는 고대 일본의 신화, 일본 민족의 탄생과 유래, 그리고 국가 형성 등의 모든 것이 기술되어 있다. 이른바 '기·기'(記·紀: 고사기와 일본서기를 줄여서 통칭함)에 나오는 <창세의 신들>과 <신대(神代)·上下>의 기록, 그리고 이후에 전개되는 모든 천황세기(天皇世紀)의 내용들을 보면 일본은 가히 온갖 잡신들의 나라임에 틀림없다.

이를테면, 그 기록들을 통해 일본인들은 고대로부터 만물에 정령(精靈)이 깃들어 있다고 믿는 애니미즘의 신봉자들이었던 사실을 쉽게 발견할 수 있다. 종교의 원초적 형태의 한 가지인 그 정령숭배 사상은 오늘날 일본민족 고유의 전통적 종교인 '신토'(しんとう·神道 천리교 등 13개 종파가 있다)를 낳게 된 사실과도 무관하지 않다.

『일본서기』기록을 그대로 따르자면, 기원전의 인물인 제10대 숭신(崇神)왕의 세(世)에 이르러 무려 80만의 신들을 불러 모아 점을 치거나(…而會八十萬神, 以卜問之), 또, 대물주대신(大物主大神·오호모노누시노 오호카미) 및 왜대국혼신(倭大國魂神·야마토노 오호쿠니 다마노카미) 외에도 따로 80만의 수많은 신들을 제사지낸(便別祭八十萬群神) 예가 나온다. 이에 의하여 천사(天社), 국사(國社) 및 신지(神地), 신호(神戶)를 정하기도 하여 비로소 나라의 평안을 찾았다고 기록돼 있다.

왕의 시호(諡號)인 '숭신(崇神)'도 여기서 유래했다. 문자 그대로 '신을 숭상함'이란 뜻인 바, 온갖 신들을 숭상한 그의 업적을 따서 붙인 이름이나. 또한 그 자신이 신으로 숭배된 지이기도 히다.

이른바 태평양 전쟁으로 일본이 미국에 패망함으로써 비로소 인간 선언을 한 일본국왕은 그 이전까지만 해도 현신인(現神人)으로 추앙받았던 것이다. 이러한 역사적 사실을 감안하면 일본인의 의식구조 속에 '신들의 나라 일본'이란 생각의 뿌리가 얼마나 깊이 박혀있는지를 짐작할 수 있다. 특히 일본의 천황이 그 숱한 신들의 정점에 자리 잡고 있다.

따라서 이 책은 『고사기(古事記)』와 『일본서기(日本書紀)』에 등장하는 여러 신들의 이름 중에서도 주로 천황의 휘(諱)나 시호(諡號)[＝돌아가신 높은 어른의 이름]에 관한 새로운 연구서에 해당한다.

기왕에 해온 그동안의 <한·일 고대 관계사> 연구의 일환으로 펴내게 된 것으로, 독자 분들의 많은 관심과 질정(叱正)이 있기를 기대해본다.

공저자 김인배·김문배

神들의 이름 _차례

일본 천황가(天皇家)의 한국식 이름 연구

1

역사는 결코 스스로 말하지 않는다.

과거의 역사적 사실이란 어디까지나 우리가 그에 대한 해석상의 어떤 서술적 맥락 속에 집어넣어 의미를 띠게 하지 않는 이상, 결코 그 스스로 현재를 향해 말하는 법이 없다.

그럼에도 소위 실증사학자들의 견해로는 역사적 사실들로 하여금 스스로 말을 하게끔 만드는 것이 역사 서술의 최대요건이라고 한다. 또, 사료를 탐구할 때 주관의 개입을 배제하고 철저히 객관적 태도를 견지해야 한다는 주장들을 펴고 있다. 그러나 그와 같은 견해나 주장은 한낱 단순한 레도릭[修辭]에 불과하다.

왜냐하면, 그 어떤 서술 사료라 하더라도 그것은 기술한 사람의 주관에 따른 고찰, 즉 그 사람의 사관에 따른 각 시대의 역사일 뿐이기 때문이다.

게다가, 그 서술 사료를 작성한 자들의 개인적 사관에 따라 역사적 사실에 대한 취사선택까지도 이루어졌음을 감안해야 한다.

　사학자가 사료를 탐구할 때에는 이미 그 자신이 지닌 역사관과 의도에 따라서 사료에 접근하는 것이 보통이다. 말하자면 이것이 역사서술에서 사가(史家)의 주관이 개입될 수밖에 없는 이유이기도 하다. 그리고 사가의 이런 의도를 가리켜 우리는 보통 가설(假說)이라고 부른다. 즉, 사가는 나름대로 그 시대의 사건 전개에 대한 '예상 가능한 가설'을 세우고 사료에 접근하기 마련이다.

　그런데 하나의 가설이 진실 혹은 학문적 정설로 공인되기까지엔 오랜 기다림이 필요하다. 특히 수수께끼 같은 미해결 분야일수록 편견에 시달리거나 냉대받기 일쑤였던 역사적 사례들이 종종 있었다. 호이겐스의 '빛의 파동설'도 그런 대표적 사례 중 하나였다.

　17세기 중엽까지만 해도 고전역학에서는 빛을 원소의 하나로까지 간주할 만큼 뉴턴의 주장인 '빛의 입자설'이 지배적이었던 것이다.

　그러나 '빛의 간접 실험'과 '빛의 파동설', 그리고 서로 다른 매질(媒質 : 물리적 작용을 한 곳에서 다른 곳으로 전해주는 매개물. 예컨대 소리를 전하는 공기 따위)에서의 광속도 측정 등을 거쳐, 빛은 직진성(直進性) 및 회절(回折) 현상 등의 성질을 갖고 있는 짧은 파장으로 이해되기 시작했다.

　1678년 네덜란드의 호이겐스가 이런 빛의 파동설을 처음 내놓았다. 하지만 당대 뉴턴의 압도적 명성에 짓눌려 그는 침묵할 수밖에 없었다. 그도 그럴 것이, 당시에 뉴턴의 명성과 권위에 도전한다는 것은 계란으로 바위치기나 진배없는 자살행위였기 때문이다.

　호이겐스의 '가설'은 그 뒤 프랑스의 프레넬이 실험을 통해 빛의 파동설을 입증하기까지 무려 100년 넘게 기다려야 했다.

　이처럼 하나의 가설이 진리로 우뚝 서고, 부정할 수 없는 과학적 정설이 되어 마침내 새로운 패러다임의 획기적 전환을 가져오기까지엔 오랜 침묵의 기다림이 필요했던 경우란 역사상 드물지 않았다. 주지하다시피, 천동설과 같은 거짓진리가 폐기처분 당하고 지동설이 이를 대체한 것도 똑같은 사필귀정의 예에 속한다.

그러나 세상이 반드시 정직하게만 돌아가지는 않는 법이다. 아무리 옳은 것도 아예 빛을 못 보고 안타까이 영영 묻혀버리는 경우도 흔하니까 말이다.

반면에, 전혀 예기치 못했던 우연을 만나 창조적 발명 내지 발견으로 이어지는 경우도 허다하다.

2

우연히 찾아온 행운—이를테면, 별 생각 없이 그냥 지나쳐버렸던 생활 주변의 현상에서 운 좋게도 예상 밖의 어떤 해결책을 발견하는 재능을 일컬어 '세렌디피티'라 한다. 그것은 '세렌딥'이라는 스리랑카의 섬과 관련된 한 에피소드에서 유래하였다.

산기슭의 목초지에서 풀을 뜯던 많은 염소들 중에 어떤 한 마리만이 유독 한쪽 방향으로만 일정하게 풀을 뜯어먹으며 나아가고 있었다. 산의 위쪽으로 갈수록 더 무성한 풀밭이 있는데도 그 염소는 계속 아래쪽 기슭에서만 맴돌며 계속 전진하는 버릇이 있었다. 이를 이상하게 여겨 다른 장소로 그 염소를 옮겨놓아 봐도 그런 습관은 여전히 고쳐지지 않았다.

그 이유를 알아내도록 하라는 높은 사람의 녕을 받은 사가 오랜 궁리 끝에, 마침내 그 염소의 한쪽 눈이 실명(失明) 상태였기 때문이라는 사실을 우연히 발견하게 됐던 데서 이 섬의 이름을 따, 세렌디피티라 명명하게 되었다고 한다.

대충 그런 사연을 지닌 이 세렌디피티는 이후로 '우연히 발견하는 능력' 혹은 '운수 좋은 뜻밖의 발견'과 같은 의미로 통용되고 있다.

그러나 좀 더 자세히 들여다보면, 결코 거저 얻어진 우연의 산물은 아니다. 역사상 세렌디피티의 수혜자들도 당면한 어떤 문제를 두고 수많은 시행착오와 번민을 거듭했으며 오랜 시간 골머리를 앓았다는 점을 간과할 수 없다.

아르키메데스가 목욕탕의 욕조 안에서 뛰쳐나와 벌거숭이 몸으로 집을 향해 내달리며 "유레카! (찾았어!)"라고 외쳤던 사건은 가장 오래된 세렌디피티의 사례로 손꼽힌다. 이렇게 해서 탄생한 아르키메데스의 원리(즉, 물속에서의 부력과 밀도의 관계)도 그가 왕관의 순금(純金)제작 여부에 관한 문제를 가지고 오랫동안 고민했던 우연찮은 결과의 발견이었다. 굳이 억지용어로 말하면, '우연적 필연'이었던 셈이다.

이처럼 위대하고 귀중한 발견의 행운은 오랜 기간 거듭된 실패와 탐색을 거치는, 준비된 마음가짐의 상태에서 찾아오는 것이다. 달리 말하면, 세렌디피티는 항시 준비된 자에게만 따르는 행운이다.

또 다른 사례 한 가지—1799년 7월, 이집트 원정에 나섰던 나폴레옹 부대는 로제타라는 마을에서 우연히 돌비석 하나를 발견하게 된다. 이른바 '로제타스톤'이다. 거기에 새겨진 이집트 상형문자의 비밀에 대한 해독 과정도 이와 유사하다.

수많은 연구자들이 이 수수께끼의 문자에 매달렸지만 속 시원한 해답을 내놓지 못했다. 대부분 사람들의 실패는, 이 상형문자를 일종의 원시적 표의(表意)문자로 취급하여 각각의 형상들이 시사하는 '의미'에만 착안한 데서 비롯했던 것이다. 말하자면 처음부터 접근방법이 잘못됐던 셈이다.

이집트 상형문자는 의미뿐만 아니라 음성학적 분야도 고려되어야 한다는 발상의 전환이 필요했다. 이에 프랑스의 고대언어 학자 상폴리옹은 뜻과 소릿값의 조합이라는 새로운 '가설'을 설정하고 연구에 몰두했다.

그리하여 로제타스톤이 발견된 지 23년이 지나서야 마침내 그는 이 비석의 비밀을 해독해냈다. 그 결과 어린 왕의 공덕비임을 밝혀낸 것이다.

이 글의 서두에서 말한 대로 하나의 가설이 학문적 정설로 공인되기까지엔 오랜 기다림이 필요하다. 또한, 기존 틀을 파괴하는 데서 새로운 발상의 전환이 가능하고, 그런 방향으로 당면한 문제에 몰두함으로써 우연한 발견, 즉 세렌디피티의 행운도 따른다.

"뜻이 있는 곳에 길이 있다"는 명언은 아마도 이래서 여전히 변함없는 진리로 받아들여지는 것일 게다.

3

이번에 발간하는 우리의 연구서도 기존 틀의 파괴와 발상의 전환, 그리고 문제해결에의 오랜 몰두가 발견의 행운으로 이어진 결과물이다.

그동안 우리는 나름대로 한·일 고대 관계사 연구에 몰두해 왔다. 그 과정에 『고사기(古事記)』, 『일본서기(日本書記)』 등의 사서들도 당연히 깊이 탐독하지 않을 수 없었다.

그런데 특히 이 두 사서에 등장하는 40여명의 역대 일본 천황의 휘(諱) 또는 시호(諡號)가 유난히 우리의 관심을 끌었다.

휘 혹은 시호란 주지하다시피, 왕이나 기타 지체 높은 분의 사후에 그들의 공덕을 기리거나 혹은 생전의 특징 따위를 함축하여 붙였던 이름이다.

일본 천황가(天皇家)는 아예 성(姓)이 없고 이름뿐이다. 신(神)이라고 여겼기 때문이다. 그런데 우리가 특별히 주목한 것은, 신으로 추앙되던 고대 일본천황들의 중국식 시호(두 글자로 된 짧은 명칭) 옆에 또 다른 긴 이름이 붙어 있다는 점이었다.

한자(漢字)로 표기하긴 했지만 정격(正格)한문이 아니어서 그동안 일본학계에선 그 뜻을 전혀 해독하지 못하고 있었다. 그냥 나열된 한자를 일본식 음· 훈독(音· 訓讀)으로 호칭할 뿐, 뜻은 잘 알 수 없다는 식으로 치부하고 있는 실정이다.

한자차용(漢字借用)으로 기록된 제법 긴 수수께끼 같은(40여 천황의) 이 별칭들은, 이른바 신라의 향찰식 표기처럼 음독과 훈독의 조합을 통한 '소리 매김 부호'로서 고대 한국어로 읽힌다─고 착안한 바로 이 점이 우리의 새로운 발견이라면 발견이랄 수도 있겠다.

발견의 기쁨! 이것은 분명 행운에 속한다. 그러나 그 발견의 첫 단서는 일본에 한문을 전래한 사람이 백제의 왕인(王仁)박사였다는 점이다. 더구나 백제 멸망 후 일본으로 건너간 백제계 유민인 오노야스마로(太安万侶)를 중심으로 집필된 『고사기(古事記)』(AD718)와 뒷날 이를 근간으로 보완된 『일본서기(日本書記)』(AD720)였다는 사실에서, 이들 천황의 긴 이름이 향찰식으로 표기되었다고 예상해 볼 근거는 충분하다.

이를 뒷받침하는 또 다른 사례가 최근 학술논문으로 발표되었다.

김영욱(서울시립대 국어국문과 교수)의 「고대 한국 목간(木簡)에 보이는 석독표기(釋讀表記)에 대하여」라는 논문이 그것이다.

지금까지는 『삼국유사』에 기록된 신라 향가(鄕歌)를 토대로 8세기 이후 신라인이 향찰(鄕札)을 이용한 것으로 추정해 왔다. 하지만, 그보다 훨씬 이전인 6세기에 백제인들도 한자의 음과 뜻을 빌려 우리말을 기록하는 향찰식 표기법을 사용했다는 연구결과를 내놓은 것이다.

이를테면, 지난 1971년 발견된 백제 무령왕릉의 지석(誌石)이 한국식 어순(語順)과 한문이 혼재돼 있다는 것, 또 서기 2000년 충남 부여 능산리고분의 인근에서 발견된 목간의 내용─숙세결업동생일처, 시비상문상배백래(宿世結業同生一處, 是非相問上拜白來)─등을 예로 들며, 서기 6~7세기 초에 백제인이 향찰로 쓴 최고(最古)의 백제 시가(詩歌)라고 김 교수는 주장한다. 즉, 이 목간에 적힌 글의 뜻을 「전생에서 맺은 인연으로 이 세상에 함께 났으니 시비를 가릴 양이면 서로에게 물어서 공경하고 절한 후에 사뢰러 오십시오」라고 한국어의 어순으로 풀이했다.

그리고 다시 2002년 부여 능산리 절터에서 발굴한 목간(서기 6세기 유물)에 적힌 '猪耳(저이)'는 '도치'(즉, 돼지)라 읽었는데, 이는 돼지라는 별명을 가진 하급관리를 지칭한 것으로 순 우리말을 한자를 빌려 표기한 최초의 출토유물로 파악했다.

특히, "宿世……"명문의 목간 내용은 4언4구(四言四句)의 일정한 형식을 갖추었고, 공식문서가 아닌 정서적인 내용을 담고 있으며, 불교의 연기론을 바탕으로 한 신라향가 초기의 형태와 비슷하다는 점을 꼽았다.

이로써 "향가 초기에 쓴 향찰이 신라 고유의 것만은 아니고, 백제에서는 신라보다도 100여 년 앞서 이와 같은 표기법을 사용했음을 알 수 있다."고 김 교수는 주장했다. 이로써 향찰표기의 기원은 8세기 신라가 아닌 백제로 거슬러 올라가야 하며, 향가 역시 신라인들보다 백제인들이 먼저 지어 불렀을 것으로 추정할 수 있다는 것이다.

그러나 이것은 어디까지나 예상 가능한 하나의 '가설'이다.

정식한문의 해석법으로는 이해되지 않는 일본천황의 긴 휘(諱)가 향찰식 표기법에 따라 고대 한국어를 적은 것이라는 우리의 주장과 마찬가지로, 이러한 '가설'들이 정당한 학설로 공인되기까지엔 오랜 시간과 논쟁이 필요하다는 것도 우리는 잘 알고 있다.

그런 여러 가지 정황들을 충분히 고려하여 우리는 그 이름에 담긴 의미를 해독하려 했고, 또한 학술적 가치를 지닐 수 있는 방향으로 접근하고자 노력했다.

4

그런데 일본의 역사서에 등장하는 천황의 긴 이름들이 과연 향찰식 표기법에 따라 기술되었다면 고대 한지(韓地)의 삼국인 고구려·백제·신라의 언어가 같았다는 주장엔 근거가 있는가?

그렇다. 거기에 대해서도 충분한 근거가 있다.

주지하다시피 민족판별의 과학적 지표는 첫째가 언어이다.

『양서(梁書)』<백제전>에서는, "백제는 언어와 복장이 대략 고구려와 같다."고 했다. 주몽(朱蒙)을 도와 고구려 건국에 지대한 공로를 세운 소서노(召西奴)의 두 아들 비류와 온조가 남하하여 세운 나라가 백제였다. 그리고 그 언어는 북방계 부여 말과 고구려 말의 갈래라고 볼 수 있는데, 현재의 경기도·충청도·전라도 말의 고대어에 해당한다. 그렇기에 『양서』의 기록대로 백제 말은 고구려 말과 대략 같다고 한 것이다. 그러면, 신라 말은 어떠했을까?

『삼국사기』<신라본기> 선덕왕11년(AD642)조(條)와 <고구려본기> 보장왕 조(條)에는, 뒷날 신라의 왕이 될 김춘추가 고구려로 가서 대야성(大耶城:지금의 합천)을 함락한 백제의 거듭된 침공을 무찌를 구원병을 보내줄 것을 보장왕에게 청했던 내용이 나온다. 이는 당시 삼국이 서로 통역 없이도 의사소통에 별 지장이 없었음을 보여주는 증거이다.

우리 국어학계의 공인된 학설로는, 고대 삼국의 언어에 공통점과 차이점이 있었을 것으로 보지만 그 차이라는 것이 대개 지역적 특성을 반영하는 정도의 방언적 차이였을 것으로 추정하고 있다. 즉, 어휘의 일부, 격조사, 어미 등에서 나타나는 미세한 방언적 차이 정도인데, 이는 현대어에서도 마찬가지 현상을 보인다.

아무튼 신라가 삼국을 통합하면서부터 경주어를 중심으로 우리말이 통일되는 양상을 보인다. 그래서 이때부터 일반적으로 고대한국어라고

하면 신라어를 가리키게 된 것이다.

우리가 이 연구서의 표제로 삼은 『신(神)들의 이름』, 그리고 부제(副題)인 「일본 천황가의 한국식 이름 연구」라는 것도, 바로 일본 천황들의 수수께끼 같은 그 이름들이 실은 당시 보편적이었던 향찰식 표기법에 따라 고대 한국어로 적은 것이라는 의미이기도 하다.

무릇 역사지식의 대중화라는 그럴 듯한 명분 아래 오늘날 출판사들이 양산해내는 역사관련 서적들은 대체로 흥미위주의 기획물들이 태반이다. 역사문제에 관한 일반 대중들의 관심이 높아질수록 그것에 대한 진지한 접근보다는 우선 재미 위주의 읽을거리들을 마구 찍어내는 경향이 있다. 쉽게 말하면 이런 출판물들은 돈이 되는 것이다.

그러나 독서인구의 저변확장이란 이점(利點)과 학술적 가치가 반드시 정비례하는 것은 아니다. 그러므로 우리는 이 연구서를 통해 비록 상업적 전망이 불투명하더라도 흥미본위나 소설적 상상력이 아닌 학문적 엄밀함으로 천황들의 휘(諱)나 시호(諡號)에 담긴 비밀을 밝혀내고자 하였다.

요컨대 신(神)의 반열에 올랐던 천황들의 명칭이 고대 한국어로써만 해독가능하다는 사실이다.

한국식 이름을 가진 일본 천황가의 정체는, 이로써 일본이란 나라는 우리에게 과연 무엇인가에 대해 시사(示唆)하는 바 크다 할 것이다.

제1부

역대(歷代) 일본천황의 시호(諡號)와 휘(諱)
―신무(神武)에서 응신(?神)까지

서장(序章)

인접한 이웃 나라끼리 서로 수많은 영향을 주고받아온 것은 인류역 사가 증명하는 필연적 현상이다. 우리는 고대 한국의 여러 왕국과 고대 일본 사이에 광범위한 문화적 관계가 있었음을 익히 알고 있다. 이런 현 상은 역사적으로 수많은 접촉과 교류, 민족의 이동 또는 전쟁 등의 빈번 하고 광범위한 관계에 의해 이뤄진 결과이다.

간단히 한 예를 들더라도, 한국을 통해서 대승불교나 한자(漢字) 등이 일본에 도입되었고, 이로써 문화나 문자 역시 일본으로 건너갔다는 사 실로도 알 수 있다. 더구나 『고사기(古事記)』와 『일본서기(日本書記)』를 기록한 이들 중에는 백제에서 망명한 도래인(渡來人)들이 직접 참여했던 역사적 사실을 간과(看過)해서는 안 될 것이다.

고대 일본의 발전과 일본어의 형성은 고대 한국과의 접촉 없이는 생 각할 수 없다. 적어도 야요이시대(彌生時代) 후반(1~3세기)의 한국 남부 지방과 일본 규슈(九州) 지방은 동일 문화권이었고, 동일 언어가 사용되 었다고 추정할 수 있다. 이 점은 일본학계에서도 대체로 공인하고 있다. 그 뒤 백제를 통해 특히 문자를 가질 수 있게 되었다는 점에서 대단히 중요한 전기(轉機)가 마련되었다고 볼 수 있다.

예를 들면, 『수서(隋書)』권(卷)81의 <동이전·왜국(東夷傳·倭國)>조 (條)에 보면 다음과 같은 글이 보인다.

「문자는 없고, 나무에 세긴다든지 포승을 묶을[結繩] 뿐이다. 불법을 존경하고 백제를 통해 불경을 습득하여 비로소 문자를 가지게 되었다.」

중국을 통해 직접적으로 한자 습득이 실현된 것이 아니라, 한반도를 경유해 한자를 받아들인 다음에 비로소 문자를 가지게 되었다는 의미이 다. 백제의 왕인(王仁) 박사가 처음으로 한문과 여러 전적(典籍)을 가져가 교육했다는 『일본서기』의 기록 역시 이를 뒷받침한다. 이 점은 당연히 당시의 일본 땅에서 한자를 사용한 최초의 사람들이 한반도의 도래인들이었다는 말과도 같은 것이다.

『고사기(古事記)』(712년)를 저술한 태안만려(太安万侶: 오노야스마로)가 백제의 망명인(亡命人)이었다는 점을 염두에 두고서 이러한 문제를 살펴볼 필요가 있다.

가급적 당시 일본에서 사용하던 언어를 한자로 적기 위해 고심했던 일면이 서문에 집약되어 있는 그 의미를 조심스레 헤아려야 할 것이다.

「상고(上古)의 것은 말과 의미가 모두 소박하며, 문장을 만들고 또 문구를 만들려고 하였지만, 문자(즉 한자)로 나타내기가 매우 어려웠다. 모두 훈독(訓讀)하여 서술하면 말이 그 의미와 일치하지 않고, 또 이를 음독하여 서술하면 이번에는 그 내용의 문장이 너무 길어진다. 이와 같은 까닭으로 지금 하나의 구(句) 안에 음독과 훈독을 혼용하였고, 그리고 경우에 따라서는 모두 훈독으로 기록한 것도 있다.」

『고사기』 서문의 이러한 내용을 대개의 일본 학자들은 「한자를 사용하여 일본어를 기록하는 것의 어려움에 대한 고심(苦心)을 적은 것」이라고 해석하고 있다. 이 점, 우리는 그 판단이 오해라고 생각한다.

태안만려[오노야스마로]가 하나의 구(句) 안에 음독과 훈독을 혼용한 것도 있고, 경우에 따라서는 모두 훈독으로 기록한 것도 있다고 한 점을 우리는 당시 일본어의 음독과 훈독을 모두 적은 것으로는 보지 않기 때문이다. 상당수의 백제어(넓은 의미의 고대 한국어)를 음독과 훈독으로 적었다고 보는 것이다.

지금부터 서술할 이 연구서의 내용들은 이와 같은 결론을 입증하기 위한 글이 될 것이다. 이 점은 『일본서기』(720년) 집필 태도에서도 그대로 적용된다는 것이 우리의 주장이다.

이것은 본문 중에 훈(訓)을 달아 작은 글자로 이단(二段)으로 된 세로쓰기를 한 부분에 해당하는데, 종래까지는 한자에 일본어 읽는 법을 부여한 것으로 믿고 있었다. 일본서기에서는 이 부분을 주로 「차운(此云)……」(이는……라고 이른다)으로 표시하고, 역시 그와 같은 방식으로 당시의 일본어를 어떻게 읽는가를 시사(示唆)한 것으로 인식해 왔다.

그러나 한자를 최초로 일본에 가져와서 사용한 집단은 주지하다시피 한반도에서 도래한 사람들이었다. 그들이 한자의 음과 훈을 빌려 자기 나랏말을 적는 방식에 고심했다는 것은 결국 본국이었던 고대 한국에서 행했던 방식과 유사했을 것이라고 쉽게 추정할 수 있다.

이러한 '가설' 밑에서 아직 그 뜻이 명확하게 밝혀지지 않고 있는 고사기 및 일본서기 속의 역대천황(歷代天皇)들의 휘(諱) 또는 시호(諡號)와 그밖에 여러 인물의 이름이나 관명(官名), 지명(地名) 등에 그대로 적용시켜 읽어보고, 그 결과를 살펴보는 것도 매우 흥미 있는 시도라고 생각한다.

"일본어의 뿌리는 한국어다."

이렇게 당당히 주장하고 있는 일본인 언어학자가 있다. 시미즈 기요시 교수가 바로 장본인이다. 그는 전직(前職) 오스트리아의 빈 대학 교수 출신으로 아프리카 언어 연구의 권위자였다. 30년간의 해외생활을 마치고 1994년 일본 구마모토 대학 언어학과 주임교수로 부임한 이후, 당시 대학원생인 제자 중에 한국인 박명미 씨를 지도하게 되면서부터 박 씨의 연구과제였던 한·일 언어의 관련성에 깊은 관심을 갖게 되었다고 한다. 나중엔 시미즈 교수 자신이 '일본어 뿌리 찾기'에 매료돼 2002년엔 교수직마저 그만두고 연구에 몰두해왔다. 그 결과, 한국어를

<반도 한어(半島 韓語)>로, 일본어를 <열도 한어(列島 韓語)>로 부르며 <한어 비교언어학>이라는 새로운 분야를 개척하고 있다.

스승과 제자인 두 사람의 공저(共著) 『당신은 한국인』(아나타와 캉꼬꾸진)에서 한국과 일본의 고유어 1300여 개의 소리를 비교해 두 언어의 뿌리가 같다고 주장한다(책을 펴낼 당시에 박명미 씨는 일본규슈 산업대 한국어 강사로 재직). 두 교수는 조만간 <한·일 고유어 사전>(5000여 어휘 비교)도 펴낼 계획이라고 기사는 전한다(중앙일보 2004년 9월 3일자: 배영대 기자의 기사 참조).

그리고 약간 성격은 다르지만 이와 유사한 주장을 펴고 있는 가장 최근의 저서로는 『총(銃), 균(菌), 그리고 쇠』(GUNS, GERMS, and STEEL)가 있다.

미국 로스앤젤레스 캘리포니아대(UCLA)의 의과대 생리학과 교수인 저자(제레드 다이아몬드)의 이 책은 진화생물학, 문화인류학, 역사학, 지리학, 병리학, 언어학을 종합해 인류 문명에서 불평등의 기원을 추적한 내용이다. 특히 제목에서 알 수 있듯, 인류의 역사를 무기와 병균, 그리고 금속의 개발과 변화라는 관점에서 풀어나간 명저로 평가받고 있다. 1998년 퓰리처상 수상작의 개정증보판을 최근에 내면서 <일본인은 어디에서 왔는가>라는 장(章)을 추가한 것이 한국인 독자들에게는 특별히 눈길을 끈다(문학사상사 간행).

결론부터 요약하면, '일본인의 조상은 한국인'이라는 주장이다.

"규모는 알 수 없지만 고대 한국인의 이주가 현대 일본인에게 막대한 영향을 미쳤다."고 저자는 단정 지었다. 즉, 일본인의 유전자를 분석하면 고대 일본에 살던 조몬인(繩文人)보다는 한국인과 야요이인(彌生人)—고대 한국인과 조몬인의 혼혈—의 유전자 비율이 더욱 높다는 것이다. 또한 오늘날 한국어와 일본어가 차이를 많이 보이지만 이는 고대 일본어가 고구려어를 많이 수용했기 때문에 발생했다는 것이다.

아무튼 위의 사례들은 한·일 관계에 대한 연구를 깊이 파고들수록 우리가 주장하려는 결론을 더욱 신빙성 있게 뒷받침해준다.

1. 고대인(古代人)의 작명(作名) 방식

세상 만물은 다 이름이 있다. 그 이름은 인간이 부여한 것이다.

이름을 갖지 못한 것은 세상에 존재하지 않거나 아직 인간의 인식 밖에 있는 것들이다.

이름을 짓는다는 것은 곧 의미를 부여하는 일이다. 언어 이전에 존재하고 있던 사물도 언어를 빌리지 않으면 인식되기 어렵다.

<태초에 말씀이 있었느니라>와 같은 「신약성서」의 구절도 이러한 언어의 중요성, 즉 혼돈스런 것에 하나의 일정한 의미를 부여함으로써 형태를 띠게 하는 말의 중요한 역할을 강조한 것으로 해석된다. 그러므로 언어는 세상을 인식하는 단서다. 따라서 언어로 나타나는 사물들은 모두 그 존재의 본질에 걸맞은 이름들을 갖고 있다.

특히 사람의 이름 속에는 대개 그 존재를 단적으로 표현해 나타내려는 의도가 개재해 있는 것이 특징이다. 즉, 함축적인 의미부여가 그 이름 속에 깃들어 있다는 뜻이다. 이런 점에서 의도적인 작명 속에는 바로 그 사람의 속성 및 성품 등이 담겨지게 되는 것이다.

인간이 기록한 '신(神)의 이름' 중 가장 오래된 것은 수메르 신화 속의 「엔릴(Enril)」이다. 비를 내려 만물을 낳아 기르는 하늘의 주인이자 대기(大氣)의 신이었다. 그러나 최고신인 엔릴은 너무 엄격하여 인류의 행동에 실망한 나머지 온 세상을 대홍수로 말끔히 씻어 버리고자 했다.

그에 비해, 제2인자인 「엔키(Enki)」는 자애롭고 온유한 신으로서, 엔

릴의 계획을 인간에게 알려주었다. 그 덕분에 인류는 살아남을 수 있었다. 그래서 그 후 사람들은 지상적 삶의 고달픔과 어려움에 무심하고 엄혹한 신 엔릴보다는 인간을 자상하게 도와주는 대지(大地)의 신 엔키를 모시게 되었다는 것이다.

또, 기독교의 유일신(唯一神)인 하나님도 「구약성서」에서는 여러 번 다른 이름으로 불리고 있음을 볼 수 있다.

예컨대, 창세기 제1장 제1절에서부터 사용된 하나님의 이름은 「엘로힘(Elohim)」이다. 롯의 구출작전에 성공한 아브라함이 멜기세덱을 만났을 때(창세기 : 제14장 18절), 그를 가리켜 「지극히 높으신 하나님의 제사장」이라고 불렀는데 이때의 하나님의 이름은 「엘 엘욘(El Elyon)」, 즉 <지극히 높으신 하나님>이란 의미였다. 하나님의 또 다른 이름 중에 「야훼(Yahweh)」(여호와)가 있다. 이 이름은 <스스로 계시는 분(I am that I am)>이다. 또, 「야훼이레(Yahweh jireh)」는 <예비하시는 하나님>의 뜻이다.

이처럼 유일신까지도 함축적인 여러 의미를 지닌 이름으로 불리고 있다. 그런데 『일본서기(日本書紀)』를 읽다 보면 가장 난해한 것 중의 하나가 역대 천황들의 긴 시호(諡號)였다. 짧은 중국식 시호 외에 아주 긴 이름이 붙은 천황들의 그 별칭에는 과연 무슨 의미가 담겨 있는 것일까? 비록 한자를 사용하여 적고 있으나 정식한문이 아니기 때문에 여전히 불가해한 수수께끼로 남아 있다.

이것을 해독해낼 수만 있다면 그 천황에 관련된 여러 수수께끼들이 풀리면서 저절로 숨겨진 비밀 따위가 드러날 수 있지 않을까. 우리의 착안은 여기서 비롯하였다.

이와 관련해서 잠깐 재미있는 예를 한 가지 소개해두는 것이 좋을 것 같다.

벌써 이십여년 전에 상영됐던 아메리카 영화 「늑대와 함께 춤을 (Dance with wolves)」이라는 그 제목부터가 매우 인상 깊었던 적이 있다. 아메리카 인디언의 한 부족인 수우족(族)이 백인들의 침입에 밀려 그들의 평화스런 영토를 잃고 점점 멸망해가는 과정을 안타깝게 지켜보던 한 백인 기병대 장교와 인디언의 애정 어린 교감을 그린 내용이었다.

이 휴먼 드라마의 표제목인 「늑대와 함께 춤추다」란 것은, 실제 영화 속에서 백인 기병장교가 늑대를 길들이는 과정에 서로 가까워져 함께 춤을 추는 장면을 말한 것인데, 이를 본 그 수우족 인디언들이 그에게 붙여준 이름이기도 했다. 그 영화가 인상 깊었던 것은 무엇보다 이 점이었다. 아메리카 인디언들의 작명방식은 대개 그 사람의 행위, 습성, 특징 등을 단적으로 압축하여 의미를 부여하는 식이었음을 일깨워 준 셈이다.

역시 그 영화에서 예를 더 들면, 포니족의 습격으로 가족을 잃은 한 백인 소녀가 수우족에게 구원되어 그들 틈에 끼어 살고 있었다. 그녀의 이름은 「주먹 쥐고 일어서」였다. 백인이라고 종종 주변 사람들에게 조롱과 놀림을 받던 그 여인이 하루는 분노하여 주먹을 불끈 쥐고 일어섰다. 그리고는 평소 유난히 자기를 업신여기던 수우족 여인을 주먹으로 후려친 뒤에 그런 이름으로 불리게 된다. 그밖에 「발로 차는 새」는 행동이 날쌘 인디언 이름이었다. 얼마나 재빨랐으면 땅에 앉은 새를 발길로 걷어차서 사냥한 경력을 가진 자에게 붙여진 이름이었던 것이다.

이러한 작명방식은 아메리카 인디언에게 국한된 것이 아니라 고대한국의 옛 문헌인 『삼국사기(三國史記)』나 『삼국유사(三國遺事)』에서도 비슷한 유형을 쉽게 발견할 수 있다.

한 예로, 신라의 건국시조였던 박혁거세왕(朴赫居世王)에 대하여 삼국유사에는 이 이름이 필경 향언(鄕言, 즉 신라말)일 것이라 하고, 혁거세는

弗矩內(불구내)라고도 읽으니, 그 뜻은 <밝게 세상을 다스림>이라고 기록돼 있다.

즉, 왕의 이름인 혁거세는 한자의 훈과 음을 빌려 <붉거뉘>라 읽는데[혁(赫)의 훈=붉, 거(巨)의 음=거, 세(世)의 훈=뉘(누리)].

그래서 赫居世(혁거세=붉거뉘)와 같은 뜻을 가지며 음도 비슷한 '불구내(弗矩內)'라고도 했다. 이는 둘 다 「밝은 세상」, 즉 광명이세(光明理世=밝은 빛으로 세상을 다스림)의 의미를 향찰식(한자를 빌려 신라 말을 표기하는 방식)으로 적은 것이다. 「붉(赫)」과 「밝(明)」은 한가지로 그 어원이 「붉(煇, 輝)」이기 때문이다.

이러한 향찰식 표기방식은 고대 한국에서 인명, 관명, 지명 등에 폭넓게 사용되었다. 여기서 당연히 생각해 봐야 할 것은 이처럼 인명을 적는 방식이 일본에서도 그대로 적용되느냐의 문제이다.

결론부터 말하면, 우리의 연구 결과에 의해 이처럼 인명을 향찰식으로 적었던 방식이 한반도로부터 일본으로 건너간 사람들에 의해 그대로 전해져, 여기서 더욱 발전하였다는 것을 알 수 있었다.

예를 들면, 『만엽집(万葉集: 만요슈)』 속에서 그 이름을 흔히 볼 수 있는 당대의 대표 가인(歌人) 중 하나로 손꼽히는 여인으로 액전왕(額田王, 혹은 額田姬王이라고도 불림)이 있다. 일본식 독법으로는, 「누가타노 오오키미(ぬかたのおおきみ)」다.

일본식 기존 읽기에 대한 의문은, 어째서 왕이 아닌 여인에게 '王'이란 글자를 부여했는가, 하는 점이다. 여기서 우리가 명백히 인식해야 할 것은, '왕'이 문자 그대로 계급상의 뜻으로 쓰인 것이 아니라, 어디까지나 향찰식 한자표기법에 따른 인명이라는 사실이다.

첫 번째 시도로 그녀의 이름에 대한 수수께끼를 해명하는 데서부터 출발하기로 한다.

2. 향찰(鄕札)의 3가지 표기원리(表記原理)

우선 「향찰」이란 것은, 한자의 읽기를 통해 그 음이나 훈을 빌려 자국(自國)의 말, 즉 고대 한국어를 표기하고자 한 방법으로, 일본의 만요가나(万葉仮名)와 가장 가까운 것으로 보면 된다.

이런 향찰식 표기 원리에 따른 3가지 법칙을 적용하여 읽어 보기로 한다. 우선 향찰식 표기의 3가지 법칙이란 다음과 같다.

(1) 훈(訓)으로부터 음(音)을 빌리는 방법-(제1법칙)

한자의 훈에서 그 소릿값(音價)만 빌려 다른 뜻으로 전용(轉用)하는 방식인데, 이것의 사용 방법을 이해하는 것이 제일 어렵다. 그런 만큼, 주관적인 사용 방법도 가장 많이 나타나고, 고대 한국어의 '구어(口語)' 표기에 어느 정도 무리를 해서라도 적용시키려 한 노력이 엿보인다.

예①⇒'月'은 훈으로는 「돌」(현대어로는 '달')이지만, 「돌」의 음을 빌려서, 동음의 다른 단어인 「等(돌)」또는 「縣(돌)」의 의미에 쓴다. 말하자면, 순전히 한자 훈의 그 음만 따서, 다른 뜻으로 전용하는 방법이다.

예②⇒'天'은 훈으로는 「하늘」(현대어로는 '하늘')이지만, 「하늘」의 음가(音價)를 빌려서, 같은 음의 다른 단어인 「하나(一)를」의 준말인 「(ᄒᆞ나홀→)ᄒᆞᆫ날」의 의미에 쓴다.

설

(2) 훈독(訓讀)—(제2법칙)

문자 그대로, 한자가 지닌 원의(原義)를 사용하여 읽는 방법이다. 훈독자(訓讀字) 또는 석독자(釋讀字)라 한다. 통칭으로 '훈독'.

예①⇒'月'의 훈(原義)인 「돌」(현대어, 달)을 그대로 읽고, 月(달)의 의미로 씀.

예②⇒'天'의 훈(原義)인 「하늘」(현대어, 하늘)을 그대로 읽고, 天(하늘)의 의미로 씀.

(3) 음차(音借)──(제3법칙)

한자의 음을 빌려서 쓴다. 일자일음(一字一音)의 경우가 원칙이다. 한자의 뜻과는 관계없이 음만을 빌려 쓰는 표기법. 가령 <古>자를 그 의미와는 관계없이 <고>라는 음을 나타내는 기호로 사용하는 것과 같은 방법이다. 이 원리에 따른 한자표기를 음차자(音借字) 또는 음독자(音讀字)라 한다. 통칭으로 '음차'.

그러나 그 의미와는 관계없이 음만을 빌려 쓰는 것이 음차의 원리라 하더라도, 한자의 선택에서는 특히 그 한자가 지닌 의미를 고려해서, 문맥의 이미지(image)에 알맞은 것을 사용함을 원칙으로 한다. 그것은, 일자일음에 동음의 한자가 많고, 선택폭이 넓기 때문이다.

예①⇒'吾'는 「오」로서 사용. 이때 吾(나, 우리)의 이미지를 고려해서, 동일하게 「오」로 읽히는 '午'나 '五', 또는 '吳'나 '汚'와의 다름을 생각하여, 문맥상 어울리는 것을 고른다.

이러한 향찰식 표기법의 기원은 8세기의 신라학자인 설총(薛聰)이 이두(吏讀)를 발명했다는 692년보다 훨씬 앞서 나타난다. <남산신성비(南山神聖碑)>나 <갈항사조탑기(葛項寺造塔記)>의 조성 연대인 7세기에는 물론이고, 간단한 관명, 인명, 지명 등에서는 한자사용에 의해 당시의 신라 말을 표기한 방식이 고대 삼국에서 기원 1세기 무렵에 벌써 사용되었던 예를 볼 수 있다.

향찰과 이두의 개념 및 특징, 그리고 양자의 차이점 등에 관해서는 뒤에 나올 <부록>에서 다루기로 하고, 여기서는 이 정도로 약(略)한다.

3. 작명 방식의 사례

「액전왕(額田王)」 혹은 「액전희왕(額田姬王)」의 이름에 담긴 의미
―두 왕을 섬기는 여인의 운명이 함축된 작명

「액전왕(額田王 · 누카타노 오오키미)」은, 재색겸비(才色兼備)의 만요가인(万葉歌人)으로서, 또 2대(代)의 천황, 즉 천지(天智)와 천무(天武)의 양군(兩君)을 섬겼던 여인이다. 더욱이, 천무의 후비(后妃)였던 지통천황(持統天皇=천지천황의 제2녀였던 여왕)과의 노래를 매개로 한 치열한 응수(應酬) 등으로, 일본에서는 고대사 팬들의 관심과 꿈을 자극하고 가슴 설레게끔 해주는 히로인이다.

그런데 앞서 잠깐 언급한 바와 같이, 액전왕은 무슨 까닭으로 여성의 신분에는 사용하지 않는 「王」이라는 글자가 붙여져 있는 것일까. 이 점을 전혀 이상하게 느끼고 있지 않는 것 자체가 이상한 것이다. 이미 밝힌 것처럼, 일본 고대사를 좀 아는 사람치고 '액전왕'이라는 그 이름이 「임금님(王君)」이었다고 생각하는 사람은 아무도 없는 것이다.

이 「王」이란 글자는 어디까지나 「향찰」(일테면, 일본의 만요가나에 해당함)의 원리에 의해 차용된 문자에 불과하다.

<額田王 · 額田姬王(或云)>을 향찰의 표기 원리에 따라서 해독한 것으로부터, 향찰이나 이두(吏讀)라는 표기 방식이, 일본에 도래한 사람들에 의해 그대로 전해져, 더 한층 발전해온 과정을 읽어낼 수 있다.

위에서 제시한 세 가지 표기 방식을 참조해 가면서, 동시에 이를 해독의 방법론으로 삼아 살펴보면, 「額田王 · 額田姬王(或云)」은 다음과 같이 풀이될 수 있다.

額   (님, 와서 : 君 來)

「額」은 훈차(訓借)의 음가(音價)를 전용(轉用)함(제1법칙 : 훈으로부터 그 소릿값을 빌리는 방법)에서, 다음과 같이 전용되었음을 알 수 있다.

먼저 「額」은 「니마」(현대어로는 '이마'지만, 고대어는 「니마」였다). 이 「니마」의 음을 빌려서 동음의 다른 말인 「님(君)」·「아(來)」를 표기하고 있었던 것이다. 그래서 「님·아」에서 「님·와」('님·아'는 '님·와'의 방언), 즉 「님이 와서」의 의미로 전용(轉用)하고 있는 셈이다.

요약하면, 「니마」(額)→「님·아」→「님·와」(君·來)→「님이 와서」로 된다.

田   王   (바꿔 : 代替)

「田」과 「王」은 한 세트로 설명할 필요가 있다.

먼저 「田」은 훈을 차용한 소릿값(제1법칙)인 「받」(현대어로는 '밭')의 음을 빌리고, 「王」도 훈차의 소릿값인 「가(往)」를 빌려, 두 자(字) 합쳐 「받가 (바까)」('바꿔'의 방언)의 의미로 전용.

「王」이란 한자는 이 경우에는 「주군(主君)」을 의미한 것이 아니다. 「王」이란 자(字)에 「往(가다)」의 의미가 있음을 이용하고 있는 것이다.

「王」이란 글자가 「往(가다)」의 의미로 사용된 한 예를 보이자면, 『시경(詩經)』(5경의 하나. 중국의 가장 오래된 시집. 공자의 편찬으로 알려져 있음)에, 「及爾出王(급이출왕)」이란 어구(語句)가 나온다. 이때의 '王'은 '往'과 같은 뜻으로 쓰여, 주군(主君)의 의미는 없다.

즉 '出王'은 '出往'으로서 '나가다'의 의미로 새긴다. 또, '及(급)'의 해석도 여기서는 '與'(여: 더불어)의 뜻. 따라서 「及爾出王」은 <너와 더불어 나가다>의 의미이다.

그래서 이 경우의 「王」은 「가(行, 往)」이다. 즉, 「가다」의 어간(語幹) 「가」를 표기하는 것에 「王」이란 자(字)를 썼다는 셈이 된다.

여기서 많은 사람들이 의문을 가질지도 모른다. 왜냐하면, 「가」라는 음을 나타내려고 한다면, 그 외에도 한자의 본음이 「가」라고 읽히는 수많은 글자들이 있지 않은가. 예컨대 「伽·佳·假·可·家·歌·加·街……」등등이다.

그럼에도 불구하고, 하필 「王」자를 써서 굳이 그 훈차의 소릿값인 「가(王=往)」의 음을 빌려, 다른 의미로 전용했던 것일까. 알고 보면 바로 이런 방식이 「향찰」식 표기의 커다란 특징 중의 하나이다. 즉, 그 글자의 음(音)뿐만 아니라, 말로 나타내고자 하는 의미에 가장 가까운 뜻을 지닌 「字(자)」를 골라서 쓴 것이다.

주지하다시피, 액전왕은 천지(天智)와 천무(天武)라는 두 사람의 '王'과 관련된 여인이다.

이 경위(經緯), 즉 「님이 와서 바꾸는」운명을 「니마(額)·밭(田)·가(干)」(=님 아 바까)라고 표기하고 있는 것이다. 동음(同音)의 다른 뜻인 「님 아 바까」는 「님(君)·와(來)·바꿔(替)」로서 「님 와서 바꿔 가」라는 액전왕의 비운을 그대로 드러내는 향찰식 표기이다. 말하자면, 처음엔 천지에서 나중 천무에게로, 자신의 위치를 바꾸어 옮겨 가야 했다.

이처럼 그 이름 속에 다른 남성상을 갖게 될 기구한 운명의 여인이었음이 암시되어 있는 것이다.

또, 어떤 곳에서는 그녀를 '액전희왕'으로 표기한 경우도 있다. 이것 또한 같은 방식의 향찰식 읽기의 연장선에서 보아야 한다.

額 田 姬 王 　　(님, 와서 바뀌어 가)

기본적으로 「액전왕」과 큰 차이가 없는 것으로 간단히 설명한다.

「姬」라는 한자의 본음은 「키」였고, 이 점, 일본에서는 그대로 「キ(키)」라고 읽는다.

그러므로 「니마(額)·받(田)·키(姬)·가(王)」는 동음의 「님 아 바끼 가」를 전용(轉用)한 표기로서, 「님 와서 바뀌어 가」란 뜻이다.

「額田王」, 즉 「니마(額)·田(받)·王(가)」(→님 아 바까 : 님 와서 바꿔)가 천지와 천무의 남성을 주체로 한 타동사적 표기인데 비해 「額田姬王」은 여성이 피동형인 것에 불과하다.

이처럼 향찰의 표기법은 문자(文字) 선택에서도 「온갖 의미를 끼워 넣는」 배려가 작용하고 있었기 때문에, 해독하는 측에 섰을 때는, 「온갖 의미를 찾는」다는 신중한 고려가 있지 않으면 안 된다.

이 경우를 자원(字源) 면에서 볼 때에도, 「額」이란 글자는 「顔(얼굴)의 의미를 지닌다. 그밖에도 가령, 편액(扁額)=액자(額子)=현판(懸板)과 같은 의미들도 있어, '이마'라는 뜻에만 국한되지 않는다.

요컨대 <상대방의 얼굴이 바뀐다>는 것의 의미를 겹쳐 넣어 <님이 바뀐다>고 한 것은 결국 같은 내용이다. 「田(받)」은 여성의 상징으로, 「씨(種·男)」에 대응하는 낱말이기 때문에, 「王」이란 글자에서 천지·천무의 이군(二君)과의 관련성을 내포한 암유적(暗喩的) 용자법(用字法)일 가능성도 있다.

옛날이나 지금이나 마찬가지로 이름을 짓는다고 하는 것은 매우 큰 의미를 가진다. 「가문의 이름을 걸고」 맹세를 한다든지, 복수를 한다든지, 어떠한 희생이라도 각오하는 등의 행위를 통해서도 잘 알 수 있다.

물론 이름을 중히 여기는 정신 풍토는 비단 일본에서만의 특징이라고는 볼 수 없다. 그러나 무수히 많은 무사들이 자기의 이름을 위해, 혹은 가문의 이름과 명예를 위해 목숨까지 쉽게 걸었던 일본의 지난 역사를 되돌아보면 특히 이름의 소중함을 중시한 일본의 문화풍토는 확실히 유별난 데가 있다. 이른바 대동아전쟁 당시 숱한 병사들이 천황폐하의 이름으로 희생당한 것도 그런 연유와 관련돼 있지 않을까.

제1장

신무동정(神武東征) 신화와 가공(架空)의 천황들
● 신무(神武) ● 수정(綏靖) ● 안녕(安寧) ● 의덕(懿德) ● 효소
(孝昭) ● 효안(孝安) ● 효령(孝靈) ● 효원(孝元) ● 개화(開化)

· **탐색 ①**
「日本」국호에 대한 언어적 고찰
· **탐색 ②**
「日本」을 국호 이외의 보통명사로 볼 수 있는 다른 이유
· **기타 인명들**
● 수연이(手硏耳) ● 신팔정이(神八井耳) ● 일본동남(日本童男)

『고사기』나『일본서기』에는 각각 권별(券別) 천황의 이름(諱) 또는 시호(諡號)가 나온다. 전자는 제1대 신무~제33대 추고(推古)까지 33인, 후자는 제1대 신무~제40대 지통(持統)까지 40인의 휘(諱: 돌아가신 높은 어른의 이름)가 전부 이런 방식으로 기록되어 있다.

그동안 이들 천황의 휘에 대해서는 향찰식 독법을 몰라 그 의미조차 제대로 파악되지 않고 있었다. 또한, 불필요할 정도로 긴 차용(借用) 한자의 나열에도 불구하고 정식한문 구조가 아니어서, 추상적 암호문이나 수수께끼 같게만 여겨졌다. 그 40인의 천황 휘 혹은 시호의 참뜻을 알기 위해서 우선 몇 가지 사항들을 숙지해 둘 필요가 있다.

그것은 명백히「시호제정에 따른 기본원칙」이 있었다는 사실이었다. 그리고 이런 발견은, 무엇보다 향찰식 한자표기법에 따라 고대한국어의 구어(口語)를 적었던 것이라고 상정한 데서 비롯하였다. 다시 말해, 한국어로 해독을 시도해온 과정에서 역으로 가능할 수 있었던 발견이었음을 말해 둔다. 결론부터 요약하면 이렇다.

첫째, <기·기>(記·紀)의 천황시호는 표기상의 기본원칙을 미리 설정해 놓고, 이에 따라 구체적으로 적시(摘示)하였다.

둘째, 시호제정의 기본원칙이란 것은 천황 개개인의 생애를 통틀어 그 특징이나 업적 등을 가장 단적으로 드러낼 수 있는 내용으로 요약하는 방식이다.

셋째, 표기상의 문제에서는 역시 향찰식 한자표기법에 따라 고대한국어의 구어를 적는 용자법을 취하였음이 명백하다.

넷째, 또 하나의 짧은 중국식 시호는 정격한문(正格漢文) 식으로 작명되었고, 이것은 긴 별호와 깊은 관련성을 지니고 있다.

이상의 네 가지 기본원칙은 역대천황 전부의 시호제정에 두루 적용된다.

제1대 신일본반여언(神日本磐余彦) — (神武·신무)天皇

신무(神武: じんむ·진무)의 존재가 역사적으로 실존인물인지, 가공인물인지의 여부와는 상관없이 그러한 사학적 논란은 어디까지나 학자들의 몫으로 두고, 여기서는 다만 기록에 있는 것만을 중시하여 천황 시호의 의미가 무엇인지만을 살펴보고자 한다.

두 자[二字]로 된 짧은 중국식 시호 외에 또 하나의 긴 이름은 정식 한문법이 아니다. 때문에 지금까지는 그 정확한 의미를 알지 못했다.

기존 독법으로 「카무야마토 이와레 비코노 스메라미코토」(かむやまといはれびこのすめらみこと)인데, 이렇게 읽게 된 근거는 『고사기』에서 신무의 별호가 「신왜파례비고명(神倭波禮毘古命)」이었고, 이것의 독음을 그대로 적용한 듯하다.

그러나 이러한 독법은 한자의 일본식 읽기 방법에 불과하다. 중요한 것은 어떻게 읽느냐가 아니고, 그 의미가 무엇인가 하는 점이다.

우선 눈에 띄는 것이 <倭>를 <日本>으로 고치면서, 나머지 것도 모두 다른 글자로 대신했음을 알 수가 있다. 왜 그렇게 했을까.

고사기와 일본서기에는 동일 인물의 시호가 대개 달리 표기되거나 완전히 다른 글자로 대체되어 있는데, 이것은 정말 이상하지 않은가. 이점이 연구대상이었다. 그런데 사실은 양쪽의 시호를 향찰식으로 읽어보면 그 이유가 분명해진다.

● 神(示+申)　倭　伊　波　禮　毘　古　(고사기)
　뵈 놏술펴　빙 돌 다몬 믌결　예　도올　고
　(현대어→뵈나(=보이나) 살펴 빙 돌다만 물결에 돌고)

● 神(示+申)　日　本　磐　余　彦　(일본서기)
　뵈 놏술펴　히　불휘　버팅　여　클
　(현대어→보이나 살펴 새 벌(=새 땅) 퍼뜩 엮을)

신무천황기의 주제를 이루는 이른바 「신무동정설화(神武東征說話)」를 사실로 보느냐의 여부는 논외로 치자. 다만 이러한 이름이 바로 이 천황의 동정경로와 관련된 것이었음을 알 수 있게 해준다.

즉, 남규슈(南九州)의 일향국(日向國: 히무카노쿠니)로부터 출발, 주군(舟軍)을 이끌고 동쪽 해안으로 북상하여 지금의 풍후(豐後: 붕고) 해협을 지나 축자(筑紫: 츠쿠시)로, 다시 뢰호내해(瀨戶內海: 세토나이카이)로 진입한 이래 대화(大和: 야마토)로 향하는 그 멀고 먼 항행(航行) 과정에서의 정복활동을 암시적으로 요약한 이름이다.

해독(解讀)의 근거

■ [神—(示+申)의 파자(破字) 해독: 示(뵈~보이)＋申(놏살 펴)⇒훈(訓)의 소릿값인 「뵈놏살펴」를 빌려, 이것과 동음인 「뵈나 살펴」(=보이나 살펴)의 의미에 전용(轉用)함(향찰 표기 원리의 제1법칙).]

한자 해독에서는 가끔 파자(破字) 해석이 필요한 경우가 있다. 문자라는 것은 어디까지나 하나의 부호이므로, 글자 하나에 뜻을 효과적으로 담기 위한 방편으로 고안된 것도 있기 때문이다.

[가령, 일본인 이름에 흔한 「麻呂」(まろ·마로)를 위아래로 겹쳐 「麿」(마)와 같이 한 글자로 만들어 쓰거나, 「山·上·下」의 세 글자를 합친 「峠」(상)(とうげ·토-게: 고개=山嶺)의 형태와 같은 것은 모두 일본식 한자(日字)이다. 한국에서만 사용하는 「乭·乭」(둘), 「乭」(돌), 「乷」(살)과 같은 것도 있고, '꽃(花)의 고어인 「곳·곳」을 적기 위해 만든 글자 「蓜」(곳)과 「倉庫」의 순우리말인 「곳집」의 「�」(곳)도 있다. 또, 역시 앞의 예처럼 「種」(씨, 종)과 「叱」(꾸짖을, 질)의 두 자를 위아래로 겹쳐 「穐」(씻)이라 한 것도 모두 편의상 고안 된 글자들이다.]

「示」라는 한자의 용례에 따른 옛 한글 새김(釋讀)의 표기와 그 음가(音價)를 알 수 있는 문헌으로 『용비어천가(龍飛御天歌)』=한글창제의 시용(試用)으로 지은 최초의 궁중음악의 가사인 서사시(敍事詩). 1445년 완성=의 예를 들 수 있다.

● 兄이 디여 뵈니: 兄墜而示 (용비어천가 36장)

　　(그 뜻은, 「형이 거꾸러져서 보이니」)

● 무를 채텨 뵈시니: 策馬以示 (용비어천가 36장)

　　(그 뜻은, 「말을 채찍질하여 보이시니」)

「申」이라는 한자의 훈은 「눗(=늦)살-펴」(현대어로는, 「낯살-펴」). 그 뜻은, <얼굴의 살갗(주름살)을 펴다>, 즉 <마음이 확 풀리고 화평한 모양>으로 한문의 「容舒」(용서) 또는 「伸伸=申申」(신신)의 의미.

요컨대 「申」은 「추면(皺面: 낯이 쭈글쭈글 주름잡힌 얼굴)」의 반의어(反意語)다.

『논어(論語)』의 <술이(述而)>편에도, 공자(孔子)가 연(燕)나라에 거처할 때의 얼굴 표정(=낯살)에 관하여 다음과 같이 표현한 예가 있다.

● 「子之燕居申申如也」

■ [倭]=훈독 「빙 돌」.[회원(廻遠)의 뜻을 지닌 석독자(釋讀字).] (제2법칙)

「倭」(왜)라는 한자는 그 훈(訓)을 「빙 돌다(廻遠)」로 새길 때는 그 한자의 독음(讀音)을 「위·wi」로 읽는다.

『시경(詩經)』에도, 「周道倭遲」(주도위지: 주나라 도로는 빙 돌아 더디다)와 같은 용례가 있다. 결국, 중국 측에서 고대 일본을 「倭國」(왜국) 외에 「委國」(위국)이라고도 일컬었던 사실이 있다. 박다(博多: 하카다)만(灣)의 지하도(志賀島: 시가노시마)에서 출토된 「金印」(금으로 만든 인장)=후한(後漢)의 광무제(光武帝)가 建武中元 2년(서기 57년)에 노국(奴國·나노쿠니)왕에게 金印을 하사했다는 기록이 『후한서(後漢書)』에 나옴=의 경우에서 입증된 바도 있듯이, 그 금인에는 「漢委奴國王」(한위노국왕)이란 글귀가 새겨져 있고, 이것은 <倭>(왜)를 <委>(위)와 같은 음으로 읽었기 때문으로 추측된다.

■ [伊]=훈의 소릿값 「다믄」(惟, 唯)의 음만 빌려, 「~(한)다만」(종속적 연결어미: 앞의 말을 시인하면서 뒷말에 연결)의 의미인 「~다만」('~다마는'의 준꼴)에 전용(轉用)[伊는, 唯나 惟나 只와 쓰임이 같다.](제1법칙)

■ [波]=훈독 「믌결」(옛 한글. 현대어로는 '물결')(제2법칙)

■ [禮]=음차(音借)「례~예」

■ [毘]=훈의 소릿값 「도올」(현대어로 '도울')의 음만 빌려, 같은 음인 「도올」=우회(迂廻) 또는 회원(廻遠)의 의미에 전용[※毘(비)는 助(조)나 補(보)와 같은 뜻](제1법칙)

■ [古]=음차 「고」(제3법칙)

일반 독자들에게는 이렇게 해독되는 근거에 대해 일일이 설명하는 일이 매우 번거롭고 장황하므로 이후로 본문에서는 가급적 생략한다. 그 대신, 해독의 근거를 알고 싶은 독자를 위해 권말에 따로 <부록>을 두어, 이에 따른 자세한 이해를 돕고자 배려하였다.

좌우간 이와 같이 읽혀지는 천황의 이름은 중국식 시호인「신무(神武)」의 뜻과도 의미가 서로 통한다. 즉, '무력(武力)'으로 새 땅(新土)을 정복해 간 천손족(天孫族)의 신(神・かみ)이었던 것이다.

따라서 두 자(二字)로 된 짧은 시호와 또 다른 긴 이름과의 양자 대응을 통해 그 의미가 관련성을 지니고 있다는 하나의 원칙을 발견할 수 있다.

• 탐색 ①
「日本」국호에 대한 언어적 고찰

『고사기』에서 신무(神武)의 긴 이름에 사용된 <倭>라는 한자가『일본서기』에서는 <日本>으로 바뀌어 있다. 물론 記・紀의 편집연대가 각각 서력 712년과 720년으로, 이때는 이미 일본이란 국호가 정해진 뒤의 일이다.

문헌상 일본의 국호에 대해 최초로 언급된 사서는 한국 고대의 3왕조(고구려, 백제, 신라)에 대한 기록인『삼국사기』이다.

삼국통합의 위업을 달성한 문무왕 10년(670년) 12월조(條)에 다음과 같은 글이 보인다.

『왜국은 나라 이름을 일본이라 고쳤는데, 그들은 스스로 말하기를「해뜨는 곳에 가까우므로 이렇게 이름한다」고 하였다.』

(倭國更號日本, 自言近日所出, 以爲名.)

그 뒤, 신라 효소왕(孝昭王) 7년(608년) 3월조에는「일본국사(日本國使)가 내조(來朝)하였으므로 왕은 숭례전(崇禮殿)에서 그들을 인견(引見)하였다.」고 나오므로, 이후로는 일본국호가 정식으로 사용되고 있음을 발견할 수 있다. 아무튼, <왜국>이 <일본>이라는 국호를 사용한 것은 백제가 망한 지 10년 뒤의 일로서 670년경이었다. 이보다 더 정확한 연대는 일본 측의 기록에는 물론, 중국 쪽 기록에도 없다.

중국의 사서에 <일본>이 처음 나오는 것은 10세기 전반기에 편찬된 『구당서(舊唐書)』의 <동이전・왜국일본(東夷傳倭國日本)>의 다음과 같은 기록이다.

「일본국은 왜국의 별종이다. 태양 주변에 나라가 있기 때문에 이름을 일본이라 하였다. 혹은 왜국 스스로 나라 이름이 좋지 않다고 여겨 새롭게 고쳐 일본이라 했다고 한다. 또는, 일본은 본래 소국이었는데 왜국의 땅을 병합했다고도 한다.……」

(日本國者 倭之別種他 以其國在日邊故爲名. 或曰倭國 自惡其名不雅 故改爲日本 或云日本舊小國 倂倭國之地……) ['왜국'과 '일본'은 본래 별개의 나라였음.]

이런 점을 종합해 볼 때, 7세기 후반에 성립된 <일본>이란 국호를 한자의 뜻으로만 풀이하면 역시 <태양의 근본>이 되는 나라의 의미다. 그러나 신무천황의 또 하나의 긴 시호 속에 사용된 일본이란 글자는 국호만을 나타내려 한 것이 아니라, 다른 의미까지 함축되었다고 판단된다.

예를 들면, 앞서 이름풀이에서 보았듯, 일본은 「히불휘(ヘブリ)」로 읽혀진다.

그 뜻은 「시부라→새벌(新原＝徐伐＝新羅)」혹은 「새 뿌리(新根)」이다. 말하자면, 일본이란 국호는 신라와 동일한 의미의 명칭인 것이다. 어째서 그런지는 다음과 같은 과정을 통하여 알 수 있다.

고대에 새 나라를 건설하려고 북방이나 천(天)에서 동(東)으로 일자(日子)가 이동하여 왕이 되는 신화는, 다름 아니라 해(太陽)가 북쪽에서 동쪽에 이르러 새로 솟아나는 것을 기본 모티브로 삼고 있다. 이때 일자(日子)와 동반하거나 길안내를 맡은 신 또는 사람 이름에 한결같이 <烏(오)>자가 들어 있는 것은 무슨 뜻인가?

가령 신대기(神代紀)에 태양을 신격화한 일신(日神)으로, 일본 황실의 시조인 여신 천조대신(天照大神·아마테라스 오호미카미)의 남동생 소전오존(素戔烏尊 혹은 素戔嗚尊·스사노오노 미코토)의 이름에 <烏(오)>, 또는 음이 같은 <嗚(오)>의 글자가 사용되고 있다.

또, 신무천황이 새로운 나라를 찾아 이동할 때에 두팔지오(頭八咫烏·야타카라스)가 길을 안내하였는데, 이 이름에도 역시 <烏>자가 들어있다. 나중 새 나라를 세운 뒤에 두팔지오는 도신(道臣: 길안내를 맡은 신)이라 하였다.

이에 대해 <烏>(까마귀)가 해(日)를 상징한다는 것은 「왜명유취초(倭名類聚抄)」[=和名初(화명초): 938년에 완성된 일본 최초의 분류체 백과사전] 권1에 다음과 같이 나온다.

『양오(陽烏: 태양 까마귀)는, 「역천기(歷天記)」에서 말하기를, 해(日)가운데 세 발 가진 까마귀가 있는데 붉은 색이며, 지금 「안문선(案文選)」에서는 이를 양오(陽烏)라 일컫고, 「일본기(日本紀)」는 이를 두팔지오라 일컫는데, 「전씨사기(田氏私記)」에서는 야태가량수(夜太加良須·야타카라스)라 한다.』

(陽烏, 歷天記云, 日中有三足烏赤色, 今案文選謂之陽烏, 日本紀謂之頭八咫烏, 田氏私記云, 夜太加良須)

이동(移動) 중의 왕인 일자(日子)를 따라서 함께 이동하는 까마귀(烏)=

넓은 의미의 새(鳥)=는 「히(日)」를 상징하는 양오(陽烏)임이 분명하며 그것이 신 또는 사람의 형태로 등장하기도 한다.

<신공기(神功紀)>에 우백웅취(羽白熊鷲·하시로쿠마와시)의 거주지였다고 하며, 신공이 그를 정벌했다는 곳을 야스(安)=지금의 치쿠젠 야스군(筑前國 夜須郡: 축전국의 야수군)=라고 하였다.

그런데 이 우백웅취도 새의 의미인 <鷲(취)>(매 종류인 수리)라는 글자가 그 이름 속에 들어있다. 이는 같은 성격의 인물로서 알타이계 이동민족의 거수(渠帥), 즉 그 지역을 통치하던 군주(軍主)이자 무(巫·日者)였다고 판단된다. 말하자면, 두팔지오처럼 그 역시 '새로 분장한 巫(무)'(bird-type shaman)였던 점에서 그와 같은 이름을 가졌을 것으로 짐작된다.

이러한 신화는 한국이나 중국에서도 쉽게 찾을 수 있다.

『사기(史記)』에 기록되어 있는 은(殷)의 시조인 설(契)의 어미 간적(閒狄)은 검은 까마귀(玄鳥)가 떨어뜨린 알(卵)을 삼키고 임신하여 왕의 선조를 낳았다. 이런 난생신화는 거의 동일한 스토리로 진(秦)나라 시조 대업(大業)의 출생에도 그대로 이용되고 있다. 마찬가지로, 부여, 고구려, 신라, 가야 등의 시조에 관한 이야기도 이와 비슷하게 전개된다.

요컨대, '알'(卵: 즉, 태양)에서 나온 아기가 왕이 되었다는 것은 천자(天子) 혹은 일자(日子)라는 의미가 분명하고, 현오(玄鳥: 검은 까마귀)는 태양 속(日中)에 있다는 까마귀였다는 결론이다.

『고사기』에서는 제1대 신무, 그리고 제3대 안녕(安寧)부터 제14대 중애(仲哀) 천황까지 무려 13인에 걸쳐 그들의 긴 이름 속에 모두 <비고(毘古·히코)> 혹은 <일자(日子·히코)>(ヒコ)라는 글자가 들어있다. 나중 이것이 모두 『일본서기』에서 동음이표기(同音異表記)인 <언(彦·히코)>(ヒコ)로 바뀌어 있을 뿐이다.

따라서 이상의 것을 종합하면, <日子>는 천자로서 왕의 상징이었고, <히(日)>는 <시(鳥)>와 같은 의미였다. 또한 <시(鳥)>와 동음이자(同音異字)인 <東, 新, 始, 金>(이들의 한국어 고훈(古訓)은 모두 「시」로서 동일 발음)이다. 즉, 고대에는 이들 글자가 종종 같은 뜻으로 통하거나 대체표기가 가능하였다. 이는 역시 해(日)가 우주를 도는 코스믹다이얼(cosmicdial)의 윤회운동을 모티브로 삼은 역리(易理) 이념이 개재했기 때문이다.

이쯤에서 결론을 내리면, <日本>은 히불휘=시불휘(새 뿌리)인 동시에 새부리(새 벌), 즉 신원(新原)=신라(新羅)=신토(新土)=신국(新國) 등의 의미까지 내포되었다고 보인다.

고대에 음이나 훈을 차용한 다음과 같은 글자들, 가령 那(나), 奴(노), 野(야·드르→들=原·벌), 羅(라), 良(량·라), 壤(양·땅=土), 津(진·ᄂᆞᆯ), 川(천·나리) 등은 모두 좁은 뜻으로는 땅(土)의 뜻이며, 넓은 의미로는 나라(國)의 개념으로 사용되어, 서로 대체 표기할 수 있는 문자들이었다. 이는 몽골어 「나(na)」가 「토지」의 의미였던 것과도 무관하지 않다.

특히 이 가운데서 <津>의 한국어 고훈(古訓)은 <ᄂᆞᆯ>로서 <國>의 훈독 <나라>와 동음이고, <川>의 고훈 <나리→내>와 유사음(類似音)이다. 그리고 신라(新羅)의 <羅>의 고훈은 <노>였다. <羅>를 <노>라고 읽은 용례는, 당나라 시인 두보의 시를 한글로 번역한 「두보시언해(杜甫詩諺解)」(25권 19책, 1481년 간행)에서 「香羅(향라)」를 「곳다온 노」(꽃다운 비단)의 의미로 번역하고 있다.

또, 최세진(崔世珍)이 찬(撰)하여 1527년에 (3권 1책으로) 간행한 어린이의 한자 학습서인 「훈몽자회(訓蒙字會)」는, 한자에 음과 훈을 달고 한문으로 간단한 해설을 곁들인 책인데, 거기에도 「노, 羅(라)」로 되어 있다. 결국 「新羅(신라)」는 「새 노」(新土)의 뜻이다.

[참고: 신라(新羅)가 보통명사인「새 땅(新土)」의 의미가 아닌 정식국호(正式國號)로 제정된 것은 제22대 지증왕 4년(503년) 10월의 일이다. 그이전까지 사라(斯羅), 또는 사로(斯盧), 신라(新羅) 등 혼란스레 일컫던 것을 여러 신하들의 상신(上申)에 따라, 비로소 왕은 신라를 정식 국호로삼도록 하였다. 동시에, 국왕의 존호(尊號)도 이때부터「王(왕)」으로 통칭하게 된다. 그 이전까지는 방언으로만 호칭했던 것이다. 예컨대 시조(始祖) 혁거세를 거서간(居西干), 제2대는 차차웅(次次雄), 제3대부터 18대까지는 니사금(尼師今), 19대부터 22대까지는 마립간(麻立干)으로 부르다가 지증왕 때 비로소「王(왕)」으로 명칭을 바꾸게 된 것이다. 그 이후 제23대 법흥왕부터서는 기록상에 모두 王으로 등재(登載)하였다.]

이밖에도 한국어에서「해」와「새」가 종종 같은 의미로 쓰인 경우가있다.

예를 들면,「歲(세)」의 훈이「해」이기도 하지만, 그 해에 처음 생산된쌀을 뜻하는「해쌀→햅쌀」은「새 쌀(新米)」의 의미와 상통한다. 간과할수 없는 것은 고대 히브리족을 가리키는「히브리」란 언어가 어쩌면「日本」이란 말의 의미와 동일한「히(→혜)불휘」(히부리)였을 가능성과 함께알타이계 언어의 영향이 스며든 흔적이었을 가능성도 배제할 수 없다.

• 탐색②
「日本」을 국호 이외의 보통명사로 볼 수 있는 다른 이유

제12대 경행천황(景行天皇)의 쌍둥이(雙生兒) 아들 중에 작은 왕자를일본무존(日本武尊·야마토타케루노 미코토)이라 한다.

아내가 난산(難産)할 때 지아비가 절구(臼·구)를 지고 집을 돌던 풍속이 있었다고 하는데, 경행은 왕비가 쌍둥이를 낳는 바람에 무거운 절구

를 보통 이상으로 오랜 시간 젊어지고 있지 않을 수 없게 되었다. 그래서 불식간에 절구를 향해 욕을 했는데, 이로 인해 쌍둥이 이름이 대대(大碓·오호우스: 큰 방아), 소대(小碓·오우스: 작은 방아)로 지었다고 한다.

물론 이것은 이름에 얽힌 그럴듯한 하나의 전설에 불과하다. 실은 절구(臼)와 디딜방아(碓)는 다른 물건인데 이를 같은 것으로 취급하여 이야기를 꾸민 것에도 억지가 있다.

어쨌든, 둘째 왕자인 소대존(小碓尊·오우스노 미코토)의 다른 이름은 일본동남(日本童男·야마토오구나)이라 했다.

「小碓尊, 亦名日本童男(童男, 此云烏具奈)」

위의 예문에서 보듯, 동남(童男)을 단순히 한자가 지닌 뜻으로 해석해서는 안 된다는 것을 밝히려고 일부러 「차운(此云)……」(이는……라고 이른다)의 단서(但書)를 붙여 놓았다. 그것이 '烏具奈'(오구나)인데, 이를 기존의 일본식 독법으로 '을ぐな'(오구나)로 읽어서는 무슨 뜻인지 알 수가 없다.

우리는 여기서 태안만려(太安万侶·오노야스마로)가 『고사기』의 서문에서 말한 내용을 음미해 볼 필요를 느낀다. 하나의 구(句) 안에 음독과 훈독을 혼용한 것도 있고, 경우에 따라서는 모두 훈독으로 기록한 것도 있다고 한 점은 무엇을 의미했던 것일까?

지금까지는 이것을 「한자를 사용하여 일본어를 기록하는 것의 어려움에 대한 고충」을 표현한 것이라고 이해했던 것이다.

예를 들면, 「此云……」의 경우가 이에 해당한다. 그래서 日本童男을 やまとをぐな(야마토오구나)라고 읽고 있지만, <をぐな>(오구나)란 발음 속에는 아무 뜻도 담기지 않는다.

이런 의문에 대한 해답은, 한국어의 음·훈을 적용하여 읽을 때 비로소 해소되는 것이다.

즉, 烏具奈는 한국어로 「까막구나」로 읽혀진다. 왜 그런지 보자.

여기서 「烏」의 훈은 「까막」(=‘까마귀’)의 뜻. 「烏鵲」(오작)은 「까막까치」
(까마귀와 까치)이며, 「具奈」는 음차 「-구나」가 되기 때문이다. 그리고 그
뜻은 「까먹구나」(까마귀가 씨를 까먹듯 해치운다)와 동일한 것이 된다.

따라서 「日本」이란 말은 앞서 설명한 대로 「새 벌(새 땅)」의 보통명사
로 취급하여, 이를 다시 해석하면, 「日本童男」은 「새 벌 까먹구나」의 뜻
을 지닌다. 이것은 새 땅을 정벌하는 자의 의미로 풀이되는 것이다.

더욱이 「童男」의 순수 한국어 훈독은 「아(童=兒)·사내(男)」이므로,
이는 「앗아내」(빼앗아내다)와 같은 발음이 된다.

이에 따라, 「童男, 此云烏具奈」는 「아사내(童男)=앗아내, 이를 <까먹
구나(烏具奈)>라 한다」로서 양자의 의미가 일치됨을 알 수 있다.

마찬가지로, 「日本童男」은 「새 벌 앗아내」의 뜻이 되는 것이다. 또 소
대(小碓)라는 어릴 때의 속명(俗名)도 단순히 그럴듯한 전설로 포장한 이
름으로 볼게 아니라, 한국어로 훈독하면 「잘 디딜방아」(잘게 디딜빻아)
[小=잘(細也), 碓=디딜방아]의 뜻으로 읽혀진다. 이것은 「새 벌 까먹구
나(烏具奈)」혹은 「새 벌 앗아내(童男)」와 의미가 상통한다.

씨를 빼먹는 것이나, 땅을 빼앗는 것이나, 곡식을 디딜빻는 것이 모두
농경 사회적 특성의 한 단면을 표현한 것이다.

실제 <경행기(景行紀)>의 내용에 의하면 쿠마소(熊襲·웅습)를 정벌
하는 일본부손(日本武尊·야마토노 타케루노 미코토-日本童男=小碓)의 활
약상은 이런 이름에 걸맞다는 것을 알 수 있다. 말하자면, 적을 <잘 디
딜빻아 새 땅을 빼앗는> 용맹한 자의 별명답다.

『일본서기』 기사에는 그가 유년 때부터 웅략(雄略)의 기개가 있고, 장
년에 이르러 능히 큰 솥(鼎·정)을 들 수 있는 힘센 자였다고 기록하고
있다. 구마소를 평정한 뒤, 다시 동정(東征)에 나서게 되는 과정에서, 형

인 대대황자의 겁쟁이 기질 때문에 부득이 동생인 그가 지원하는 내용
으로 기술해 놓았다.

그러나 『고사기』에서는 아주 다르다. 형 대대황자에게 난폭한 짓을
한 소대황자의 거친 마음을 두려워하여, 천황이 그에게 동방(東方) 12도
(道)의 평정을 명한 것으로 나온다.

제2대 신정명천이(神淳名川耳) ― (綏靖·수정)天皇

┌─────────────────────────────────────┐

● 神(示+申)　淳　　名　　川　　耳

뫼 눛술펴　믈괴　일훔　나리　귀

(현대어→보이나 살펴 멀게 이름 날리기)

└─────────────────────────────────────┘

신정명천이천황(神淳名川耳天皇)을 일본식 독법으로는 「카무누나 카
와미미노 스메라미코토(かむぬなかはみみのすめらみこと)」라 읽는다.

중국식 시호인 「綏靖(수정)」(すいぜい)에는 「백성을 편안히 다스림」의
의미가 있다.

수정은 신무의 제3자(子)인데, 그가 48세 때에 부왕이 세상을 떠났다.
이미 나이가 지긋한 장년이었다. 그러나 자기 위로 두 형이 있어 황통의
승계는 어차피 그의 몫으로 돌아올 수 없는 처지였다. 특히 서형(庶兄)인
수연이명(手硏耳命·타기시 미미노 미코토)은 이미 나이가 차고 오랫동안
조정의 일을 해온 관계로 그에게 왕권을 맡기고 친히 다스리게 하였다.

그런데 그 왕은 마음씨가 나쁘고 탐욕스러워 국상(國喪) 중에 벌써 권
력을 마음대로 휘두르며 마침내 두 아우를 죽이려고 하였다.

신정명천이존(神淳名川耳尊·카무누나 카와미미노 미코토)=훗날의 수정(綏靖)천황이 됨=은 또 하나의 형인 신팔정이명(神八井耳命·카무야루 미미노 미코토)과 함께 수연이명에게 반격을 꾀하여 사살할 음모를 세웠다.

처음엔 형 신팔정이명이 활을 쏘기로 계획되었으나 두려워 수족이 떨려 행하지 못했다. 이때 수정(綏靖)이 대신 활을 빼앗아 잡고서 일발로 가슴을 맞추고, 두 번째에 등을 맞추어 마침내 그를 죽였다.

신팔정이명은 이 일로 인해 부끄러워서 『나는 너의 형이지만 나약하여 시행할 수가 없었다. 너는 무용(武勇)이 뛰어나서 몸소 원흉을 죽였으니 마땅히 그대가 황조의 업을 이어야 한다. 나는 그대를 도와서 신사에 제사 지내는 일을 맡겠다.』고 말하고는 왕위를 양보하였다.

말하자면, 신정명천이는 두 형을 젖히고 49세 때 느지막이 천황의 보위에 오른 자였다. 이런 점에서 「神淳名川耳」라는 그 이름이 **「보이나 살펴 멀게 이름 날리기」**라고 풀이될 경우, 기사 내용과 비로소 관련성을 가진다. 즉, 자기의 장래를 살펴보고 서형의 횡포를 꺾지 않으면 살아날 길이 없다고 판단했다는 것과, 기어이 거사를 성공시켜 친형 신팔정이명의 양보를 얻어내 등극하게 된 과정을 통해 **「전망을 멀게 내다보고 이름을 날리게 된」**천황으로 이름 붙여졌던 것으로 생각된다.

■「淳」(정)의 고훈(古訓)=「믈-괴」(현대어로 '물, 괴다'의 어간 「믈 괴-」)로 읽고, 이것이 「멀게」의 유사음인 점을 활용하여 「멀리」(遠)의 의미로 전용(轉用)한 제1법칙을 적용.

■「名」의 고훈=「일훔」(현대어는 '이름')

■「川」의 고훈=「나리」(현대어는 '내'), 「耳」의 훈=「귀」이므로, 2자 합쳐 「川耳」를 「나리귀」로 읽고, 유사음인 「날리기」(振, 揚)의 의미로 전용하여 「입신양명(立身揚名)」과 같은 뜻으로 해독

아울러 신무천황의 장자인 수연이명과 제2자인 신팔정이명의 이름 속에 담긴 의미까지 마저 살펴보자.

●手　硏　耳
손　갈　귀

■「手」의 훈=「손」, 「硏」의 훈=「갈」[=治石(치석) 磨(마), 窮究(궁구)의 뜻]. 「耳」의 훈=「귀」이므로, 3자(字) 연속하여 「손갈귀」로 읽고, 「손갈퀴」와 같은 음으로 해독(제1법칙 적용)

한국어에서 「손갈퀴」란 낱말은 「욕심꾸러기(탐욕스런 자)」의 뜻으로, 「갖고 싶은 것을 마구 긁어모아 손을 갈퀴처럼 쓰는 자」를 비유하여 풍자한 의미다.

이렇게 해독된 장자(長子)의 이름은 『일본서기』기사에 적힌 내용과 정확히 일치한다.

●神(示+申)　八　井　耳
뵈 놓슬펴　팔　우믈　귀

■「八」의 음=「팔」을 읽고, 동음인 「팔」(腕·완)의 뜻으로 해독(제1법칙)

「淨」(정)의 고훈=「우믈」(현대어는 '우물'), 「耳」의 훈=「귀」이므로, 2자(字) 연속하여 「우믈귀」로 읽고, 「우믈기」('움츠리기'의 방언. 주로 과거에 신라, 백제의 영역이었던 경상도와 전라도에서 현재에도 통용.
<오믈다, 우믈다>(→우물쭈물하다) 따위)의 뜻으로 해독(제1법칙 적용).

따라서 「八井耳」의 세 자(字)를 연속하여 「팔-우믈-귀」로 읽고, 이를
「팔 우믈기」(=팔 움츠리기)의 의미로 전용(제1법칙).

이상과 같이 풀이된 것을 전부 종합하면, 「뵈나 살펴 팔 우믈귀」는
결국 「보이나 살펴 팔 움츠리기」의 뜻이 된다.

이 점, 『일본서기』에서 신팔정이명(神八井耳命)의 행동을 보면 매우
확실해진다.

앞서 설명한 것처럼 신정명천이존(神渟名川耳尊)과 신팔정이명, 두 형
제는 그 서형(庶兄)인 수연이명(手硏耳命)의 탐욕스러움과 포악함에 대
해 거사할 계획을 꾸몄다.

처음 약속하기로는 편구(片丘: 한쪽 면이 언덕으로 된 모양)의 큰 움집
에서 혼자 커다란 평상에 누워 있는 수연이명을 신팔정이명이 활로 쏘
아 죽이기로 하고, 아우인 신정명천이존은 움집의 문을 먼저 밀쳐 열기
로 제각기 역할을 분담키로 했던 것이다. 그런데 형 신팔정이명은 손과
발이 떨려 쏠 수가 없었다(手脚戰慄, 不能放矢)라고 기술하고 있다. 바로
이것을 빗대어 **「보이나 살폈으나」**(활을 잡은) **팔 움츠리기**」라는 이름을
붙이게 된 것 같다. 이 점, 정확히 기사 내용과 일치하는 이름이다.

또 한 가지 덧붙일 것은, 천황의 직위를 계승한 왕자의 즉위 전 이름
에는 같은 '미코토(ミコト)」라도 만드시 「尊」(존)을 썼고, 그렇지 않은
황손에게는 주로 「命」(명)자를 사용했음도 알 수 있다. 이 점은 불교에
서도 최고의 존칭인 「尊」을 석가모니에게만 사용하여 「釋迦世尊」(석가
세존)이라 했던 것과도 유사하다.

제3대 기성진언옥수간(磯城津彦玉手看) ─ (安寧·안녕)天皇

기성진언옥수간천황(磯城津彦玉手看天皇)의 일본식 읽기는 「시키쓰 히 코다마테미노 스메라미코토」(しきつひこたまてみのすめらみこと)이다.

이 천황의 중국식 시호인 「安寧」(안녕)은 문자 그대로 「탈 없이 무사 함」의 뜻이다. 그런데 또 하나의 긴 이름인 「磯城津彦玉手看」(기성진언 옥수간) 속에는 과연 무슨 의미가 담겨 있는지 살펴보자.

● 磯　城　津　彦　玉　手　看

　낛터　잣　　진　언　구슬　손　본

（현대어→넋 떠 잦히는 것을 손본）

이와 같이 해독한 결과로 보건대, 안녕(안네이·あんねい)천황은 어떤 일로 넋을 잃고 뒤로 고개를 잦혀 쓰러진 적이 있었던 것 같다. 이를 두고 **「넋 떠 잦히는 것을 손본」**이라고 이름 붙인 듯하다. 이때 천신(天神)께 제사지내는 등 정성껏 보살핀 이후로 회복한 다음에는 그저 조용히, '아 무 탈 없이[安寧·안녕]' 여생을 보냈던 천황의 이름으로 판명된다.

■ 「磯」의 고훈(古訓)=「낛터」(현대어 '낛시터')로 읽고, 「넋 떠」로 해독(제 1법칙). (그 뜻은 「넋 떠(=넋이 나가)」. 혼(魂)의 고훈은 「넉」(현대어는 '넋') [넉 혼:魂 (訓蒙字會·中 35)의 용례가 있다.]

■ 「城」의 고훈=「잣」 [잣 셩:城(훈몽자회·中 8), 잣뫼:城山(용비어천가 1:52)] 「津」의 음차=「진」 「彦」의 음차=「언」

이상, 「城津彦」의 석 자를 연속하여 「잣진언」으로 읽고 동음의 「잣히는」(머리를 뒤로 기울이는)의 의미로 전용하여 해독함(제1법칙 적용).

■ 「玉」의 훈=「구슬」로 읽고, 「거슬」(~것을)의 유사음(類似音)으로 해독

■ 「手看」=두 글자 연속하여 「손본」 [「手」의 훈=「손」, 「看」의 훈=「본」[돌보다, 간호(看護)하다의 뜻]]

결국 「手看」(=손본)이란 말은 「병(病) 또는 결함이 있는 것을 잘 손질하여 보살핌」의 의미가 된다.

제4대 대일본언사우(大日本彦耜友) ― (懿德 · 의덕)天皇

> ● 大　日　本　彦　耜　友
> 　한　날　믿　언　잠개눌　벋(=벗)
> (현대어 → 「하늘믿은 잠깨 날 봣」→ 天下는(=하늘밑은) 잠깨 나를 봤)

대일본언사우천황(大日本彦耜友天皇: 오호야마토히코 스키토모노 스메라미코토 · おほやまとひこすきとものすめらみこと)의 중국식 시호인 「懿德(의덕)」(이토쿠 · いとく)의 뜻은 「순미(醇美)한 대덕(大德)」(순박하고 아름다운 큰 덕)이다.

이것과 대응하여, **「천하는 잠깨어 나를 쳐다본」** 것이라는 의미를 가진 그 휘(諱)와 상통한다.

그런데 여기서 참고로 알아 두어야 할 매우 중요한 점이 있다. 역대 천황의 시호들 중에 「일본」 · 「대일본」 · 「치(稚)일본」 등의 표기문자가 보이는 것에 대하여 이를 단순히 국호를 나타내기 위한 표기라고만 인

식해서는 잘못이라는 점이다.

무엇보다 특히 「稚日本」과 같은 괴이한 표기를 국호라고 보기는 곤란한 때문이다.

게다가 「日本」이란 국호제정은 앞서 언급한 것처럼 7세기 후반 경에 나타난 것이므로, 그 이전의 국호에 소급해 적용시켜볼 수는 없다.

설령 『일본서기』를 편찬한 연대(720년)에 『고사기』의 「倭」(왜)를 일률적으로 「일본」으로 바꾸어 기록했던 점을 고려하더라도, 이는 국호만을 표시하기 위한 문자의 사용이라기보다 이중의 뜻을 담기 위한 방식이었던 것으로 추리된다.

즉, 「일본」은 국호 이외에도 「히불휘」=「시부리」(새 벌, 새 땅)의 뜻이 있고, 「대일본」은 「한날밑」(하늘 밑)=「天下」의 뜻을 표기한 방식이며, 「稚日本」(치일본)은 또 다른 의미를 나타내기 위해 고안된 표기방식으로, 이 점은 나중에 제9대 개화(開化)천황=稚日本根子彦大日日天皇(치일본근자언대일일천황)의 이름 풀이에서 보기로 하겠다.

해독의 근거는 뒤에 나오는 <부록>에서 상세히 다루었으므로, 여기서는 간단히 다음과 같은 몇 가지 한자의 해례(解例)만 언급하기로 한다.

■「本」의 고훈=「밑」(현대어는 '밑')

■「耜」(사)의 고훈=「잠개눌」(현대어는, '쟁기날 : 밭갈이할 때 소가 끄는 쟁기의 날[刀]로서 흔히 '보습'이라고 한다)로 읽고, 「잠깨 날」(=잠깨 나를)의 유사음으로 의미 전용(轉用).(제1법칙 적용) [농기구의 연장인 쟁기, 또는 병기(兵器) 등의 고어(古語)로 「잠개, 잠기, 장기, 장그」 등으로 쓰인 고문헌의 용례가 많다.]

■「友」의 훈=「벋>벗」으로 읽고, 「밧>봤」(=「보았」의 준말)의 유사음으로 해독

제5대 관송언향식도(觀松彦香殖稻) — (孝昭·효소)天皇

⬤ 觀　松　彦　香　殖　稻
　볼　솔　언　곳고스심　우케
　(현대어→볼 소나무는 꼿꼿 세워 심게)

　관송언향식도천황(觀松彦香殖稻天皇)은 일본식 독음으로 「미마쓰히코카에시네노 스메라미코토·みまつひこかゑしねのすめらみこと)」라 한다. 중국식 시호는 「孝昭(효소)」(かうせう)다.

　『일본서기』의 기사에 의하면, 즉위 원년 가을 7월에 도읍을 액상(掖上: 와키노 카미)에 옮기고 지심궁(池心宮: 이케고코로노 미야)에 거(居)하게 된다. 아마도 이때 궁정(宮庭)에 소나무를 심게 된 사건이 있었던 것 같고, 천황은 **「볼 솔은 꼿꼿 세워 심게」**(=짐이 바라볼 소나무는 꼿꼿이 세워서 심도록 하라)고 어명(御命)을 내린 것과 관련하여 이것을 훗날의 휘로 삼은 게 아닌가 하고 생각된다.

　이 분은 모든 면에서 **「곧고 바른 것」**을 공경하였던 성품인 듯하다. 이 점은 소나무 한 그루까지 꼿꼿하게 세워 심도록 한 것을 봐도 짐작할 수 있다. 따라서 중국식 시호인 「효소(孝昭)」의 의미에서도 그런 점은 분명하게 드러난다. 즉, 「잘 다스려짐을 섬기고 공경함」의 뜻이다.

　한자의 용례에서도 「昭」라는 것은 밝고 분명한 것, 잘 다스려진 것을 의미하는 글자다.

　예컨대 「昭代」(소대)는 「잘 다스려진 세상」(태평세월)의 뜻. 그리고 「昭和」(소화)는 『서경·효전(書經·堯典)』에 나오는 「百姓昭明, 協和萬邦」의 예문처럼 「백성은 밝고 명랑하며, 천하가 협동 화합함」의 뜻인데, 이른 바 대동아(大東亞) 단결을 내세워 태평양전쟁을 일으켰던 「昭和天皇」(쇼와덴노=裕仁·히로히토)의 시호도 그런 의미와 관련된다.

여기서도, 역시 해독의 근거를 몇 개만 소개한다(의문스럽거나 미심쩍은 부분은 더 상세히 설명한 <부록>을 참조).

■「香」의 고훈=「곳고스」로 읽고, 그 음을 빌려 「꼿꼿-서」[=직립(直立)의 뜻]에 전용함. [「香」의 고훈에는 ; ①「곳고스-」(어근은 '곳곳-'), ②「옷고스-」(어근은 '옷곳-'), 그리고 ③「곳다온」 등이 있다. 이들의 현대어는, 「①고소하다 ②향기롭다 ③꽃다운」이다.]

용례(用例)

● 香稻(향도)는 '곳고손 벼'(두보시언해·杜甫詩諺解 6:10)

● '옷고손 벼'(두보시언해 7:37)

● '곳다온 香'(훈몽자회·訓蒙字會·下10의 <字解>)

■「殖」(식)의 훈=「심」(植과 同 : 뿌리를 땅에 묻다, 즉 「심다」의 어간 '심-')

■「稻」(도)의 고훈=「우케」(벼, 나락)의 소릿값을 빌려, 「殖稻」두 글자를 연속하여 「심우케」라 읽고, 유사음인 「심게」(두루낮춤말의 명령형)의 의미로 전용함(제1법칙).

특히 「稻」를 「우케」로 풀이한 고문헌의 용례는 다음과 같다.

● 반(半)만 저즌 곳다온 우케를 딘놋다 : 半濕搗香稻 (두보시언해 12:28) [현대어로 풀이하면, 「반쯤 젖은 꽃다운 우케(=벼)를 찧는다」는 의미]

● 우케爲未春稻(위미용도) : (訓民正音·用字例) [앞의 한자를 풀이하면, 「우케라는 것은 아직 방아 찧지 않은 벼다」라는 의미]

제6대 일본족언국압인(日本足彦國押人) — (孝安 · 효안)天皇

● 日　本　足　彦　國　押　　人
　히　불휘　주　언　나라　누를　사룸
（현대어→새 땅 주은 나라 누를 사람）

　일본족언국압인천황(日本足彦國押人天皇 : 아마토다라시히코 쿠니오시히토
노　스메라미코토 · やまとたらしひこくにおしひとのすめらみこと)의　중국식
시호는 「孝安(효안)」(かうあん)이다. 그 이름의 풀이에 따르면, 새로운 땅
을 주워서(즉, 새 영토를 개척하여 얻어) 나라를 안정되게 억눌러 통치한
천황이란 의미로 「孝安」(안정을 공경함)의 시호가 붙었음을 알 수 있다.
　■「足」의 음차＝「족」(현행음, '족') 또는 「주」. 여기서는 「주」를 취(取)함.
　[足의 음을 「주」라고 읽을 때는 「더하다」(添物益也)의 의미로 해석할
경우에 해당한다. 예를 들면, 「足恭」은 「주공」으로 읽고, 그 뜻은 <도에
넘는 공경> 혹은 <지나친 존경>이다.]

제7대 대일본근자언태경(大日本根子彦太瓊) — (孝靈 · 효령)天皇

● 大　日　本　根　子　彦　太　瓊
　한　날　밑　불휘　삐　언　큰　구슬
（현대어→「하눌밑 브리시은 큰 굿을」
　＝즉, <천하를 부리션(＝도모하시는) 큰 굿을 (벌린)>

대일본근자언태경천황(大日本根子彦太瓊天皇: 오호야마토 네코히코 후토니노 스메라미코토·おほやまとねこひこふとにのすめらみこと)의 중국식 시호「孝靈(효령)」(かうれい)의 속뜻은,「신령을 공경하여 섬김」이다.

이와 연관 지어 보면, 위의 풀이와 일치됨을 알 수 있다. 즉「**천하를 부리기**(=使役하기) **위해 천지신령께 큰 굿**(무속신앙 행위)을」벌인 사건을 그 이름으로 삼은 듯하다.

■「子」의 고훈「삐」(현대어. '씨')

용례(用例)

● ㅂㄹㅁ 디어든 <u>솔삐</u>롤 수습(收拾)ᄒ고: 風落收松子(두보시언해 10 : 92) [현대어로 풀이하면,「바람이 지거든 <u>솔씨</u>를 거둬들이고」의 뜻. 이런 용례로 보아,「松子」의 훈독은「솔삐」. 즉, 松=「솔」, 子=「삐」]

■「太」의 훈=「콩」(大荳) 또는「큰」(大·泰)

■「瓊」의 훈=「구슬」(玉)로 읽고, 동음인「굿을」의 의미로 전용.

이상,「太瓊」의 두 글자를 연속하여「콩구슬」혹은「큰구슬」로 읽고,「큰 굿을」로 해독

제8대 대일본근자언국견(大日本根子彦國牽) ─ (孝元·효원)天皇

● 大　日　本　根　子　彦　國　牽
　　한　날　믿　불휘　삐　언　나라　그을
　　(현대어→「하늘믿 브리션 나라 그을」→천하 부리시는 나라 이끌)

대일본근자언국견천황(大日本根子彦國牽天皇)은 「오호야마토네코히코 쿠니쿠루노 스메라미코토・おほやまとねこひこくにくるのすめらみこと」라 읽는다.

중국식 시호는 「孝元(효원)」(かうぐゑん)이다.

그런데 위의 풀이에서 본 바와 같이 **「천하를 부리셔 나라 이끌」** 천황이란 이름이 붙은 만큼, 선황(제7대 효령천황) 때부터 천하를 부릴 뜻을 도모한 그 유업을 좇아 효성을 다한 것을 찬양하여 「孝元」(효성의 으뜸)이란 시호가 붙은 것으로 해석된다.

■「牽」(견)의 고훈=「그을」(현대어는 '끌')로서, 뜻은 「이끌」(引導).

용례(用例)

● 믈로 느려가매 비 <u>그으믈</u> 잇비 아니ᄒ리로다: 下水不勞牽 (두보시언해) [＝현대어로 그 뜻은, 「물로 내려가며 배 <u>끌어당김</u>을 가쁘게(＝힘써) 아니 할 것이다」]

제9대 치일본근자언대일일(稚日本根子彦大日日) ― (開化・개화)天皇

● 稚　日　本　根　子　彦　大　日　日
　어린　히　불휘　불휘　삐　언　한　히　히
　(현대어→「어린(愚・幼) 새 벌 브리시언 환해해」)
　＝즉, 우매한 새 땅 부리시어 환히 밝아져

치일본근자언대일일천황(稚日本根子彦大日日天皇: 와카야마토 네코히코

오호히히노 스메라미코토・わかやまとねこひこおほひひのすめらみこと)의
시호인 「開化(개화)」(카이쿠와・かいくは)는 「개명(開明)」과 같다. 즉, 「사
람의 지혜가 열리고 사상과 문물의 제도가 진보함」의 뜻으로, 위에서
풀이해 본 것처럼 **「우매한 새 땅 부리서 환히 밝아져」**(즉, 세상을 밝게
열어 진보시킨) 천황의 이름과 부합됨을 볼 수 있다.

특히 「稚日本」(치일본)은 「어린 힛불휘」로 읽고, 그 뜻은 「미개한 새
땅, 혹은 어린애(幼稚・유치)에 비유된, 진보하지 못한 새 땅」이다. 즉, 일
본이란 영토가 아직 미개했던 시절을 암시한 것인데, 표기상의 문제에
서 「愚(우)일본」이란 국호는 상서롭지 못하여, 같은 뜻이라도 조금 더
나은 이름인 「稚(치)일본」으로 기록한 듯하다.

지금까지 살펴본 역대 천황들의 이름은 실명(實名)으로는 생각할 수
없는 칭호라고 학계에서는 취급하고 있고, 『일본서기』가 채용한 기년(紀
年)의 비정(比定)도 그대로 사실을 보여주는 것은 아니라고 믿고 있다.

그러나 이들에 비해, 제10대 숭신(崇神)천황이야말로 어조국천황(御
肇國天皇・하시쿠니시라스 스메라미코토)이라고 불린다. 그것은 『일본서
기』가 이 천황을 국토의 최초 통치자로 취급하고 있다는 것을 나타낸다
고 볼 수 있다.

그렇다면 과연 그 숭신천황의 이름에 감춰진 수수께끼는 어떤 것일
까. 자못 궁금하지 않을 수 없다. 이제 그 이름 속에 숨겨진 비밀을 해독
해 본다.

제2장

숭신천황 출자(出自)의 수수께끼와 천일창(天日槍)

● 숭신(崇神) ● 수인(垂仁) ● 신라왕자 천일창

· **탐색 ①**

숭신천황은 도왜(渡倭)한 가야족의 수장(首長)인가?

· **탐색 ②**

천일창과 동경(銅鏡)

제10대 어간성입언오십경식(御間城入彦五十瓊殖) ─ (崇神·숭신)天皇

● 御　間　城　入　彦　五　十　瓊　殖
거느니 서리　잣　들　언　다숫　시　구슬　블리
(현대어→「거느리서리(=건너스리) 잣들언 다숫시 굿을 벌리」)
=즉, (바다를) 건너와서는 성(城)에 들어 온화하게 굿을 벌인

어간성입언오십경식천황(御間城入彦五十瓊殖天皇: 미마키이리비코 이니에노 스메라미코토·みまきいりびこいにゑのすめらみこと)에 관해서는 실재(實在)의 가능성이 강한 최초의 천황으로 인증(認證)되고 있다.

중국식 시호인 「崇神(숭신)」(슈진·しゅじん)천황은 『일본서기』의 기년(紀年)으로는 기원전의 인물로 기술되어 있다. 그러나 학계의 연구결과에 따르면 대략 270년~290년경, 즉 3세기의 인물로 추정하는 설도 있다. 말하자면 실질적으로 대화(大和·야마토) 조정(朝廷)의 건설자는 숭신이었던 것인데, 다만 황실의 기원을 더 옛날로 올리기 위해 신무천황의 존재를 조작했다는 설이다.

어쨌든, 그것은 역사학의 전문적 문제로 따로 논의되어야 할 부분이므로 여기서는 더 이상 언급치 않기로 한다. 그 대신, 천황의 이름 풀이에서 드러난 바에 의하면 숭신천황은 해외에서 일본열도로 도래한 인물인 것 같다고 말할 수 있다.

그 시기가 3세기경이라면 에가미 나미오(江上波夫) 교수의 이른바 기마민족의 일본열도 정복설과도 관련성이 있는 자가 바로 숭신천황이란 것이다. 숭신의 세력은 아마도 강력한 무력을 가진 한반도 남부의 가야

(伽倻·加耶)족이었을 것으로 조심스레 추정해볼 수 있지 않을까.

일본열도의 곳곳에서 출토되는 소위 가야계통의 유적, 유물들을 합리적으로 설명하기 위해서도, 당시에 강력한 무력과 선진문물을 앞세운 가야족의 도래가 있었던 사실을 전제하지 않고서는 불가능하기 때문이다.

그러나 소위 에가미 학설의 가장 큰 허점은 3세기에 도래한 집단을 기마민족으로 볼 수 있는 '말(馬)의 존재'에 대한 증거가 아직 없다는 점이다. 고고학적으로 봐서 기마민족의 도래는 아무래도 응신(応神: おうじん·오진)천황의 시대로 내려잡아야 하는 문제가 있다.

아무튼, 이름에 담긴 수수께끼를 풀이해본 결과로는 도래인(渡來人)의 존재에 대한 추리는 가능해진다. 즉, 위에서 해독한 대로 숭신천황의 이름 속에 감춰진 의미는 「건너와서는 성(城)에 들어 온정으로 굿을 벌인」 천황이었던 것이다.

굿을 벌였다는 것은, <숭신기>에 그 내용이 상세히 나온다. 즉, 천황은 국내에 반역하는 무리가 점점 많아지고 질병이 유행하여 사람들의 태반이 사망하는 형편이 되자 천신지기(天神地祇)를 제사(祭祀)함으로써 소요를 잠재우고 질병의 만연을 방지하려 했다는 것에서도 알 수 있다.

이 점과 관련하여 『일본서기』의 기술을 문자 그대로 해석할 것인가 하는 것도 문제가 된다.

실제 숭신천황이 선주민이나 토착민을 정복한 세력이었다면 정복과정에서 숱한 인민들을 살육했을 것이나. 그때 민심이 흉흉히고 공포에 떨자, 선무(宣撫) 공작의 일환으로 천신지기의 힘을 빌려 이를 무마(撫摩)하려 했다는 것으로 해석된다. 동시에, 그들을 영원히 복속시키는 일종의 통치술의 구심점으로 활용했던 사건 기록으로 보는 게 더 타당하지 싶다.

같은 기록에, 「천황의 위(位)에 오른 뒤로 백성이 유리(遊離)하고 혹은 반역하는 무리가 점점 더 커져 그 기세가 이미 덕으로 다스리기 곤란한 데다 또 질병이 만연하는 등, 나라가 어지러웠다」는 것은 이를 암시하는 것으로 보인다.

그런 어느 날 밤, 대물주신(大物主神·오호모노누시노 카미)이 몽침(夢枕)에 서서 자기의 아이인 대전전근자(大田田根子·오호타타네코)를 신주(神主)로 삼아 자기를 제사하라고 전하였다. 이를 실행하였더니, 질병의 유행이 끝나 국내는 평온해지고 오곡은 풍요하여 백성들은 살기 좋게 되었다고 기록하고 있다.

이것은 토착민 혹은 선주민들이 숭앙하는 신을 구심점으로 삼고, 신주(神主) 역시 그들 가운데서 뽑아 반역하던 세력을 이번에는 따뜻이 선무함으로써 비로소 귀복(歸伏: 반항심을 버리고 순종하여 항복함)하게 되었다는 의미인 것이다.

또, 천조대신(天照大神·아마테라스 오호미카미)을 왜(倭·야마토)의 입봉읍(笠縫邑·가사누히노 무라)에 모셨다든가 왜대국혼신(倭大國魂神·아마토노 오호쿠니 다마노카미)을 모셨다는 것 등은 모두 선주(先住) 세력을 위무(慰撫)하는 일련의 통치술로 보인다.

그래서 특별히 이들 제신(諸神)을 제사지내고 숭상하였다는 기록이 대단히 많다.

어느 정도냐 하면, 무려 80만의 수많은 신들을 따로 제사지냈다(便別祭八十萬群神)고 나온다. 이에 의하여 천사(天社), 국사(國社) 및 신지(神地), 신호(神戶)를 정하기도 하여 비로소 나라의 평안을 찾았다고 기록돼 있다. 따라서 중국식 시호인 「崇神(숭신)」은 문자 그대로 「신을 숭상함」의 뜻이며, 또한 그 자신이 「신으로 숭배된 자」의 의미였던 것으로 해석된다.

그런데 이러한 시호 해독이 과연 타당한 것인가를 다시 검증해볼 필요가 있다.

그것은 바로 『고사기』에 나오는 숭신천황의 또 다른 이름이 「어간목
입일자인혜(御間木入日子印惠)」라고 나오는데, <記·紀>의 양자대비를
통해 그 결과가 어떤 것인가를 살펴봄으로써 확인할 수 있을 것이다.

● 御　　間　　木　　入　　日　　子　　　　印　　　惠
　거느니 서리　나모　들　히　　삿기　　인　　혜
　(현대어→「거느니서리(＝건너스리)　나모드르히　삭　끼인네」)
　＝즉, 건너와서는 남의 들(＝他의 領土)에　싹 끼어들었네

그런데 혹본(或本)에는 숭신천황의 이름이 「御眞木入日子印惠」(어진
목입일자인혜)로 나온다. 말하자면, 「間」(간) 대신에 「眞」(진)으로 표기된
것도 있다. 이 경우에는 다음과 같이 읽혀진다.

● 御　　　眞　　　木　　　入　　　日　　　子　　　　印　　　　惠
　거느니　바롤　나모　들　히　　삿기　　인　　혜
　(현대어→건너 바다 남의 들에 삭 끼었네)

즉, 「御眞」은 「거느니바롤」로 읽고, 「거느니-바롤」('건너 바다'의 옛말)
과 같은 의미가 된다. 「眞」의 고훈은 「바롤」(현대어 '바를'＝正과 같은 뜻)
인데, 이것이 「바롤」(海의 고어. 현대어는 '바다'임.)과는 동음이다.
[[바른래(＝바롤애) 비 업거늘: 海無舟矣(용비어천가 20장)]의 용례가 있

다.] (그 이하의 해석은 같은데, 상세한 해독의 근거나 한자의 용례에 관해서는 역시 <부록>을 참조 바람).

이처럼 『고사기』에서 숭신천황의 이름은 「(바다를) **건너와서는 남의 영토에 싹**(=거침없이) **끼어들었네**」의 의미가 되는 것이다.

요컨대, 도래한 세력으로 거침없이 남의 영토를 정복한 천황이었다. 다만 이것이 『일본서기』에서는 정복한 이후의 활동(천신지기에 제사 지내며 귀순한 선주민을 선무한 행위)까지 포함하여 의미를 부여한 점이 조금 다르다. 주목해야 할 것은 그 이름에 표기된 차용한자들이다.

「日子」는 태양신의 아들로서 왕의 상징이란 점. 그리고 「印」자가 있는 것은 「印綬」(인수)라는 말과 같이 왕의 관위(官位)를 나타낸 것. 또 「惠」라는 것은 정복민에게 베푼 은혜의 뜻이 함축되어 있다는 점. 동시에 자원적(字源的)인 해석으로 「惠」(혜)라는 것은 무력을 가진 집단의 병기, 즉 「세모창(三隅矛・삼우모)」의 뜻을 가진 글자라는 것 등이다.

또, 한 가지 간과할 수 없는 점이 있다. <숭신기>에 의하면, 숭신은 치일본근자언대일일(稚日本根子彦大日日=開化)천황의 제2자로 나이 17세에 황태자가 되었다고 한다. 이것은 무엇을 말해주는 것일까?

비록 『일본서기』에서 황실계보를 소위 「만세일계」로 기술하고 있지만, 숭신천황 이전의 제7대 천황까지의 기록은 대체로 후세에 조작한 의심이 농후한 것으로 학계에서는 보고 있다. 그러므로 당연히 그 기년(紀年)까지도 조작한 혐의가 짙다고 보는 것이다.

설령 그렇더라도 나이 19세에 황태자의 위에 오른 숭신이 일본열도로 도래한 시기는 그 이전인 제9대 개화(開化)천황을 부친으로 한 집단의 인물로 도해(渡海)했을 가능성이 높다.

따라서 개화천황이야말로 강력한 무력집단의 수장이었고, 이때 처음으로 「미개한 일본」(=稚日本)을 개화(=개명)시키는 최초의 역할을 수행한 자로 볼 수 있다. 숭신은 이미 그 집단이 일본에 건너온 뒤에 주변을 차츰 정복해 가던 과정에서 황태자의 자리에 오르게 된 것으로 보아야 순리적인 설명이 되지 않을까.

• 탐색 ①
숭신천황은 도왜(渡倭)한 가야족의 수장인가?

숭신천황을 위시한 도래 집단은 과연 한반도 남부로부터 대거 일본 열도로 이동해 간 가야족일까? 사실일 가능성이 있다고 앞서 조심스레 언급하긴 하였다.

그렇게 말할 수 있는 것은, 과거 일본 고고학계에서 「일본특유의 출토유물」이라고 여겼던 파형동기(巴形銅器) 및 통형동기(筒形銅器)가 몇 년 전에 옛 가야지역인 김해의 대성동(大成洞)고분에서 대량 출토되었기 때문이다.

그러나 이와 같은 사실을 통하여 「그렇기 때문에, 임나일본부가 역시 김해에 있었던 한 증거」라는 식의 결론에 쉽사리 빠져드는 무리(無理)를 범해서는 안 될 것이다. 왜냐하면 오히려 정반대로 옛 가야의 무력집단에 의해 그러한 유물들이 일본열도에 전파되었던 증거일 수도 있기 때문이다.

예로부터 한반도 남부 지역의 가야인들이 일본열도에 처음 닿는 북구주의 사도반도(糸島半島 · 이토시마 반도)는 可也山(가야산)을 비롯하여 가야 혹은 가라(加羅)계의 이름들이 숱하게 산재한다. 즉, 반도 최상단의 기타자키촌(北崎村) 일대는 고대로부터 「가라도마리(韓泊)」라고 불린 곳으로 한국에서 건너가는 배의 직통(直通) 길의 정박항이다.

그곳에는 가야촌(可也村)과 게야촌(介屋村) 등의 지명이 현재까지도 남아 있고, 게에향(鷄永鄕)으로도 불린다.

고대 가야 제국(諸國)과 일본과의 관계는 이토시마 반도를 중심으로 가야의 색채가 짙은 무덤과 부장품의 분포 등을 통하여서도 잘 알 수 있는 사실이다.

여기서 그러한 예들을 낱낱이 열거할 수는 없지만, 꼭 빠뜨리고 싶지 않은 점이 한 가지 있다.

후쿠오카(福岡)시의 동남쪽에 위치한 아마기(甘木)시(市)에서는 한반도의 가야에서 직행한 것이라는 고데라(古寺) 유적에서 출토된 도질토기 외에도 경상남도 합천군 소재의 옥전(玉田)고분에서 출토된, 철을 단련시키는데 쓰였던 도구(쇠집게)와 흡사한 것이 철정(鐵鋌)과 함께 출토되었다. 이것은 가야를 통해 철 생산기술과 단조(鍛造)기술이 도래인들에 의해 전파됐다는 증거이기도 하다.

당시 이 지역의 지배자가 야장(冶匠) 집단이었다면 이들이 4세기 이전, 변한·진한으로부터 도래하여 이곳의 유력한 정치집단으로 부상할 수 있었던 중요한 토대도 바로 철을 다루는 기술이었을 것이다.

문화와 언어는 불가분의 관계에 있으므로 마땅히 당시의 언어 역시 한국 남부지방의 언어가 주류를 이루었다고 생각된다.

이 점, 와세다(早稻田)대학의 스기모토 쓰토무(杉本つとむ)교수(문학부)의 『ことばの文化史』(『말의 문화사』·제2장 「일본어의 새벽」)에서 언급하고 있는 것처럼, 「적어도 야요이(彌生)시대 후반(=1~3세기)의 한국 남부지방과 규슈 지방은 동일 문화권이었고, 동일 언어가 사용되었다고 추정할 수 있다고 본다.」라고 한 것은 극히 정당한 지적이다.

제11대 활목입언오십협모(活目入彦五十狹茅) ― (垂仁·수인)天皇

● 活　目　入　彦　五　十　狹　茅
　살　눈　들　언　다섯　시　좁　씌
（현대어→「살 눈 들어 다스시 좁 띄(뜨이)」
＝즉, 살짝 눈 들어 따뜻이 좁게 떠

활목입언오십협모천황(活目入彦五十狹茅天皇 : 이쿠메이리비코　이사치노스메라미코토·いくめいりびこいさちのすめらみこと)의 중국식 시호인 「垂仁(수인)」(すいにん)은 문자 그대로 「어짐을 드리우다」의 뜻이다.

말하자면 그 시호에서부터 벌써 어질고 온화한 풍모를 연상시켜준다. 과연 해독해 본 그 이름에서도 **「살짝 눈 들어, 따뜻이 좁게 떠**(바라본다)」**라는 의미를 담고 있다.

이러한 수인천황의 이름이 『고사기』에는 완전히 다르게 표기되어 있어, 양자를 비교 검토해보는 것도 흥미롭다.

● 伊　久　米　伊　理　毘　毘　古　伊　左　知
　이　구　메　이　고티　비　비　고　이　좌　지
（현대어→「익으매 이 고티(=고치), 비비 꼬이잣지」）
＝즉, 숙성(夙成)해지매 이 누에고치, 비비 꼬여졌지

이렇게 읽혀지는 수인천황의 긴 이름 속에는 그 얼굴의 미묘한 표정과 모습 등에서 받는 인상을 고치(繭·견)=즉, 잠방(蠶房·누에의 방)=에 비유하여 교묘하게 암시적으로 표현하고 있다.

유난히 주름살이 많이 진 얼굴에 거의 감긴 듯이 살짝 실눈을 뜬 채 상대를 온화하게 내려다보는 어진 모습은 한마디로 「垂仁」이란 시호를 붙일 만하다.

특히, 누에고치를 뜻하는 한자인 「繭(견)」의 용례 중에 「繭繭」이란 말이 있고, 음성과 기색이 미세한 모양을 표현할 때 사용한다. [聲氣微細繭繭然:『禮記·玉藻·疏』]

『일본서기』의 내용에서도 그 점은 잘 드러난다.

황후인 협수희(狹穗姬·사호비메)의 오라비인 협수언왕(狹穗彦王·사호비코노 미코)이 모반하여 황후를 시켜 비수를 옷 속에 간직했다가 천황이 자는 틈에 목을 찔러 죽이도록 종용한 사건이 있었다.

그런 뒤, 실제 황후의 무릎을 베고 낮잠이 든 천황을 황후는 차마 찔러 죽이지 못하여 눈물을 떨구며 이 사실을 스스로 고백한다. 수인천황은 황후를 용서해준다. 그러나 황후는 오라비의 죄가 용서받지 못할 것을 알고 함께 처벌을 달게 받아들이기로 하고 오라비의 성(城)으로 들어갔다. 천황의 명으로 협수언의 성을 깨뜨리고, 마침내 그들은 불에 타서 죽었다.

이런 일련의 사건을 해결하는 과정으로 보면, 수인천황은 미세한 견사(繭絲)를 뽑듯 그 음성과 기색이 나직하고 섬세하게 조용히 일을 처리하는 인물이었던 것 같다. 수인(垂仁)이란 시호나 그 이름만으로도 그런 인상을 주기에 충분하다.

이 점에 대해서는 신라왕자 천일창의 출현에 대비하여 그에게 마음대로 땅을 취하여 살도록 허락하는 이야기도 그렇다. 또, 훗날 천일창의 증손 청언(淸彦·키요히코)이 신보(神寶)인 소도(小刀) 하나를 헌상하지 않으려고 옷 속에 숨겼을 때에도, 이에 조용히 대처하여 강제로 빼앗지 않고 허락하는 대목에서도 잘 나타난다. 양보하거나 용서해줌으로써 상대방을 감복시키는 것도 통치술의 한 방법일 것이다.

싸우지 않고 이기는 상수(上手)의 묘(妙). 굳이 눈을 부릅뜨거나 표독스럽게 굴지 않아도 상대를 제압할 수 있는 상계(上計)를 지닌 자.

그런 자는 대개 그 외양에서부터 어리숭한 모습을 하고 있다. 주름살 속에 묻혀 감았는지 떴는지 알쏭달쏭한 꿈꾸는 작은 눈, 그리고 입가에 머금은 미소 등의 표정적인 특징을 갖고 있기 십상이다. 그처럼 마치 도통(道通)한 인자한 모습을 상기시켜 주는 것이 수인천황의 시호다.

신라왕자 천일창(天日槍)

> ● 天　　日　　槍
> 　 하늘　 히　　쟁
> 　 (현대어→하늘 해가 쨍)

하늘에 태양이 '쨍'(의성어 : 쇠붙이를 맞부딪칠 때의 울림) 소리를 내듯 강렬한 빛을 발하며 나타난 인물이란 뜻을 가진 이름이다.

「槍」(창)이란 글자는 두말할 여지없이 긴 나무자루 끝에 날이 선 뾰족한 쇠붙이가 달린 옛날의 공격용 무기임에 틀림없다. 그런데 이 글자는 또한 우주에 정기적으로 운행하거나 또는 부정기적으로 나타나기도 하는 빛나는 별, 즉 「혜성(彗星)」이란 뜻도 있다. 그런 의미로 쓰일 때는

「쟁」으로 음독한다.

요컨대, 은유적 용자법에 의해 천일창은 강력한 무기를 지닌 집단의 우두머리로 창검을 앞세우고 혜성처럼 느닷없이 나타난 인물이다.

예로부터 해(日)는 천황, 천제에 비유되었다. 오직 하나밖에 없는 태양은 그래서 천위(天位)를 의미했다. 옛말에도 「天無雙日, 國無二王(하늘에 두 해가 있을 수 없고, 나라에 두 임금이 있을 수 없다)」고 했듯이, 나라(國)에는 마땅히 우러러볼 천제(天帝)가 하나로서 족하다.

그런데 천일창의 출현은 그처럼 하늘에 또 하나의 해가 뜬 것에 비유될 만한 이변이었다. 이른바 「二日竝現」(이일병현: 두 해가 나란히 나타남)과 같은 심상치 않은 나라의 변괴(變怪)에 해당한다. 이것은 대관절 어떤 사건이었던 것일까?

수인천황 재위 3년 3월, 고대 일본에서는 일대사건이 발생했다.

신라의 왕자 천일창(天日槍: 아메노 히호코・あめのひほこ)이 바다 건너 일본열도로 진격한 것이다. 뢰호내해(瀨戶內海・세토나이카이)를 거쳐 무인지경을 가듯 진군하여 파마국(播磨國・하리마노쿠니: 지금의 神戶・코베)에 정박하여 육속읍(宍粟邑: 시사하노무라・しきはのむら)에 머물렀다.

그때 수인천황은 놀라 대우주(大友主・오호토모누시)와 장미시(長尾市・나가오치)를 하리마(播磨)에 보내, 천일창에게 「그대는 누구인가, 또 어느 나라 사람인가?」라고 묻게 하였다.

천일창은 대답하기를, 자기는 신라국의 왕자인데, 일본국에 성황(聖皇)이 계시다는 것을 듣고는 저의 나라는 아우 지고(知古・치코)가 다스리도록 양보하고 귀화(歸化)케 되었다고 했다. 그리고 진귀한 8가지 보물들을 바쳤다.

천황은 천일창의 무리에게 「播磨(파마)국의 육속읍(시사하노무라)・담로도(淡路島 : 아와지노시마)의 출천읍(出淺邑 · 이데사노무라), 두 주(州)를 주니, 네 마음대로 살아라」고 말하였다.

이것은 천황이 자청하여 영토를 할양해준 것이었다. 그러나 천일창은 「신(臣)이 살 곳은 제가 몸소 제국(諸國)을 돌아다녀 보고 신의 마음에 드는 곳을 주셨으면 합니다」라고 대답했고, 천황이 이를 허락하였다고 <수인기(垂仁紀)>에 적혀 있다.

일본서기의 이러한 문맥은, 천일창으로 대표되는 청동기문명의 거대한 도래세력에 의한 점령지구의 확대로 인해, 숭신대(崇神代)에 토대를 잡은 기내(畿內) 지방의 기존세력이 수인조(垂仁朝)에 이르러 약화된 것을 이야기한 것으로 보인다.

따라서 수인천황은 천일창의 집단이 파마국(하리마노쿠니)에 이르렀을 무렵, 그들의 공격이 급박해지자 미리 영토를 할양하고 무마하려 했다는 이야기에 다름없다. 하지만 천일창은 이를 거절, 다시 병력을 움직여 토도하(菟道河 · 우지가와)를 거슬러 올라가서 근강국(近江國 · 아후미노쿠니)을 거쳐 오명읍(吾名邑 · 아나노무라)에 들어가 잠시 살았다. 다시 근강(近江 : 아후미 · あふみ)에서 출발하여 약협국(若狹國 · 와카사노쿠니)을 거쳐 서쪽인 단마국(但馬國 · 타지마노쿠니)에 도착하자 그곳을 본거지로 정하였다.

이것은 신라왕자 천일창이 일본 본주(本州 · 혼슈)의 허리 부분을 점령하여 김비(吉備 · 키비)에서 출운(出雲 · 이즈모)에 걸친 영역권을 장악한 이야기에 다름없는 것이다. 그래서 이 지방이 고분문화(古墳文化)에서 독특한 공통성을 유지하고 있는 것도 이 때문이다.

특히 천일창의 도래 사건이 고대일본에 중대한 영향을 끼친 것 중의 하나가 도제법(陶製法)의 첫 전파였다. 천일창을 따라온 무리 중에 도기공이 있어 근강국의 경촌(鏡村) 골짜기에 정착하였다. 이들에 의해 처음으로 도기(陶器) 제작술이 일본에 전해졌던 것이다.

또한 천일창이 가져왔다는 7보(七宝: 一書에서는 8宝), 즉 여러 가지 구슬, 칼, 창, 일경(日鏡) 등을 거두어 단마국(타지마노쿠니)에 항상 보관하여 신보(神宝)로 삼았다고 한다.

단마국(但馬國)은 바로 천일창의 세력이 마지막으로 정착한 본거지였으므로 결국, 이들 보물을 조정에 바친 것이 아니라 천일창의 집단이 가지고 있었던 상징적 물건이었다는 이야기와 다름없는 셈이다.

달리 말하면, 이것은 그들 도래집단의 문화적 성격 내지 당시의 문명 수준을 단적으로 암시하는 물건들인 것이다. 특히 동경(銅鏡)은 고대에 권위의 상징이었다.

● 탐색 ②
천일창과 동경(銅鏡)

일본의 학자들은 고분에서 출토되는 거울을 설명할 때면 대개 중국제 거울, 특히 진경(晋鏡) 등에 결부시켜 중국산 거울이라고 다소 의도적으로 단정하려는 경향을 보인다. 그러나 이 천일창 기사에서 신라의 왕자는 「晋」이 성립하기 수백년이나 전에 신라산(産) 거울을 일본에 가지고 온 것이다.

당시 한반도의 신라나 백제, 가야 등지에서 사용했을 동경이 수장급(首長級) 고분에서 오늘날 많이 출토되고 있다. 1996년에도 부산 동의대 박물관의 발굴단이 발표한 「경남 김해시 주촌면 양동리(良洞里) 고분군 유물에 관한 발표」에서 동경의 하나인 <가야유물 방제경(倣製鏡)>의 제작연도가 일본에서 출토된 것보다 1세기 앞선다는 공식적인 발표가 있었다. 이것은 확실히 일본에 문화 전파의 일익을 담당했던 가야의 역할을 증명하는 실증 사례의 하나로 평가된다.

어쨌든, 김해시 주촌면 양동리 고분군에서 출토된 유물의 성격으로 보아, 가야가 고대 일본문화의 원류지였음을 밝혀주는 방제경 1점을 비롯, 가야의 상징이라고도 할 수 있는 <소용돌이형> 무늬장식이 붙은 환두대도(環頭大刀) 1점 등, 3~4세기경의 것으로 보이는 유물 5백 52점이 출토되었다.

특히, 그 유물들 중 제441호 토곽묘(土槨墓)에서 나온 예의 방제경(= 더 정확한 명칭으로는 「방제방격규구문경(倣製方格規矩文鏡)」)은 4세기 전반에 만들어진 것이다.

이것은 일본 나라현(奈良縣) 효카(兵家)고분에서 출토된 비슷한 양식의 방제경과, 또 동일형으로 보이는 규슈 후쿠오카현(九州·福岡縣) 마에바루시(前原市)의 4세기 후반의 고분에서 출토된 것보다 제작시기가 반세기 내지 1세기쯤 빠른 것이었다. 그래서 고대 일본 문화가 가야에서 전해진 것임을 보여주는 단서로 평가되었다.

방제경은 그동안 일본에서 주로 발견돼 왔던 관계로, 그 제작지를 둘러싸고 중국 혹은 일본 자체에서 제작한 고유의 것으로 지금까지 인식하고 있었다.

그런데 1995년에 김해의 이곳 제427호분에서 서기 1세기경의 것으로 보이는 조잡한 형태의 방제경의 출토에 이어, 이듬해 96년도에는 일본의 나라(奈良) 방제경과 비슷한 수준의 것이 나옴으로써 그 기원이 가야였던 것이 분명해졌다.

이런 점으로 봐서, 이번 발굴은 천일창이 일본에 가지고 간 동경의 원류를 중국 운운해왔던 일본 측의 주장이 잘못되었다는 것을 증명해 보인 데 큰 의의가 있다.

지난 1996년 7월 24일 「마한(馬韓) 역사문화 연구회」의 초청으로 「한·

일 고대사의 재조명」을 주제로 강연하기 위해 한국을 찾은 오사카여대 (大阪女大)의 우에다 마사아키(上田正昭) 총장의 견해는, 한국의 고대문화가 일본에 전래된 것은 분명한 역사적 사실임을 부인해서는 안 된다는 극히 원론적인 것이었다.

이처럼 명약관화한 사실을 그동안 부정해 왔거나 의도적으로 믿지 않으려는 태도에 대해, 학자적 양심에 입각해 한 번 더 확인해준 것에 지나지 않는다. 이 정도의 빤한 주장도 일본에서는 대단한 용기 없이는 불가능한 것일까.

우에다(上田) 총장은 고대로부터 한국이 일본의 속국이었다는 일제의 식민사관을 전면 부정하는 대신, 정확한 사료에 근거한 연구에 의해 오히려 일본이 백제로부터 건너온 도래인에 의해 세워졌다는 주장을 펼쳐 왔다. 또, 일본천황의 선조가 한반도에서 건너온 백제인이었다는 논지를 담은 『귀화인(歸化人)』을 출간해 일본의 우익단체로부터 비난을 받아온 학자이기도 하다.

우에다 마사아키 총장의 인터뷰 기사(한국의 「중앙일보」 1996년 7월 27일자)에서도,

『일본과 한국에서 함께 발견된 고대의 국보급 유물인 동경(방제방격 규구문경)을 보면 확실히 한국의 고대문화가 일본에 그대로 전해졌다는 것을 알 수 있습니다. 구리거울이 바다를 건너 일본으로 갔을 수는 없고, 이는 결국 한반도에서 일본으로 사람들이 건너갔다는 것을 의미합니다.』라고, 이 점에 대해 분명히 말하고 있다.

1995년을 기준으로 이야기 한다면, 그때까지 일본이 소장하고 있던 가장 오래된 연대의 칼은, 지난 1984년 후쿠오카 시(市)의 요시다케(吉武) 제4차 9호분에서 발굴된 금동제 용머리장식대도(龍文素環頭大刀)였다(「朝日(아사히)신문」 전송사진제공. 한국 「동아일보」 1995년 2월 7일자 揭載).

녹을 제거하고 원형을 복원한 결과, 가야고분에서 발견된 대도와 똑같은 용무늬가 칼자루의 머릿고리(환두) 부분에서 나타났다. 지금까지 일본 땅 안에서 발견된 용(龍) 또는 봉황장식의 칼은 6세기 후반 이후에 축조된 고분에서만 발굴되었다. 그런데 이번에 밝혀진 것으로는 제작연대가 대략 반세기 정도 앞선 5세기 말경인 것으로 추정되었다. 칼은 철제(鐵製)로 길이 60센티미터, 폭 2.5센티미터이며, 10센티미터의 칼자루가 붙어 있다.

일본학계에서는 「이 칼의 발굴로 한·일 교류사를 50년 이상 앞당겨야 한다」는 주장이 대두되고 있지만, 우리의 견해로는 50년 정도가 아니라 그보다 훨씬 이전으로 소급해도 무방하다고 본다. 무엇보다 이것은 상식에 속하는 문제다. 이래저래 칼의 전래까지도 가야를 비롯한 북방민족의 일본열도에로의 이동 결과인 점을 증명해주는 유물들이 앞으로도 계속 출토되리라고 전망된다.

그런데 과연 1996년에 장야현(長野縣·나가노켄)의 근총(根塚·네츠카) 유적에서 새로운 철검이 발굴되었다.

이 점과 관련하여 가야와 고대일본과의 관계를 입증해주는 몇 가지 특별사례를 언급하자면 다음과 같다.

즉 1~5세기의 가야유적인 김해 양동리 고분군에서 출토된 이른바 「양동리식 유물」에 기원을 둔 철검 및 동경이 일본에서도 비로소 확인된 셈인데, 이것은 가야가 일본고대 문화의 원류 중 하나라는 한국학계의 입장이 더욱 설득력을 지니게 된 발굴이었다.

일본의 언론들도 1996년에 일본에서 출토된 3~4세기대의 철검과 동경의 제작지를 한국의 가야유적지 중 하나인 김해 양동리로 보는 2건의 기사를 실었다.

「나가노현(長野縣) 북부의 네츠카(根塚) 유적에서 소용돌이형 무늬의 장식이 붙어있는 야요이(彌生)시대 말기(3세기 후반)의 길이 74센티미터 철검이 출토됐다.……조선반도 남부의 가야지방(김해 양동리)에서 만들어진 뒤 가져온 것으로 보인다.』(「요미우리(讀賣)신문」1996년 6월 20일자)

이 보도에 보이는 <소용돌이형> 무늬장식은 가야의 심벌(symbol)이다. 그 소용돌이형은 청동기시대의 팔두령(八頭鈴=8개의 방울이 달린 의식용 기구) 등에서는 음각된 「문양(文樣)」으로만 쓰이다가 김해 양동리 지역에선 2세기말~4세기까지 각종 유물의 「장식(裝飾)」으로 붙여져 사용된 것으로 나타나고 있다. 이는 한국의 초기 철기시대 이래의 전통적 청동기를 가야식으로 변형한 독특한 양식으로서, 소위 「양동리식」또는 「가야식」이라 불리고 있는 것이다.

이를 두고, 1991~96년에 걸쳐 양동리 유적을 5차례 발굴한 부산의 동의대 박물관 팀에서는,

『일본서 이번에 발굴한 철검(=나가노켄 네츠카・長野縣 根塚 유적의 것)보다 시기도 50년~1백년 앞서며, 길이도 훨씬 긴 소용돌이형 무늬장식의 철검 2점이 양동리에서는 이미 출토됐던 것이다. 즉, 93년 발굴 때의 제313호 목곽묘에서 나온 2세기말~3세기초의 길이 1백 21센티미터의 철검, 그리고 앞서 92년 발굴 때의 제 212호 목곽묘에서 출토된 3세기 전반대의 길이 1백 18센티미터의 이형(異形) 철검 등 2점이 그것이다.』라고 하고,

『이들 2점의 철검은 당시 일본이 선진적인 가야에 경제적, 문화적으로 종속됐음을 보여주는 것』이라고 말한 발굴단장 임효택(林孝澤) 교수(동의대박물관장)의 인터뷰 내용도 「부산일보」(1996년 7월 5일자 최학림 기자)의 기사로 싣고 있다.

덧붙여, 양동리 55호분에서 나온 칼 손잡이 끝장식과 똑같은 형태가 대마도에서 출토된 것이 있는데, 과연 가야지역 문화가 어디서 어떤 루

트를 통해 일본으로 건너갔느냐를 규명해야 하는 점도 향후의 과제로 남아 있다.

일본 언론에서 발표한 또 1건의 기사는, 『지난 2월(=1996년 2월) 김해 양동리 고분군 제441호분에서 출토된 동경(銅鏡 : 지름 9.3센티미터의 방제경)과 동일형으로 보이는 동경이 8년 전 일본 규슈의 후쿠오카 마에바루(前原) 시(市)에서 나왔었다.』는 내용이었다.

이 일본의 동경(銅鏡)은 4세기 후반의 고분에서 나온 것이고, 김해 양동리의 동경은 4세기 전반대의 고분에서 나온 것으로 역시 가야시대의 동경이 50여년 앞선 시기의 것이란 점은 앞서 미리 언급한 그대로다.

동경의 경우, 한·일 양국에서 같은 형태가 확인된 것은 1세기 무렵인 야요이시대 후기의 동경 1점을 제외하고는 4세기 고분시대에선 처음 있는 일이다. 동경은 특히 고대에 권위의 상징으로, 일본 측에선 그동안 이와 같은 동경의 제작지를 둘러싸고 중국제 혹은 일본 자체 제작설을 펴왔으나, 이번 한·일 동일형의 확인으로 한반도 제작설이 부각될 것으로 보인다.

결론적으로 말해서, 지금까지 수수께끼에 묻혀 있던 가야 제국의 실상을 알려주는 풍부하고 우수한 유물들이 속속 출토됨에 따라 고대 한·일관계사의 많은 의문점도 점차 그 베일을 벗고 있다.

예를 들면, 김해 대성동고분에서 출토된 화려한 청동기=가령, 파형(巴形)동기, 통형(筒形)동기=등과 부산의 동래구 복천동(福泉洞)의 4세기 고분군에서 나온 철제 갑옷, 투구, 말(馬)장식품 등의 각종 유물들은 4세기대(代) 김해지역에 말을 이용한 격렬한 정복전쟁 그리고 일본과의 대외교섭을 장악했던 막강한 지배층이 있었음을 증명하는 것들이다.

또한 앞서 살펴본 대로 4세기 무렵의 이러한 유물들은, 같은 시기의 신라 및 일본에서 나오는 유물보다 대략 반세기 내지 1세기를 앞지르는 선진문물이었다. 그리고 한반도 남부 지방의 금관가야 지배집단의 양대 축(兩大軸)은 김해 대성동 고분군 및 동래 복천동 고분군 등, 두 집단인 데, 김해 쪽이 우위를 차지했다는 것이 출토유물로 본 한국 고고학계의 일반적 학설이다.

그건 그렇고, <수인기>에 나타난 신라왕자 천일창은 그 이름에 걸맞게 「하늘 해가 쨍」이란 의미를 가졌다. 그는 암흑 같은 밤하늘에 돌연히 밝은 광휘를 발하며 나타나는 혜성과도 같이, 당시의 미개한 일본열도에 홀연히 등장한다. 열도는 놀라움에 가득 찬다.

「槍」이란 글자 속에는 그러한 혜성의 의미가 담겨 있다. 과학지식이 아직 발달하지 않았던 고대에는 자연현상을 주재(主宰)하는 신이 있어 그것을 통해 인간에게 길흉을 보인다고 믿었다. 그래서 번개나 홍수, 가뭄, 태풍, 질병, 혜성 등은 신이 인간에게 보이는 일종의 경고로 해석했다. 어떤 현상은 특정인이나 특정 사건을 예고하는 경고쯤으로 받아들였는데, 가령 일식(日蝕) 현상은 왕에게 보내는 불길한 예언의 경고로 알았다. 또, 이일병현(二日竝現: 두 해가 나란히 나타남)과 같은 괴이한 현상에 대한 기록도 있다.

『삼국사기』 신라본기에도, 「경덕왕 19년 경자(庚子) 4월 초하룻날에 두 해(二日)가 나란히 나타나 열흘이 지나도록 사라지지 않았다.」와 같은 기사가 보인다.

결국 이것은 왕을 내쫓고 왕권을 찬탈하려는 새로운 세력의 음모가 진행되고 있던 것을 비유했던 사건이었다.

또 『삼국유사』에 기록으로 전하는 신라향가 중 「혜성가(彗星歌)」도 바다 건너 일본군의 침략을 예고하며 이를 방비하라는 경고의 노래였다. 이처럼 예로부터 혜성의 출현은 대개 전쟁과 같은 끔찍한 사변을 예고하는 전조라고 믿었던 것이 그것이다.

<수인기>에는 천일창 외에 또 다른 재미있는 이름이 보인다.

천황이 산배(山背·야마시로)의 예번호변(苅幡戸邊·카리하타토베)을 후궁으로 맞아들여 낳은 제2자의 이름은 오십일족언명(五十日足彦命·이카타라시히코노 미코토)이다. 이 아들은 석전군(石田君·이시다노 키미)의 시조(始祖)가 됨.

● 五　十　日　足　　彦
　다숫　시　히　주　　언
　(현대어→따뜻이 해준)

● 石　田　君
　돌　받　군
　(현대어→「돌봤군」 즉, 「보살폈군」의 의미

양자대비에서 **「따뜻이 해준」** 것과 **「돌봤군(=잘 보살폈군)」**은 결국 같은 뜻으로 서로 일치된다. 이로 미루어 짐작컨대, 어린 시절 병약하여 특별히 보살핀 적이 있었거나 아니면 천황이 다른 황자들에 비해 무척 귀여워했던 아들이었던 것 같다. 하여간 그런 연유로 인해 붙여진 이름으로 생각된다.

제3장

일본적 「和」정신의 모델과 경행(景行)천황

● 경행(景行) ● 성무(成務)

제12대 대족언인대별(大足彦忍代別) ― (景行·경행)天皇

● 大　足　彦　忍　代　別
　한　쬭언　츠마　굴　눈홀
（현대어 → 「한 쪽은 참아 갈라놀」=즉, 큰 쪽은 참고 갈라놓을）

대족언인대별천황(大足彦忍代別天皇: 오호타라시히코 오시로와케노 스메라미코토·おほたらしひこおしろわけのすめらみこと)의 시호는 「景行(경행)」(けいかぅ)이다.

<경행기(景行紀)>에 일관된 핵심적 줄거리는 정벌을 통한 영토 확장이다.

중국식 시호인 「景行」이란 말 속에 담긴 「크게 나아감」이란 뜻도 그래서 붙여진 듯하다. 즉, 경행천황 재위시의 가장 큰 정벌 사업은 크게 두 가지로 나누어볼 수 있다.

첫 번째는 서주(西州=九州)의 웅습(熊襲·쿠마소) 정벌로서 이를 통해 서해(西海)가 완전히 천황에게 복속되었다. 두 번째는 동국(東國)의 하이(蝦夷·에미시, 혹은 에조·えぞ라고도 함) 정복사업이었다. 그러나 엄격히 말해서 이 정벌은 여의치 않게 끝나고 만다.

천황은 재위기간 동안 내내 동쪽의 오랑캐들이 반란을 일으키고 변경(邊境)이 동요함에 따라 골머리를 앓고 있었다. 그렇다고 쿠마소의 정벌 때처럼 쉽게 평정할 수 없을 정도로 동국의 오랑캐들은 성질이 강폭하고 위세가 맹렬하여 예부터 천황의 통치력이 거기까진 전혀 미치지 않는 곳이었다(故往古以來, 未染王化).

말하자면 동국지역은 예부터 천황의 교화에 물들지 않은 딴 세상(別界)의 영토였던 것이다.

그 동쪽 오랑캐들 중에서도 가장 위협적인 존재가 하이(蝦夷·에미시)였다.

그들에 의해 자주 무력도발이 일어나고 천황의 영토가 유린당하거나 또 변경이 동요하자 몹시 위협을 느낀 경행천황은 마침내 이들을 정벌코자 결심한다. 그러나 쿠마소 정벌 때처럼 몸소 나아가 그들을 치는 것이 주저되어, 여러 경(卿)들을 모아놓고 의논하였다.

『지금 동국(東國)이 불안하여, 폭도들이 많이 일어나고 있다. 또한 에미시(蝦夷·에조)는 모두 배반하여 자주 인민을 노략질한다. 누구를 보내 난을 평정할 것인가?』

여러 신하들은 묵묵부답, 모두 누구를 보내야 좋을지 몰랐다. 이때 일본무존(日本武尊: 야마토타케루노 미코토)=[日本童男(야마토오구나). 즉, 小碓(소대)皇子]=가 아뢰기를,

『신(臣)은 먼저 서방(=웅습·熊襲: 쿠마소)을 쳐서 피곤하니, 이 싸움은 꼭 대대황자(大碓皇子)가 맡아야 합니다.』라고 했다.

그때 대대황자는 잔뜩 겁을 내어, 풀밭 속에 숨어버렸다. 사자를 보내 그를 불러들여 천황은 꾸짖었다.

『어찌하여 아직 대적하기도 전에 무서움을 타는 것이 이다지도 심한고! …네가 하고 싶지 않은 것을 어찌 억지로 보내겠는가.』

하고는 그를 미농국(美濃國·미노노쿠니)에 봉하여 봉지(封地)로 보내버렸다. 이에 따라 부득이 그 아우 일본동남(야마토오구나)이 자청하고 나섰다고 『일본서기』에는 적고 있다.

그러나 『고사기』의 기술은 이것과 아주 다르게 나온다. 천황은 형 대대황자에게 난폭한 짓을 한 소대황자(일본동남)의 거친 마음을 두려워하

여, 의도적으로 그에게 동방 12도(道)의 평정을 명하였다. 이에, 소대황자는 이모(姨母) 왜희명(倭姬命=倭比賣命 : 아마토히메노 미코토)에게, 천황의 비정을 호소하여 울었다고 되어있다. 그만큼 동국의 하이(蝦夷 : 에미시) 정벌은 두려움의 대상이었던 것이다.

하여간 이런 우여곡절 끝에 일본동남=『고사기』에서는 倭建命(왜건명 : 아마토 타케루노 미코토)으로 표기됨=을 출전케 하는 자리에서 천황은 황자를 격려하여 말하기를,

『형식적으로는 나의 아들이지만 실질은 네가 신인(神人)임을 나는 이미 안다. 이는 실로 짐이 모자라서 나라가 어지러워진 것을 하늘이 불쌍히 여겨, 천업(天業)을 경륜하시고 종묘(宗廟)를 끊지 않으시려고 하시는가(즉, 「나를 위해 오늘의 네가 있었구나」라는 의미). 또, 이 천하는 너의 천하다. 이 자리(天位)는 너의 자리다. 원컨대 심모원려(深謀遠慮)하여 부정한 것을 찾고 변(變)을 엿보며(探姦伺變 · 탐간사변), 위엄을 보이고 덕을 베풀어, 무기를 쓰지 않고 저절로 따르게 하라. 말을 잘하여 난폭한 신(神)을 조용하게 하며, 무력을 떨쳐 나쁜 귀신을 없이 하라.』고 당부하였다.

이렇게 해서 동국정벌에 나서게 된 일본동남은 혁혁한 전과를 올려, 그 때문에 일본무존(日本武尊 : 아마토 타케루노 미코토)이란 칭호를 얻게 된다. 그러나 그 과정에 병을 얻어 그는 30세의 나이에 죽고 만다.

물론 그 뒤로도 에미시의 소동은 완전히 그치질 않았다. 포로로 잡거나 복속해온 에미시들을 신궁에 바쳤는데, 주야로 시끄럽게 떠들고 출입에도 예의가 없었다.

이를 보다 못한 왜희명(아마토히메노 미코토)이 『이 에미시들은 신궁에 가까이 두면 안 된다』고 말하여, 이들을 모두 조정에 진상(進上)하였다.

그래서 어제산(御諸山 · 미모로노야마)의 곁에 안치했는데, 얼마 되지 않아 신산(神山)의 나무를 모두 베어버리고, 이웃을 호통치고 인민들을

위협하였다. 천황이 듣고 여러 경(卿)들에게 조칙(詔勅)하여,

『저 신산의 곁에 둔 에미시는 본시 마음이 짐승 같아서 중국(中國·우치쓰쿠니)에 살게 하기 어렵다. 그들이 바라는 바에 따라 기외(畿外)에 두라.』고 명하였다.

그리하여 그들을 각각 파마(播磨·하리마)=현재의 병고현(兵庫縣·효고켄 일대), 찬기(讚岐·사누키)=현재 四國(시고쿠)의 향천현(香川縣·카가와켄), 이예(伊豫·이요)=현재 시고쿠의 애원현(愛媛縣·에히메켄), 안예(安藝·아키)=현재 광도현(廣島縣·히로시마켄)의 서부, 아파(阿波·아와)=현재 시고쿠의 덕도현(德島縣·도쿠시마켄)의 5국(國)에 갈라놓아 좌백부(佐伯部·사헤키베)의 선조가 되었다.

그러나 이것으로 동국의 기존 세력이 잠잠해진 것은 아니었다.

천황은 마음을 놓을 수 없어 언협도왕(彦狹嶋王·히코사시마노 미코)을 동산도(東山道·아마노미치)의 15국을 다스리는 도독(都督)에 임명하여 보냈는데, 그는 도중에 병이 나서 죽었다. 하는 수 없이 그 아들 어제별왕(御諸別王·미모로와케노 미코)을 후임으로 임명하여 그 아비에게 맡겼던 업[父業]을 이루도록 했다.

어제별왕은 선정을 베풀고자 했으나 그때 에미시가 소동을 일으키자 군사를 보내 토벌했다. 항복하는 자는 사면(赦免)하고 불복하는 자는 주살(誅殺)했다. 이로써 동국은 오랫동안 그 땅에 머물러 살 수 있게 되었다고 한다.

결국 천황은 동국의 오랑캐를 멸망시키는 대신 그들과의 화친을 조건으로 복속시킨 이후, 투쟁하지 않고서도 함께 어울려 살 수 있는 방도를 택한 것이다.

요즘 식으로 말하면, 총독(=도독)을 보내 상징적인 군주로 두고 그들의 동태를 감시케 하여 다스리되, 실질적으로는 주민 자치제를 인정하

는 방식이었다. 말하자면 이것은 과거 영국이 홍콩(香港)을 지배한 것과
같은 방식에 비유될 만하다.

이러한 경행천황의 치적(治積)을 그 이름으로 삼아 **「큰 쪽은 참아 갈
라놓은」** 천황이라 한 것이다. 여기서 <큰 쪽>이란 동국의 에미시(蝦夷)
를 위시한 오랑캐들을 말한 것이라면, <작은 쪽>은 이미 평정한 바 있
는 서주의 쿠마소(熊襲)에 해당하는 것이다.

이 점을 『고사기』에 적힌 경행천황의 이름과 연관 지어 살펴보면 더
욱 확실해진다.

● 大　帶　日　子　游　斯　呂　和　氣　<고사기>
　한　디　히　삿기　헤윰　사　려　섰　기
　(현대어→「한디 히 삿기 헤윰사려 섰기」
　=즉, 함께 해 먼저 마음 사려 섞기

이렇게 읽혀지는 경행천황의 이름 속에는 **「한데(=함께)해 먼저 생
각을 사려**(오랑캐들과) **섞어 살기」**라는 의미가 담겨 있다. 이것은 무엇
보다 「공존」과 「화목」을 통치철학으로 표방한 것이라 볼 수 있다.

역시 <경행기>의 치적에 부합되는 내용일 뿐만 아니라, 「크게 나아
김」이란 뜻을 가진 경행(景行)의 시호와도 일치하는 이름인 것이다.

일본인의 아이덴티티(identity : 동질성)와 같은 것을 한마디로 정의할
때 가장 많이 언급되는 것이 이른바 「화(和)」(わ·와)의 정신이다. 흔히
일본인을 일본인답다고 말할 때의 기준은(관점에 따라 여러 가지일 수도
있겠으나), 일본인 스스로는 「和」야말로 일본인에게 제일 중요한 덕목이

며 근본원리라고 하는 말을 자주 듣는다.

이를 사실이라 치자. 그렇다면 일본인의 의식구조를 지배하는 이 「和」 정신의 발생 기원은 언제쯤부터였을까?

주지하다시피, 일본의 역사에서 「和」를 민족의 원리 내지 구심점으로 삼아야 할 것을 가장 구체적으로 적시(摘示)한 경우는, 쇼토쿠 태자(聖德太子：574~622)에 의해 제정된 17조 헌법[推古：すゐこ·스이코 12년] (604년)에서 보여준 제1조의 경우가 바로 그것이다.

그러나 우리가 역대천황들의 이름에 담긴 비밀을 캐고 있는 과정에서 발견했던 것처럼 이보다 훨씬 오래된 경행천황의 시대에도 이 「和」 정신의 원형은 확실히 존재했던 것이다.

아마 일본인의 아이덴티티인 「和」의 발생 원인까지 알려면 그보다 더 거슬러 올라가야 할 것이다.

어쨌든 경행천황은 방대한 동국의 오랑캐들을 두려워하였다. 그래서 그들을 멸망시키는 것을 참고, 그 대신 도독(都督)을 보내 그 감시 밑에 자체적으로 살아갈 수 있도록 영역을 갈라놓고 공존하였다. 이것이 「和」 의 정신이다.

마찬가지로, 더 거슬러 올라가 수인천황 재위 때의 천일창 출현에서 도 역시 그러한 「和」의 정신이 발휘된다. 천일창이 요구하는 대로 나라 의 양보라는 방법을 택하는 「和」정신은, 결코 굴욕이나 수치가 아니라 떳떳한 일이었던 것이다.

【문자해례(文字解例)】

문자 해독의 상세한 설명은 <부록>을 참고하고, 여기서는 꼭 지적해 두고 싶은 것, 미리 언급해 둘 만한 것들 몇 가지에 한해, 간단히 글자의 용례(用例) 설명을 곁들인다.

■「足」의 고음(古音)=「죡·주」(현재는, '족') [●발 죡: 足(훈몽자회·上
29) ●足曰潑(발)(계림유사)]

■「忍」의 고훈(古訓)=「츠마」(현대어는, '참아→차마') [●ᄆᆞᄋᆞᆯ 슬허셔
늘근 사룸 더브러 무루믈 츠마 ᄒᆞ디 못ᄒᆞ노니(=마음을 슬퍼하여 늙은 사
람과 더불어 묻기를 차마 하지 못하노니): 傷心不忍問耆舊(두보시언해). ●츠
몰 인: 忍(新增類合·下11)]

■「代」의 고훈=「ᄀᆞᆯ」(현대어는, '갈')(='갈다'의 어간「갈-」로서, '대신하다',
'바꾸다'의 뜻) [●날과 밤과애 서르 ᄀᆞᆯ어늘(=날과 밤과는 서로 바꾸거늘):
日夜相代(능엄경언해10:82). 1462년 간본(刊本)의 용례]

■「別」의 고훈=「ᄂᆞᆫ홀」(현대어는, '나눌') [別=分=判. ●ᄂᆞᆫ홀 분: 分(석
봉천자문16, 훈몽자회·下34)]

이상,「忍代別」을 연속하여「츠마 ᄀᆞᆯᄂᆞᆫ홀」로 읽고,「차마 갈라놀」(=「참
아서 갈라놓을」)로 해독

■「子」의 고훈=「삿기」(현대어는, '새끼')로 읽고, 동음인「삿기」(먼저=
先·前의 뜻)의 의미에 전용

[「삿기」라는 말은「시간적으로 앞섬」혹은「먼저(于先·우선)」라는 의
미가 있는데, 오정(午正)이 되기 전의 낮 시간(오전 10시~11시 때쯤)을
가리켜 고어(古語)로「삿기낫」이라 한 용례가 있다. ●삿기낫: 小晌午
(朝鮮館譯語·上4). 晌午(상오)=正午, 晌飯(상반)=점심밥. 일본어의「さき
(先)(=사키)·お先に(오사키니=먼저)」와 같은 말들과의 연관성을 여기서
볼 수 있다.]

■「游」의 고훈=「혜욤」(현대어, '헤엄'(泳) [●혜욤 유: 游(훈몽자회·中
2)]으로 읽고, 동음인「혜욤」(생각, 헤아림, 마음 씀: 사려분별(思慮分別)의
의미로 전용하여 해독

■「和」의 고훈=「셕」(현대어는 '섞').(='섞다'의 어간「셕-」: 交合·融和)

제13대 치족언(稚足彦) ― (成務·성무)天皇

● 稚 足 彦
어리 발 언
(현대어→「얼이 바른」=정신이나 심지가 곧은)

치족언천황(稚足彦天皇: 와카타라시 히코노 스메라미코토·わかたらしひ
このすめらみこと)의 중국식 시호는 「成務(성무)」(세이무·せいむ)다.

성무천황은 경행천황의 제4자로 특히 총애를 받았다고 <기(紀)>에
적고 있다.

그가 선황의 위를 계승하여 이룩한 업적은 중앙집권제의 강화였다.
즉, 지금까지 국군(國郡·쿠니코호리)에 군장(君長·히토고니카미)이 없고
현읍(縣邑·아가타무라)에 수거(首渠·오비토)가 없는 것을 염려하여 이
일에 알맞은 자를 뽑아 맡김으로써 이들로 하여금 중앙의 울타리 역할
을 하게 한 것이다.

특히 선황의 대에 에미시를 위시한 동북방의 오랑캐 세력 때문에 매우
고심했던 전례를 염두에 두지 않을 수 없었다. 그 점을 생각한다면, 무엇
보다 급선무는 국·군(國·郡)에 거수(渠帥)를 임명하여 중앙에 대한 반역
이나 외침 등을 방비토록 함으로써 황실을 더욱 굳건히 하는 일이었다.

천황은 이로써 제국(諸國)에 명하여 국군에 조장(造長·미야츠코오사)
을 세우고, 현읍(縣邑)에 도치(稻置·이나키)를 두어 중앙집권의 기틀을
강화하였다.

각각의 수장들에게 방패와 창을 주어 표(表)로 하였고, 산하를 경계로

<국>과 <현>으로 나누고, 남북과 동서의 종횡(縱橫)에 따라 <읍리(邑里)>를 정하는 등, 선황 치세의 덕을 천하에 더욱 빛나도록 자기의 직무를 완성했다.

시호란 것은 원칙적으로 죽은 사람에게 내리는 것으로, 생전의 업적이나 특징이 될 만한 것을 요약한 칭호이다. 그러므로 천황 사후에 붙여진 「성무(成務)」의 시호는 문자 그대로 재위 때 「임무를 완성함」의 의미였던 것이다.

또, 천황의 이름에 담긴 의미였던 **「얼이 바른」**것이란, 결국 정신이 곧고 '마음의 바탕'[心地]이 결백하며 또한 '마음속의 의지'[心志]가 굳다는 뜻이었다. 바로 이런 인물이야말로 책임감이 강하여 맡은바 직무에도 충실한 법이다. 그런 성무천황의 휘(諱)를 『고사기』에서는 다음과 같이 달리 표기하고 있다.

● 若　帶　日　子　　<고사기>
　져믄　디　히　　삿기
　(현대어→「져믄 디 히 솟기」
　→날 저문 데(=어두운 곳에) 해 뜨기)

표현만 다를 뿐, 이 이름에서도 역시 성무천황의 인품이 고스란히 드러난다.

천황은 지금까지 국군에 군장이 없고, 현읍에 수장이 없는 것을 염려하여 각 지역에 알맞은 인물을 선정하여 보냈다. 우러러볼 군장이나 수장이 없다는 것은 마치 하늘에 태양이 없는 것과 같은 이치였다. 해가 없는 곳은 자연히 어둡다. 따라서 천황에게는 이처럼 무질서하고 문명화하지 못한 어둡고 미개한 곳을 밝혀야 할 임무가 있다고 믿었다.

그래서 국·군·현·읍에 군장이나 수장을 파견한 것은, 다름 아니라 그들로 하여금 질서를 바로잡고 개명시킴으로써 **「어두운 곳에 해를 솟게 한」** 행위로, 이를 통해 천황의 「임무를 완성(成務)」했던 것이다.

【문자의 용례】

■「稚」의 훈=「어리」(幼의 뜻)로 읽고, 동음인 「얼(魂)이」(정신이=영혼이)의 의미로 전용하여 해독

■「若」의 고훈=「져믄」(='졈은'·현대어는 '젊은')으로 읽고, 동음인 져믄(현대어, '저문') [져믈 모 : 暮(훈몽자회·上1)]로 전용하여 해독

제4장

왜 여왕 비미호(卑彌呼)와 신공황후(神功皇后)

● 중애(仲哀) ● 신공황후

제14대 족중언(足仲彦) ― (仲哀·중애)天皇

> ● 足　仲　彦
> 　발　버굼　언
> （현대어 → 밟었구면）

한문에 「足反居上」(족반거상)이란 말이 있다. 직역하면 「발이 거꾸로 위에 있다」는 뜻인데, 이는 사물이 거꾸로 됨을 비유한 말이다.

몸이 뒤집혀져 발이 위쪽에 놓이게 되는 경우, 이를테면 발이 천장을 밟으면 추락할 수밖에 없다.

「중애(仲哀)」(츄아이·ちゅぅあい)천황의 처지가 바로 이와 같았다. <記·紀>에는, 한결같이 중애(足仲彦: 다라시 나키쓰히코·たらしなかつひこ)는 명분상으로 천황의 위치에 있었을 뿐이고, 실제의 실권자는 신공후(神功后: 징구고·じんぐぅごぅ=氣長足姬·오키나가 다라시히메)였던 것으로 기술되어 있다.

요컨대, 「족반거상」은 이런 경우를 두고 하는 말이다.

중애천황은 신공후에 의해 타살되었다는 것이 상당히 설득력 있는 설로서 인식되어 있다. 또 『고사기』의 기술을 주의 깊게 읽어보면 타살이었다는 주장이 꽤 신빙성이 있게 느껴진다.

결국, 족중언(足仲彦)이라든가 중애(仲哀)라는 것이 천황 사후에 붙여진 이름과 시호라는 점을 염두에 두어야 한다면, **「밟었구면」**이라는 풍자적인 이름 속에는 **「발이 천장을 밟았구면」**이란 뜻이 함축되어 있다. 그리고 「仲哀」라는 시호 역시 「슬픔 가운데」놓인 천황의 비극적 운명을 시사(示唆)한 것이다.

【문자의 용례】

■「仲」의 고훈＝「버굼」(현대어는, '버금' 또는 '다음'＝次의 뜻) [버구매(＝
버굼애) 各別히 펴샤(＝그 <u>다음 가</u>는 것이므로 각별히 펴시어) : 其<u>次</u>別申(선
종영가집언해)]

아무튼 『고사기』에는 그 이름의 비극성이 더욱 명백하고 비유적인
것으로 나온다.

● 帶　　中　　日　　子　　　＜고사기＞
　　촌　　서리　　날　　아들
　　(현대어→찬 서리 날아들)

보는 것처럼, 그 뜻은 **「찬서리 날아들」**신세로서, 「仲哀(＝슬픔 가운데)」
놓여 있는 천황의 쓸쓸한 처지를 잘 묘사한 내용이다.

【문자의 용례】

■「帶」(대)의 고훈＝「촌」(현대어, '찬'＝佩의 뜻) [<u>촌</u> 칼(＝찬 칼) : 佩刀(동
국신속삼강행실도)]의 음을 빌려, 동음의 「촌」(현대어는, '찬'＝冷·寒)의
의미에 전용(제1법칙) [寒氷은 <u>촌</u> 어르미오(월인석보 1 : 29)]

■「中」의 고훈＝「서리」(현대어는, '사이' 또는 '가운데) [※<u>서리</u>로셔 오라 :
<u>中</u>來(두보시언해 5 : 5)]로 읽고, 동음의 「서리」(霜의 뜻) [<u>서리</u> 상 : 霜(훈몽
자회 · 上2)]의 의미에 전용(제1법칙)

이상, 「帶中」을 연속하여 「춘서리」로 읽고, 동음의 「춘서리」(冷霜의 의미)로 해독

기장족희존(氣長足姬尊)(＝신공황후)

●氣　長　足　姬
　숨　긴　발　겨집
　(현대어 → 발자취를 숨긴 계집)

이 이름이 암시하는 의미만으로 해설하자면, 신공후(神功后 : 징구고ㆍ じんぐぅごぅ)는 항상 깊은 곳에 숨어 지냈던 여인이었음으로 판명된다. 그래서 훗날 그런 이름을 붙인 것이라면 신공은 확실히 <위지왜인전>에 전하는 왜 여왕 비미호(卑彌呼 : 히미코ㆍひみこ)와 동일한 인물에 해당하는 셈이다.

<記ㆍ紀>나 <위지(魏志)>를 종합해 보면 신공, 즉 히미코는 재궁(齋宮)에 들어 친히 신주가 되어 신령과 일체화함으로써 신탁(神託)을 듣고 그 의사를 말하는 것이다. 자기 주위에 여자들만을 둘러싸게 하여 겨우 한 사람의 남자인 심신자(審神者 : 신탁을 들어 의미를 푸는 자)만 접촉할 뿐, 신비로운 폐쇄상황에 은거하며 지냈던 무녀(巫女)였던 것이다.

실제로 『일본서기』의 편찬자도 신공황후는 왜의 여왕, 즉 히미코라고 생각하고 있음을 보여주는 기사를 싣고 있다. <신공기> 39년 조에 히미코와 관련된 <위지왜인전>의 기사를 인용함으로써 그 근거의 흔적을 남겨 놓고 있는 것이다.

신공은 몸소 신주가 되어 무(巫)를 통하여 사람들을 현혹케 하고 자신을 은폐하는 술수에 능하였다. 이런 점은 『후한서』〈동이전〉에서도 확인된다.

…有一女子名曰卑彌呼. 年長不嫁. 事鬼神道能以妖惑衆. 於是共立爲王

(…한 여자가 있어, 이름을 '히미코'라고 했다. 나이 들어도 출가하지 않고, 귀신을 섬기며 요(妖)로써 대중을 현혹시킬 수 있었다. 이에, 모두가 추대하여 왕이 되었다.)

결국, 「신공(神功)」이란 시호는 「귀신의 공덕」에 의해 왕이 되었다는 의미에 다름없다. 그리고 이와 관련하여, 「기장족희(氣長足姬)」(일본식 독음으로는, 오키나가 다라시히메・おきながたらしひめ)라는 이름이 암시하는 **「숨긴 발의 계집」**, 즉 **「발을 감추고 있는 여인」**이란 의미 역시, 은폐된 신비로운 상황 속에 머물러 있는 존재를 말한 것이다.

상식적 판단만으로도, 발을 보인다는 것은 움직이는 행위를 나타내는 말이며, 발을 감춘다는 것은 바깥을 출입하지 않는다는 뜻이 됨은 극히 당연한 설명이 아니겠는가.

그런데 『고사기』에서는 신공황후가 다른 이름으로 나오므로 이것과 비교해 보면 보다 확실한 윤곽이 잡힐 수 있을 것으로 생각된다.

● 息　長　帶　比　賣　〈고사기〉

　굿　긴　씌　살오늬　풀

（현대어 →「끊긴 띠, 살오늬 팔」

＝끊어진 띠(하치마키・鉢巻き)와 살오늬(筈) 쥔 팔(腕・臂)

소위 「신공황후의 신라 정벌」이라는 사건은 <신공기>의 핵심적 기사에 해당한다. 그렇지만, 여기서 사실 여부에 대한 논의는 제쳐두자. 좌우간 이때 남장(男裝)을 하고 활을 쥔 모습으로 출전한 그녀의 모습이 뜻밖에도 <응신기(応神紀)>에 언급되어 있다.

⋯是肖皇太后爲雄裝之負靹.[⋯이것은 황태후(=신공황후)가 남장(=웅장)하여 활팔찌를 찬 것과 비슷하였다.]라는 구절이 나온다.

활팔찌(靹)라는 것은 궁사(弓射) 때의 완뉴구(腕紐具), 즉 활을 쏠 때 팔에 매는 기구로서, 이것은 아마도 전국시대의 일본에서 무사들이 팔목과 손등을 싸는 전투용 두꺼운 천인 「텟코·てっこう」와 비슷한 모양이었을 것이다.

하여간 신공황후의 이마에 동여맨 머리띠(하치마키=はちまき·鉢卷き)가 끊어지고 손에는 살오늬(=화실의 머리를 시윗줄에 끼도록 에어낸 부분으로, 흡사 물고기의 꼬리 형상)을 쥐고 있는 모습을 형용하여 **「끊어진 띠, 살오늬 쥔 팔(腕·臂)」**이라 이름 붙였던 것으로 생각된다.

제5장

응신(應神)天皇 출생지의 비밀
● 應神(응신)

· **탐색 ①**
기존의 음훈(音訓) 읽기에 대한 의문
· **탐색 ②**
1. 응신천황 출자(出自)의 비밀
2. 응신천황의 난파조정(難波朝廷)에 도래한 부여국인(夫餘國人)들과 발장원(髮長媛)의 정체
3. 응신천황은 부여국의 의라왕(依羅王)이었나?
· **탐색 ③**
1. 백제는 왜 적극적으로 응신왕조(應神王朝)를 도왔는가?
2. 백제가 응신왕조를 도울 수밖에 없었던 이유

제15대 예전(譽田)─(應神·응신)天皇

```
● 譽    田
  기리  밭
  (현대어→「기리(譽) 봤」
  =즉, 예찬하여 봤(=추켜올려다 봄)
```

이렇게 풀이되는 「応神(응신)」(오진·おぅじん)천황의 이름은 자주 「譽田別(예전별)」(호무타와케·ほむたわけ)천황으로 기록되어 나오기도 한다. 그 경우에는 다음과 같이 읽혀진다.

```
● 譽    田    別
  기리  밭  닫
  (「기리 봤닫」→ 예찬하여 봤다)
```

그런데 이런 뜻을 가진 응신천황의 이름인 「譽田」을 일본식 훈(訓)읽기에 따라 「ホムタ」(호무타)로 발음하게 된 것은 출생에 관한 신비한 내력을 기술한 <응신기>의 다음과 같은 고사에서 유래하였다.

初天皇在孕而, 天神地祇授三韓. 旣産之, 宍生腕上. 其形如鞆. 是肖皇太后爲雄裝之負鞆.[肖, 此云阿叡] 故稱其名, 爲譽田天皇 [上古時俗, 號

鞆爲褒武多焉……]

처음 천황이 잉태되었을 때, 천신지기가 삼한을 주었다. 낳았을 때 이미 굳은살이 팔뚝 위에 생겨 있었다. 그 모양이 활팔찌(鞆·병)(=활을 쏠 때 팔뚝에 두른 장식) 같았다. 이것은 황태후(=신공황후)가 용감한 몸단장을 하고(=즉, 남장을 하고) 활팔찌를 찼던 것과 비슷하였다. [肖, 이는 阿叡라 이른다.] 그래서 그 이름을 칭하여 譽田천황이라 하였다. [아주 옛적 속인들이 활팔찌(鞆)를 호칭하기를 褒武多라 하였다.……]

위 예문의 요지를 단락별로 정리하면;
① 응신천황은 임신이 되었을 때, 천신지기로부터 삼한(三韓)의 땅을 물려받았다.
② 태어나자 이미(=즉, 이 세상에 처음 몸을 드러냈을 때부터) 팔뚝 위에 굳은살이 생겨 있었는데, 그 모양이 활 쏠 때의 활팔찌(팔에 두르는 장식) 같았다.
③ 그것은, 마치 신공황후가 남장을 하고 팔에 찼던 것과 비슷했다.
④ '肖'(초·비슷하다), 이를 '阿叡(아예)라 이른다.
⑤ 그래서 그 이름을 칭하여「譽田」(예전)천황이라 하였다.
⑥ 상고시대의 속설로는, 鞆(병)(=활팔찌 장식)을 褒武多(포무다)로 호칭했다.

이상과 같다.
그런데 원문을 보거나 정리된 요지를 살펴보거나「鞆」을「褒武多」라고 했다는 말은 있지만, 천황의 이름인「譽田」을 직접「褒武多」로 읽어야 한다는 설명은 없다.

위에 요약된 각각의 항목 중에서, ⑤의 구체적 이유나 원인(「譽田」 이란 칭호를 붙이게 된 점)을 굳이 말한다면, 그것은 ④이다.

잘 음미해 보면, ④와 같은 단서(但書)=[肖, 此云阿叡]=가 있었기 때 문에, ⑤와 같은 결과가 유래했던 것이다. 따라서 ④는, ⑤와 같은 결 과가 성립되는 전제조건이다.

그럼에도 불구하고, 기존의 설명은 이와 다르다. 즉, ④는 어디까지나 「肖」(초)라는 글자에 대한 훈(訓)읽기 방식으로, 이를 「阿叡(아예·アエ)」 라고 읽는다는 훈주(訓註)에 불과하기 때문에 건너뛰고, 결국 ②·③이 ⑤의 결과에 대한 직접적 이유 혹은 원인이라고 잘못 파악했던 것이다. 그래서 「鞆」=「褒武多」(ホムタ·호무타)=「譽田」(ホムタ·호무타)로 똑같 이 읽게 된 셈이었다.

• 탐색 ①
1. 기존의 음훈(音訓) 읽기에 대한 의문

여기서 우리는 역대 천황들의 이름을 지금처럼 읽게 된 하나의 공식 을 발견할 수 있다.

요약하면, 편찬연대가 더 오래 된 『고사기』(712년)를 기준으로 삼아 『일본서기』(720년)와의 양자대응을 통해 후세의 학자들은 나름대로의 <음·훈 읽기> 방식에 착안하였다고 추리된다. 몇 개의 간단한 예로써, 그 사실을 확인해 보자.

◎ 若倭根子日子大毘毘(記)=稚日本根子彦大日日(紀) - (제8대 개화천황)

◎ 御眞木入日子印惠(記)＝御間城入彦五十瓊殖(紀) - (제10대 숭신천황)

◎ 伊久米伊理毗毗古伊佐知(記)＝活目入彦五十狹茅(紀) - (제11대 수인천황)

◎ 大帶日子游斯呂和氣(記)＝大足彦忍代別(紀) - (제12대 경행천황)

◎ 若帶日子(記)＝稚足彦(紀) - (제13대 성무천황)

◎ 帶中日子(記)＝足仲彦(紀) - (제14대 중애천황)

◎ 息長帶比賣(記)＝氣長足姬(紀) - (신공황후)

◎ 品陀和氣(記)＝譽田別(紀) - (제15대 응신천황)

보는 바와 같이, 전자는 고사기, 후자는 일본서기의 경우다.

양자 대비에서 <若>＝<稚>의 대응, <倭>＝<日本>의 대응, <日子>＝<彦>의 대응, <毗毗>＝<日日>의 대응, <御眞木>＝<御間城>의 대응, <入日子>＝<入彦>의 대응, <伊久米>＝<活目>의 대응, <伊理毗>＝<入>의 대응, <毗古>＝<彦>의 대응, <大帶>＝<大足>의 대응, <游斯呂>＝<忍代>의 대응, <和氣>＝<別>의 대응, <若帶>＝<稚足>의 대응, <帶中>＝<足仲>의 대응, <息長>＝<氣長>의 대응, <帶>＝<足>의 대응, <比賣>＝<姬>의 대응, <品陀>＝<譽田>의 대응, 등이다.

후세의 학자들[＝더 정확하게는 주로 江戸(강호 · 에도)시대의 국학자들]이 ㄱ 이전까지 방치되어 있던 『고사기』, 『일본서기』, 『만엽집』 등을 본격적으로 연구하면서부터, 이러한 문헌들이야말로 한자의 일본식 음훈(音訓) 읽기에 대한 방법을 알 수 있는 절대적인 고전으로 삼았던 것이다. 이후 이들 고전은 오늘의 일본어를 체계화시킨 교본으로 되었다고 말해도 과언이 아니다.

<彦(언)>을 <히코 · ヒコ>라 읽는 것은, 그것이 『고사기』의 <日子>

(히코·ヒコ)와 대응되기 때문이다. <目(목)>을 <메·メ>라 읽는 것은, 역시 위의 <伊久米>=<活目>의 대응에서 <米>의 음이 <메·メ>이기 때문이다. 마찬가지로, <伊久>(이쿠·イク)=<活>(이쿠·イク)로 읽게 된 것이다.

<代>를 <시로·シロ>라고 읽게 된 것도 <游斯呂>(오시로·オシロ)=<忍代>(오시로·オシロ)의 대응에서 찾을 수 있다. 이런 까닭에 규슈지방에 있는 八代市(=熊本縣: 쿠마모토켄에 있는 도시)의 지명이 현재까지도 <야츠시로·ヤツシロ>라고 읽혀지는 근거가 되는 것이다.

또, <城>의 고음이 <키·キ>였다고 하는 것도 <御眞木>=<御間城>의 대응에서 <城>=<木>(키·キ)였기 때문이다.

따라서 <御眞>=<御間>(미마·ミマ)이므로, <眞>과 <間>을 똑같이 <마·マ>라고 읽게 된 것이다.

이와 마찬가지로, <姬>를 <히메·ヒメ>라고 읽는 것은, 이것이 『고사기』의 <比賣>(히메·ヒメ)와 대응되기 때문이고, 또 <別>의 훈 읽기가 <와케>인 것도, 그것 역시 『고사기』의 <和氣>(와케·ワケ)와 대응되는 데서도 알 수 있다.

좌우간 이런 방식대로 계속 적용해 보자.

응신천황의 이름이 『고사기』에는 「品陀和氣」로 나온다. 이것이 『일본서기』의 「譽田別」과 대응시켜 보면 <品陀>=<譽田>(호무타·ホムタ)이고, 和氣=別(와케)가 되므로 「品陀和氣」, 「譽田別」은 둘 다 호무타와케(ホムタワケ)가 된다. 그러므로 정확히 일치한다는 논리인 것이다. 위에서 예를 든, 대응된 글자들의 음훈 읽기가 전부 그런 식이다.

그리고 이밖에도 한자의 일본어식 음훈 읽기 방법에 대한 기록은 『고사기』 및 『일본서기』 등에서 일일이 헤아릴 수 없이 많게 볼 수 있는 이른바 「此云……」(이는……라고 이른다)처럼 표시한 훈주(訓註) 등이 그런 것들이다. 물론 <응신기>에서도 「肖, 此云阿叡」가 나왔던 것은 앞서 언급하였다.

그러나 이처럼 양자 대응을 통한 음훈 읽기 방식의 발견이란 것이 과연 타당한 방법론의 발견이었다고 단정할 수 있을까? 우리의 의문은 그렇지 않다는 쪽으로 기울어진 데서 생겨났다.

가령, 숭신천황의 이름인 「御眞木入日子印惠」(어진목입일자인혜)—(記)와 「御間城入彦五十瓊殖」(어간성입언오십경식)—(紀)의 양자 대응에서 각각 ----日子(히코)와 ----彦(히코)의 이하에 있는 「印惠」(인혜) 및 「五十瓊殖」(오십경식)도 대응시켜 <이니에 · いにゑ>라고 읽고는 있지만, 일본학계에선 그 뜻을 알지 못하고 있다. 왜 그런가?

이 의문에 답하지 못한다면 종래의 음훈 읽기 대응방식은 정합성(整合性)을 상실한다. 그렇기 때문에 종래의 방법론상에는 오류가 있을 수도 있다는 결론에 도달하는 것이다.

다시 말해, 그런 방식에 의해 겨우 천황의 이름을 읽는 법을 제외하고 나면 어째서 그와 같은 작명을 했는지, 또 무슨 의미가 담겨 있는지, 등에 대해서는 끝내 해명하지 못하는 한계가 있다. 논리학의 용어로 말한다면, 어떤 일부분의 경우를 전체의 법칙으로 적용시키는 잘못을 가리켜 <성급한 일반화의 오류>라고 한다.

따라서 「御眞木入日子」와 「御間城入彦」만을 대응시켜, 「미마키 이리비코」라 읽고, 이를 「미마의 성에서 온 일자(日子)」라고 해석했다.

여기서 <미마>는, 곧 <미마나>(任那 · 임나)로 비약 해석하였다. 한 걸음 더 나아가 일본학계가 주장하는 바대로 <미마나>는 바로 한국의 남부지역에 있었던 고대 가야국들이며 여기에 소위 <임나일본부>가 있었던 것이고, 숭신천황은 그 <미마나>(임나)의 성(城)에서 온 일자(日子 · 히코)라는 것이다.

그러나 그와 같은 종래의 해독 방식을 정당하다고 생각하고 있는 한, 왜 나머지 것들은 해석이 안 되는지 그 이유조차 끝내 모르게 되는 것이다.

일본어가 체계화된 것은 에도시대 이후부터였다. 가나(かな)문자(仮名文字)가 제정되기 훨씬 이전에 이미 『고사기』, 『일본서기』, 『만엽집』등이 기록되고 있었다.

이것을 본격적으로 연구한 것은 천년이 흐른 뒤 불과 17세기경인 에도시대부터였다는 것은 주지의 사실이다. 요컨대 중세의 학자들에 의해 일본어가 체계화되면서 고대의 일본어(=『고사기』, 『일본서기』 혹은 『만엽가』를 기록하던 시대의 언어)와는 완전히 이질적인 일본어가 새로 탄생했다고 감히 말할 수 있다.

그 때문에, 오늘날의 한국어와 일본어는 어순이나 문법구조 면에서는 너무나 흡사하면서도 완전히 다른 어휘들 속에 놓인 이질적인 언어로 바뀌었다고 보는 것이다. 이 점에 관해서는 따로 진지하게 설명할 기회가 있을 것으로 여겨, 여기서는 생략한다.

그러므로 본래의 논지로 돌아가서, 천황의 이름이나 시호 제정의 일반적 원칙에 따라 「譽田」(紀)이라든가 「品陀和氣」(記)라는 것은 응신천황의 특징이 가장 압축된 의미를 표현한 것으로 봐야 한다. 그냥 <호무타·ホムタ> 혹은 <호무타와케·ホムタワケ>라고 읽는 것은, 단순히 음훈 읽기에 불과할 뿐 아무런 의미도 담겨 있지 않다.

따라서 「譽田(예전)」 혹은 「譽田別(예전별)」이 앞서 해독해본 것처럼, **「기리 봤(-다)」**(예찬하여 봤다.), 즉 「추켜올리-봤다」라는 의미였다면, 『고사기』의 「品陀和氣」는 다음과 같은 뜻으로 읽혀진다.

● 品 陀 和 氣　　　＜고사기＞
몬 두듥 섰 기
(현대어→「먼 둔덕에 섰기」
＝즉, 멀리 높은 언덕(陵) 위에 서 있기

이상의 것을 종합하면, 「예전별(譽田別)」은 「기리 봤다」(＝예찬하여 봤다)의 뜻인데, 이것은 단순히 존경심에 의해 우러러봤다는 의미 이상의 뜻을 내포하고 있지는 않다.

그런데『고사기』의 「품타화기(品陀和氣)」라는 이름 속의 비밀이 「먼 둔덕(＝높은 언덕)에 섰기」라고 해독됨에 따라, 사후에 묻힐 거대한 분구(墳丘)를 만들어 그 위에 서 있던 응신천황 생전의 모습을 형용한 것을 이름으로 삼은 것이라고 추리하면 양자의 의미는 매우 자연스럽게 연결된다.

응신천황이 일본 고대사에서 새로운 왕조의 시조라는 의견에는 많은 사람들이 찬동하고 있다.

와세다 대학 명예교수인 미즈노(水野祐) 씨의 이른바 삼왕조 교체설(三王朝交替說)을 뒷받침하는 근거이기도 한, 응신(応神·오진), 인덕(仁德·닌토쿠), 이중(履中·리쥬) 같은 정복왕조의 천황들이 만든 거대고분(일본의 유명한 3대 천황릉)과 연관 지어 보면 이러한 설명은 더욱 타당성을 지닌다.

대판(大阪·오사카)의 하내(河內·카후치 : かふち) 평야에 있는 이 고분들은 응신왕조가 난파(難波·나니와)에 건설된 조정이란 점과도 밀접한 관계를 갖고 있다.

이후 기내 5국(畿內五國＝大和·山城·紀伊·和泉·河內) 등이 중심이 되

어 여러 지역 국가들을 통합하는 6~7세기에 카후치(河內)는 그 중추적 역할을 하였다.

이런 점들을 종합하면 천황의 중국식 시호인 「응신(応神)」은 정복왕조의 패자(覇者)로서 **「신의 지위에 응한」** 존재였던 것으로 해석된다.

새로운 정복왕조라면 당연히 선진무기를 앞세워 말을 타고 등장하는 기마민족을 연상해볼 수가 있다. 응신천황의 대에 이르러 비로소 말(馬)에 관한 기사들이 본격적으로 나타나기 시작하는 것도 이와 무관하지 않다.

응신천황의 정체를 명백히 해주는 또 하나의 단서가 있다.

앞서 예를 든 「肖(초), 此云阿叡(아예)」라는 훈주(訓註)가 바로 그것인데, 이에 대한 바른 해독은 다음과 같다.

「肖(비슷ᄒ다), 이를 阿叡(ᄆ릇대어딘)이라고 한다」

「肖(초)」의 한국어 훈 「비슷ᄒ다」라는 말의 발음은 「빗어 ᄐ다」(현대어, '꾸며 타다')와 동음이다. 즉, 「빗어」라는 말은 「꾸며」(분장하여, 빛내어)라는 뜻이고, 또 「ᄐ다」(현대어, '타다')라는 것은 「말 위(馬上)에 오르다」(乘·騎)의 뜻이다.

이에 대해서는 다음과 같은 용례들이 있다.

※목욕ᄒ고 香 ᄇ르고 빗어(=목욕하고 향 바르고 꾸미어)(월인석보10 : 21)
※ᄆᆯ ᄐ다 : 乘馬(용비어천가34장), ᄯᅩ 천궁을 ᄐ리라 : 及乘天宮(법화경언해)

결과적으로, <肖>의 훈=「비슷ᄒ다」의 음을 빌려, 이와 동음인 「빗어 ᄐ다」(화려하게 꾸며서 장식한 말 위에 타다)라는 뜻으로 읽었는데, 이것이 「阿(ᄆ릇대)·叡(어딘)」(=몰 우(馬上) 틱어딘) 즉, 현대어로 「말 위 태워진(=馬上에 올려진)」의 의미와 유사하다는 것이다.

<阿>의 고훈=「ᄆ릇대」(현대어는 '마룻대'=棟樑·동량), <叡>의 훈=「어딘·붉은」(현대어는 '어진'=賢)을 합쳐서 「ᄆ릇대어딘」(=현대어 '말 우 태어진').

※ᄆ릇대(=마룻대)는, 집의 용마루 밑에 서까래가 걸리게 된 도리. 즉, 기둥과 기둥 위에 돌려 얹히는 나무를 <도리>라 하고, 그런 용도로 쓰이는 나무를 <마룻대>라 한다.

그 다음에 살펴볼 것은 「號鞆謂褒武多焉(호병위포무다언)」(활팔찌(鞆)를 호칭하기를, 褒武多라 하였다)에 대한 정확한 해독이다. 즉, 「활팔찌」=「褒武多」란 뜻인데, 여기서 褒武多의 올바른 음훈 읽기에 따라 활을 쏘는 용도에서 「활팔찌」란 것이 정작 어떻게 생긴 물건인지를 명확하게 파악할 수 있을 것이다.

■ <褒(포)>의 훈=「기리」(讚也). ■ <武>의 음=「무」. ■ <多>의 고훈=「할」(현대어는 '많을') [●多는 할씨라 (훈민정음주해) ●할 다: 多(석봉천 자문24)의 용례가 있다.]

그래서 「褒武多」를 연속하여 「기리무할」로 읽고, 「기르마 할」(현대어는 '길마 활'=鞍弓·안궁)의 유사음으로 해독 [「기르마」는 「길마」(안장·鞍裝)의 고어이고 「할」은 「활(弓)」의 방언이다.]

이것으로 보건대, 편의상 <활팔찌>라고 해석하고 있는 「鞆」이라는 무구(武具)는 매(鷹)를 길들여 사냥할 때 가죽으로 안장(鞍裝)처럼 만들어 견비(肩臂)를 감싸는 <가죽 팔찌> 혹은 <가죽 토시>와 흡사한 물건인 것 같다.

한국에서는 이렇게 생긴 것을 어깨에서부터 팔뚝 위에 걸쳐 안장처럼 찼던 가죽 팔찌의 호칭을 고어(古語)로 「버러(韝·구)」라고 했다. [●버러 우횟 매 훈번 빅 브르면(=버러 위의 매(鷹) 한번 배 부르면) : 韝上鷹一飽 (두보시언해 25 : 55)]

<응신기>에서, 「이미 태어나자, 굳은살이 팔뚝 위에 생겨 있었다.」 [旣産之, 宍生腕上(기산지, 육생완상)]라고 한 것은 오로지 출생의 비범함을 신화적으로 윤색하여 신비화한 것에 불과하다. 그러므로 이 대목의 정당한 해석은 「세상에 처음 모습을 드러냈을 때, 이미 팔뚝에 이상한 장식을 두르고 있었다」와 같은 의미로 되어야 한다. 그래야만 지금까지의 불합리했던 점이 해소된다.

이로써 신비의 베일이 걷혀지고, 비로소 응신천황의 모습은 우리에게 보다 현실감 있게 다가온다. 그것은 화려하게 장식된 마상에 올라 거대한 언덕이나 다름없는 높다란 능(陵 : 前方後圓墳) 위에 시시 사방을 둘러보던 정복왕의 생생한 웅자(雄姿)이다.

그래서 모든 백성들이 「譽(기리)·田(반)·別(닫)」(=기리봤닷=예찬하여 우러러 봤다)라고 한 데서 붙여진 이름으로 해석된다.

【문자해례(文字解例)】

■ 「譽」의 훈=「기리」[=褒(포)와 같음. 즉, 禮讚(예찬)의 뜻)

■ 「田」의 고훈=「반」(현대어는, '밭')

■ 「別」의 고훈=「닫」(현대어는, '따로') [●나ᄆ닌 닫 닐음 곧ᄒ니(=나머지는 따로 일컬음 같으니) : 餘如別說(선종영가집언해)]

■ 「品」의 고훈=「몬」(物의 뜻)(=현대어는, '물건') [●몬 物 : (東言解)]으로 읽고, 유사음인 「먼」(遠)의 의미로 전용하여 해독

■ 「陀」의 고훈=「두듥」(현대어는, 두덕·둔덕·비탈) [●두듥 타: 陀 ● 두듥 판: 阪 ●두듥: 陵 ●두듥 파: 坡(훈몽자회·上3)]

■ 「和」의 고훈=「셧」(현대어는, '섞')(交合=融和, 調和의 뜻).

[문자 풀이에서 미심쩍거나 의문스러운 부분이 나오면, 이 점 역시 <부록>에 있는 상세한 해독의 근거와 문자 사용례를 참고하기 바람.]

• 탐색 ②

1. 응신천황 출자(出自)의 비밀

현재까지 응신천황의 출신에 관한 의견으로 가장 유력한 설은 와세다 대학의 명예교수인 미즈노(水野 裕) 씨의 이른바 「구노국(狗奴國) 동천설(東遷說)」이다. 말하자면 응신천황은 기타규슈(北九州: 북구주)에 있었던 야마타이국(邪馬臺國: 야마대국)을 멸망시킨 '구노국의 왕'이었을 것이라는 주장과 함께 이른바 '삼왕조 교체설'을 주창함으로써 많은 사람들로부터 지지를 받았다.

미즈노 씨의 논지를 간략히 소개하면;

「신공황후의 이야기가 가공인 이상, 오진(応神·응신) 천황의 출생에 관한 이야기도 믿을 수 없다.

우선 기타규슈에는 <위지>에 보이는 왜의 여왕이 통치하는 야마타이국이 있었던 것으로 생각된다. 그러나 그 여왕국은 미나미규슈(南九州·남구주)의 구노국에 의해 통일되었다. 이와 동시대에 야마토(大和·대화)에는 또 하나의 왕권이 탄생했는데 이를 원대화(原大和)국가라 부르고, 그 왕인 츄아이(仲哀·중애) 천황이 구마소(熊襲·웅습=사실은 狗奴國)를 정벌하기 위해 규슈로 원정을 왔는데 오히려 패배하여 자신은 타살 당했다. 그 승리자가 바로 오진(응신)천황이다. 고로, 응신천황의 세력이 동천하게 된 것은, 그 자식인 닌토쿠(仁德·인덕) 천황 때이다.

오진은 규슈에서 죽었지만 뒤를 이은 닌토쿠 천황이 훗날 부왕의 거대한 무덤을 나니와(難波·난파)에 조성하게 되었고, 그 유명한 천황릉(陵)도 이때 처음 조성되기 시작했다는 것이다.」

대략 이와 같다. 그리고 초대 진무(신무) 천황 이래 9대 가이카(개화) 천황까지를 후대에 만들어진 가공의 존재로 보고, 슈진(숭신) 천황이야말로 야마토(대화)조정의 첫 국가통치(初國統治)천황이며, 오진(응신) 천황은 왕조 교체에 의한 또 하나의 시조라는 것이다. 그러니까 천황가가 소위 「만세일계(萬世一系)」처럼 된 것은 제26대 케타이(繼體·계체) 천황 이후이며 그 이전은 3왕조가 교체하게 된 셈이라는 것이 이른바 왕조 교체설의 핵심이다.

그러나 여기에도 많은 문제가 있다. 맨 먼저, 응신천황은 규슈에서 죽었고, 그 뒤를 이은 인덕천황 때 비로소 규슈로부터 난파(難波·나니와)로 환도했다는 미즈노씨의 주장에 의문이 생긴다.

<응신기> 6년 춘2월에 「천황이 근강국(近江國·아후미노쿠니)에 행차하여 토도야(菟道野·うぢの:우지노) 위에 이르러 노래하였다」는 기사, 또 재위 22년 춘3월 무자(戊子:5일)에, 「천황이 난파(나니와)에 가서 대우궁(大隅宮·오호스미노미야)에 있었다」라는 기사, 또 동년 9월 병술(丙戌:6일)에 「천황이 담로도(淡路嶋·아와지노시마)에 사냥을 갔다. 이 섬은 바다에 가로누워, 나니와의 서쪽에 있다」등의 기사들은 나니와로 천도한 장본인을 인덕(닌토쿠)천황으로 보는 것에 의문을 제기하는 내용들이다.

오히려 그 기사들은 응신천황에 의해 나니와 왕조가 건설되었다고 보는 쪽이 타당할 것 같다는 생각을 낳게 한다.

구마소를 평정하여 복속시킨 바 있던 경행천황과 구마소(=사실은 구노국)의 왕이었던 응신과는 황통(皇統)이 다르다고 말한다면 그 점에선 의문이 해소된다.

그러나 <위지 왜인전>의 기사에서 왜의 여왕 히미코(卑彌呼·비미호)와 싸운 구노국의 남왕(男王)인 비미궁호소(卑彌弓呼素)가 결국 응신천황이었다는 뜻인가?

그렇다고 믿어야 할 아무런 확증이 없는 것이다.

이런 이유들로 해서, 한국 측에서는 응신천황의 출자를 부여국의 의라왕(依羅王)이었다고 보는 견해도 있다.

2. 응신천황의 난파조정(難波朝廷)에 도래한 부여국인(夫餘國人)들과 발장원(髮長媛)의 정체

이와 같은 주장의 대표적 사례는, 고대사연구가인 문정창(文定昌) 씨가 처음 제기한 이래 한국에선 많은 공감을 얻었다. 상당히 흥미 있는 부분이 많으므로 여기서 그 중요한 점의 몇 가지만 소개해 보기로 하겠다.

첫째, 천황의 재위 11년째에 「어떤 사람이 아뢰어, 『일향국(日向國·히무카노쿠니)에 낭자(娘子)가 있습니다. 이름은 발장원(髮長媛·카미나가히메)이라 합니다. 제현 군우 제정(諸縣君牛諸井·무로가타노 키미우시 모로이)의 딸입니다. 국색(國色: 나라의 미인)중에서도 빼어난 자입니다.』라고 말했다. 천황은 좋아하여, 마음속으로 맞아들이려고 생각했다.」라는 기사에 이어, 13년 3월에 천황은 이 일을 전담하는 사람을 보내 발장원을 불러들였고, 9월에 일향(히무카)에서 발장원이 왔다고 했다. 그런데 일설(一說)에는, 또 이에 대해 다음과 같은 일화를 싣고 있다.

「일향의 제현 군우(모로가타노 키미우시)가 조정에 봉사하다가 나이가 많아 벼슬하지 못하게 되었다. 그래서 치사(致仕)하고 본토로 돌아왔다. 그리고 자기의 딸 발장원을 공상(貢上: 왕께 바침)하였다.

처음에 그는 파마(播磨·하리마)로 왔다. 그때 마침 천황은 담로도(淡路嶋: 아와지노시마)에 사냥하러 가 있었다. 천황이 서쪽을 바라보니, 수십 마리 사슴이 바다에 떠서 오고 있었다. 그리고 하리마의 녹자수문(鹿子水門·카코노 미나토)으로 들어왔다. 천황은 좌우에 이르기를, 『저게 무슨 사슴인가? 넓은 바다에 떠서 많이도 오는구나.』라고 말하였다. 좌우가 다 함께 보고 이상하게 여겨, 사람을 보내 살펴보게 하였다. 사자가 가서 보니, 모두 사람이었다. 다만 뿔이 붙어 있는 사슴의 가죽을 의복처럼 입고 있었을 뿐이었다.

『누군가?』하고 물었더니, 『제현 군우(모로가타노 키미우시)입니다. 이제 나이가 많아 벼슬에서 물러났으나, 조정을 잊을 수가 없습니다. 그래서 제 딸 발장원을 왕께 바치는 것입니다』라고 대답했다.

천황이 기뻐하고, 불러서 배[御船: 미후네]에서 섬기도록 하였다. 이 때문에 당시 사람들은 그들이 온 해안을 녹자수문(카코노 미나토)이라 하였다. 무릇 뱃사공을 녹자(鹿子: 카코)라고 부르게 된 것이 이때에 시작된 것이라 한다.」

이것은 응신천황이 난파(나니와) 조정을 건설한 지 13년 만에 사슴, 여우, 너구리, 담비 등의 가죽옷을 입은 부여국의 구신(舊臣)들이 발장원을 데리고 부여의 후왕(後王)인 응신천황을 찾아 난파조정에 이르렀음을 보여준 대목이다.

그 이유는, 첫째 그들이 입고 온 녹피(鹿皮)가 이를 잘 말해준다.

<위지동이전>의 부여(夫餘) 조(條)에 보면;

「(부여인은) 나라 안에 있을 때는 흰옷을 숭상한다.…… 나라 밖에 나

갈 때는 수(繡)놓은 비단옷을 입으며, 대인(大人)은 거기에 여우(狐), 너구리(貍), 검은 원숭이, 또 백흑색의 담비 등의 가죽으로 만든 옷을 입고, 금과 은으로써 모자를 장식한다.」라고 하여, 이들이 입고 온 가죽옷은 바로 부여인의 복식으로 볼 수 있다.

둘째, 역시 <위지 동이전> 부여조에, 「國有郡王 皆以六畜官名. 有馬加·牛加·豬加·狗加·犬使……」라고 하여, 그 나라에는 군왕을 위시하여 모두 육축(六畜)=(마가, 우가, 저가, 구가, 견사……등)의 이름으로 된 관명이 있었다. 그리고 <제가(諸加)>들은 따로 나누어 인민을 거느렸는데, 그 규모가 큰 것은 수천 가(家)를 거느렸고, 적은 것은 수백 가(家)였다고 한다(大者主數千家, 小者數百家).

이런 점으로 미루어, 「諸縣 君牛(제현 군우)」는 다름 아닌 부여의 관명인 「牛加(우가)」로 보아도 좋고, 따라서 녹피로 만든 옷을 입고 바다를 건너서 찾아온 사람들은 그 모두가 응신천황의 구신(舊臣)들이었던 <제현(諸縣)의 제가(諸加)>들인 것이다.

셋째, 소위 미즈노 씨의 설에 따라 응신천황이 기타규슈의 여왕국을 멸망시킨 구노국의 왕이었다면, <위지>에 나오는 야마대국(야마타이국)을 통치하던 비미호(히미코)의 시대인 3세기경에는, 왜국에 소나 말과 같은 가축이 없었다. 자연히 <君牛>와 같은 명칭도 쓰지 않았을 것은 당연하다. 즉, 일본서기의 기년으로 셈하면, 응신기의 이 사건은 천황재위 13년(서기 282년)으로 분명히 3세기에 해당한다

그러므로 서기 3백년 경까지 일본열도에 존재하지 않았던 짐승들에 대해서는 다음과 같은 문헌들의 기록이 잘 증명해준다.

◇ 無牛 馬 虎 豹 羊 鵲 (『후한서』동이전·왜)

◇ 無牛 馬 虎 豹 羊 鵲 (『위지』동이전·왜인)

◇ 無牛 馬 虎 豹 羊 (『통전』변방문 동이·왜)

이로써 「제현군우」라는 것은 부여의 관명인 「우가」를 말한 것으로 볼 수 있다.

넷째, 녹피를 입은 사람들이 데려와 천황에게 바친 발장원의 설화와 연관 지어 볼 만한 내용이, 일본서기의 기년보다 조금 앞선 시기에 고구려에서 발생한다.

다음과 같은 사건은 발장원의 출자(出自)에 대해서도 시사하는 바가 있다.

고구려의 제12대 중천황(中川王) 4년(251년), 하4월에 왕은 관나부인(貫那夫人)을 가죽부대 안에 넣어 서해에 던져 버렸다. 관나부인은 얼굴이 아름답고, 발장(髮長)이 9척이나 되었다. 왕은 그녀를 사랑하여 장차 소후(小后)로 삼으려고 하였다. 그런데 왕후 연씨(椽氏)는 관나부인(=髮長媛·발장원)이 사랑을 독차지할까 염려하여 왕에게 다음과 같이 아뢰었다.

『첩이 듣건대, 지금 위(魏)나라에서 장발(長髮)을 구하는데, 천금으로 산다고 합니다. 옛날에 선황께서는 중국에 예를 드리지 않다가 병화(兵禍)를 입고 나라를 거의 잃을 뻔했습니다. 그러니까 지금 왕께서는 그들의 하고자 하는 바에 순응하시고 또 장발미인을 보내면 그들은 반드시 기뻐하며 받아들여, 다시는 침범하는 일이 없을 것입니다.』

왕은 그 의사를 알았으므로 아무 대답도 하지 않았다. 관나부인은 이 말을 전해 듣고, 그가 해를 가할까 두려워하여 도리어 왕에게 왕후를 참소(讒訴: 남을 헐뜯어 없는 죄를 꾸며서 고해 바침)하였다.

『왕후는 늘 첩에게 꾸짖기를, 「시골의 계집이 어찌 이곳에 있을 수 있느냐? 만약 돌아가지 않으면 후회하게 될 것이다」라고 하니, 생각해 보면 왕후는 대왕께서 외출한 틈을 엿보아 저를 해치려고 하는 것 같습니다. 이를 어찌 하오리까?』하고 애원했다.

그런 뒤에, 왕이 유렵(遊獵: 사냥)을 나갔다가 돌아오니, 관나부인은 가죽부대를 가지고 울며 나와 왕을 맞이하면서 이렇게 말했다.

『왕후가 이 첩을 여기에 넣어서 바다에 던지려고 하오니, 대왕께서는 첩을 살려주시어 집으로 돌려보내 주시면 다행이겠습니다. 어찌 감히 곁에서 모시게 됨을 바라겠습니까?』

왕은 그것이 거짓임을 알고는 노하여 관나부인에게, 『너는 바다에 들어가기를 바라는가?』하고선 사람을 시켜 가죽부대에 넣어 바다에 던져버렸다. —이상, 『삼국사기』권 제17(고구려본기 제5)

이렇게 바다에 던져진 관나부인, 즉 발장원이 요행히 부여인들에게 구출되었다가 나중 응신왕조로 찾아오는 부여국 「제현의 제가」(우가, 마가, 저가, 구가 등)와 함께 도래했다는 추리도 가능하다.

그러나 이러한 몇 가지 사례들은 단지 응신조정과 부여국의 관련성에 대한 간접적인 이야기일 뿐이다.

그렇다면 이제 응신천황이 부여국의 의라왕(依羅王)이라는 직접적인 근거는 어디서 찾을 수 있는가? 이 점에 대해 살펴보기로 한다.

3. 응신천황은 부여국의 의라왕(依羅王)이었나?

응신천황의 정체규명에 대한 참고사료는 『진서(晋書)』<사이전(四夷傳)·부여국>과 『통전(通典)』<변방문(邊防門)·동이부여>가 말해주는 다음과 같은 구절들을 주목할 필요가 있다.

부여는 그 나라가 은성(殷盛)하고 부유하여, 선세(先世) 이래 일찍이 깨뜨려짐을 당한 적이 없었다.……태강(太康) 6년(285년)에 이르러, 모용

외(慕容廆 : 晋의 장수·역자주)에게 공파(攻破)되어, 그 나라의 왕인 의려 (依慮)는 자살하고, 자제들은 옥저로 도망하여 생명을 보존하였다.……

다음 해에 부여 후왕 의라(依羅)가 감구솔견인(龕求率見人)을 보내어, 옛 나라를 회복하려고 구원을 청하였다. ……의라는 나라를 되찾았다. 그 뒤에도 매양 모용외가 그 나라 사람들을 잡아다가 중국에 팔았기에, 진(晋)의 황제가 불쌍히 여겨……부여인들을 시중에서 매매하지 못하게 금(禁)하였다.……그 후로 소식이 없어졌다.

(夫餘. 其國殷富. 自先世以來 未嘗被破……至太康六年 爲慕容廆襲破 其王依 慮自殺 子弟走保沃沮……明年夫餘後王依羅 遣詣龕求率見人 還復舊國乃請 援……羅得復國. 爾後每爲 廆掠其種人. 賣於中國. 帝愍之……禁市夫餘之口…… 自後無聞)

―<『晋書』四夷傳 夫餘國> 및 <『通典』邊防門 東夷夫餘>에서 발췌

이처럼 『진서』는 부여의 마지막 왕인 의려가 자살한 후 그 자제들 이 옥저로 도주하여 생명을 보존했다는 비참한 종말을 이야기하고 있 고, 『통전』에서는 부여후왕 의라가 그 후 소식이 묘연(杳然)하다고 하였 다. 부여가 이와 같이 하여 처음 망한 것은 서기 285년이었다.

기록에서와 같이, 일단 나라를 회복했던 부여후왕 의라는 다시 모용 외의 약탈로 더 이상 지탱하지 못하고 결국 유리(遊離)한 것 같으며, 한 반도를 거쳐 이후 도왜(渡倭)한 것으로 볼 수 있다. 한편 왜국에서는 <의라>(依羅)라는 성씨가 여러 갈래로 생겨나게 된다.

「성씨록(姓氏錄)」에서의 <의라>씨들은 개화천황의 후손이라거나, 혹 은 요속일(饒速日 : 니기하야히)의 후손이라거나, 혹은 백제인의 후손이라 한 것 등, 여러 갈래로 되어 있다. 그러나 제9대 개화천황까지는 믿기 힘든 가공의 인물이라는 설이 유력하고, 속요일도 제1대 신무천황 즉위

전기(前記)에 나오는 인물로서 이 역시 믿기 어렵다.

간혹 백제인의 후손이라 한 것은, 패망한 부여국의 의라왕이 잔존세력을 이끌고 일시 백제 땅에 체류하였다가 왜국으로 건너간 것이라면 충분히 그럴 수도 있는 것이다. 특히 이 점은 응신왕조에 백제인들이 대거 몰려와 새로운 왜국 건설을 도우는 사례들과도 관련하여 이 점은 조금 뒤에 살펴보고자 한다.

좌우간, 의라숙녜(依羅宿禰), 의라연(依羅連), 의라(依羅) 등이 기내(畿內) 지방에 자리한 응신왕조의 조신(朝臣)들이었던 만큼 일찍이 신무천황 때의 조신이었던 속요일의 후손이 아니었던 것만은 틀림없다.

위서(魏書)의 <부여전>에 보면, 「夫餘, 其國善養牲 出名馬. 其人麤大 性强勇 謹厚.」라고 하여, 부여에서는 소를 잘 길렀고, 명마가 나왔으며, 그 사람들은 거칠고 신체는 장대하고 성질이 강하고 용맹하면서도 근후했음을 알 수 있다. 말하자면, 북방의 대표적인 기마민족이었던 것으로 짐작된다. 그랬기에 부여 사람들은 유사 이래 외적으로부터 굴욕을 당한 바 없었던 종족이었다. 이는 앞서 보았던 여러 기록에서도 전하고 있다.

이러한 부여 후왕인 의라와 그 세력은, 비록 그 나라가 패망하여 일시 남의 땅에 피신했다 하더라도 식객노릇이나 하고 있지는 않았을 것이다. 그들이 한동안 백제 땅에 머물렀을 것이라는 점에 대해서는 이제 곧 충분한 근거를 제시하겠다.

어쨌든, 결국 그들이 낙착한 곳은 왜지(倭地)였다고 보며, 부여씨(夫餘氏=扶餘氏)인 백제왕은 차후 그들을 위하여 모든 지원을 제공했던 것임은 일본서기의 <응신기>가 잘 보여주고 있다.

천황재위 14년째(283년)에, 궁월군(弓月君: 유츠키노키미)이 백제로부터 120현(縣)의 인민을 거느리고 응신조에 내귀(來歸)하는 이야기도 결코 이와 무관하지 않다고 우리는 보는 것이다.

　물론 부여국의 멸망은 『진서』의 경우에서 보았듯이 서기 285년이므로, 궁월군이 응신조에 도래하는 시기로 봐서 부여 후왕 의라와는 아무 연관이 없는 것처럼 생각할 수도 있다.

　그러나 『일본서기』의 기년이란 것이 워낙 신빙성이 없다는 것은 학계에서도 이미 공인된 사실이다. 예컨대 응신천황의 사망 시의 나이가 『고사기』에는 130세로 되어 있지만, 중애 9년에 낳았다면 『일본서기』의 기년으로는 111세가 됨에도 불구하고 본문에는 110세라고 적고 있는 것만 봐도 알 수 있다.

　그러므로 약간의 연대 차이는 크게 문제 삼을 것이 못 된다.

　그러나 주의해야 할 것은, 부여 후왕 의라의 도왜(渡倭)와 이보다 150년 뒤에 고구려의 광개토 호태왕이 동부여를 공벌(攻伐)한 사건, 그 7년 후에 연왕(燕王) 황(皝)이 토벌한 부여, 또 문자왕(文咨王) 3년(494년)에 고구려에 「以國來降(이국래항)」한 부여 등의 사건을 동일시해서는 안 된다는 점이다.

• 탐색 ③

1. 백제는 왜 적극적으로 응신왕조(應神王朝)를 도왔는가?

　<응신기>의 가장 두드러진 특징 중 하나는 백제국과의 교린(交隣)이다.

　백제로부터 이 무렵 응신조에 빈번하게 내왕하는 백제인들이 중심이 되어, 새로운 왕조건설에 막중한 역할을 담당함으로써 향후 비약적인 발전을 가속화하게 된다.

　물론 <신공기>에 처음 백제와 통교한 기사가 있기는 하다. 그러나 아직 <일본>이라는 국호가 없던 시절에 백제의 사신들이 동방에 「일본

귀국(日本貴國)」이 있다는 소문을 듣고 거기로 가는 길을 묻는 이야기는, 후세의 일본서기 집필자들이 당시의 왜국과는 성격이 다른 난파(나니와)의 응신조를 구분해서 부르기 위해 굳이 그렇게 적었다고 우리는 보는 것이다. [7세기 초까지도 <왜국>과 <일본>이 별개의 나라였다는 점에 대해서는 『구당서(舊唐書)』의 <동이전·왜국일본>조(條)를 보면 짐작할 수 있다.]

어쨌든 천황 재위 14년째에 백제왕이 봉의공녀(縫衣工女)를 응신조정에 바쳤다. 이름을 진모진(眞毛津: 마케츠)이라 하는데, 내목의봉(來目衣縫: 쿠메노 키누누히)의 시조다. 백제국에서 이 봉의공(縫衣工)을 제공한 일은 맨 먼저 응신왕조의 풍속개량에 지대한 도움을 준 사건으로 볼 만하다. 그러한 사실은 다음과 같은 기록들을 통해서도 충분히 확인된다.

◎ 始習縫補事. 君臣之間纔着韓衣. 庶民皆裸形. 但衣百濟人貢……纔着中衣 蔽其前後(이하 생략)-『일본결석(日本決釋)』
(비로소 바느질하고 깁는 일을 익혀, 군신 사이에 겨우 한(韓·から=三韓을 지칭)의 옷을 입었는데, 서민들은 대개 벗은 형상이었다. 단지 백제인이 바친 것에 의해……겨우 가운데만 착용하여 그 앞뒤를 가렸던 것이다.)

◎ 十四年癸卯始制衣服(응신천황 14년, 계묘에 비로소 의복을 제작하였다)-『해동제국기(海東諸國記)』

또, 천황 재위 15년째에 백제왕이 아직기(阿直伎·阿直岐)를 보내 양마(良馬) 2필을 바쳐 그것을 輕(경: 카루·かる)=지금 奈良縣 橿原(카시하라)市 大輕町 부근=의 坂上(사카노우헤)의 마굿간에서 기르게 하였는데, 아직기로 하여금 사육을 관장케 했다.

뿐만 아니라, 아직기는 능히 경서를 읽었기에 태자인 토도치랑자(菟

道稚郎子 : 우지노와키 이라쓰코)의 스승으로 삼았다. 그의 추천으로 다시
왕인(王仁 : 와니) 박사가 내조하여 태자의 스승이 되어 여러 전적(典籍)
을 가르치게 된다. 이 백제인 왕인은 소위 서수(書首 : 후미노 오비토)의
시조가 되었다. 그의 자손은 사부(史部)가 되어 세습제로 왜왕조의 사관
직(史官職)을 전담하게 된다.

백제는 이와 같은 일들을 통해, 조정에서 군신이 제대로 봉의(縫衣 :
바느질한 옷가지)를 입지 못하는 정도의 왜국에 봉의공을 비롯한 수많은
학자, 박사 및 양마법(養馬法), 농잠법(農蠶法) 등, 기타 기술을 가진 백제
인들을 파견함으로써 국가발전에 지대한 도움을 주었다.

이보다 먼저 백제의 조선(造船)기술을 도입하여 화살과 같이 빠른 속
력을 지닌 고야(枯野 : 카라노)라는 배를 건조하기도 했다.

백제는 바다 건너, 당시로서는 머나먼 응신왕조의 일본을 왜 이처럼
적극적으로 도와주었던 것일까? 자세한 이유를 모르고서는 이 점 역시
수수께끼처럼 느껴질 수밖에 없다.

2. 백제가 응신왕조를 도울 수밖에 없었던 이유

<응신기>를 주의 깊게 음미하면, 특히 백제국의 응신조정에 대한 헌
신적 지원이 시작된 것은 발장원(髮長媛 : 카미나가히메)의 기사가 있은
뒤부터다.

앞서 언급한 바 있듯이, 사슴 가죽옷을 입은 수십 명에 달하는 부여
국의 옛 신하들로 생각되는 제현제가(諸縣諸加)들=이른바 녹자수문(鹿
子水門 : 카코노 미나토)으로 들어온 수수(水手 : 후나코ㆍ뱃사람)들=이 발
장원을 데리고 응신천황을 찾아온 그 이듬해부터였다.

아무튼, <응신기>의 일본서기 기년(紀年)이 조작되었다는 것은 학계

에서 이미 공인된 것이다. 그러므로 여기서 일본서기의 연대는 따지지 않기로 하겠다. 중국 측 사서(史書)의 기년으로 따져 부여국이 망한 것은 『진서』에 의하면 서력기원 285년이었다.

그런데 바로 그 이듬해(286년), 백제의 책계왕(責稽王)이 대방(帶方)의 왕녀에게 장가를 들었다. 이에 대한 자세한 내용이 『삼국사기』에는 다음과 같이 기록되어 있다.

「책계왕 원년(286년), 고구려가 대방을 정벌하니 대방은 우리에게 구원을 청하였다. 이보다 먼저 왕은 대방의 왕녀 보과(寶菓)를 맞아 부인으로 삼았다. 이런 까닭에 대방과 우리나라(=백제)는 구생(舅甥: 장인과 사위)의 나라였으므로, 그 청을 듣지 않을 수 없어서, 드디어 군사를 내어 이를 구원하였다. 이 때문에 고구려의 원망을 사게 되었다. 책계왕은 고구려의 침입을 염려하여 아차성과 사성(蛇城)을 고쳐 쌓고 이에 대비하였다.」

(責稽王元年(286), 高句麗伐帶方. 帶方請救於我. 先是王娶帶方王女寶菓爲夫人. 故曰帶方我舅甥之國. 不可不副其請. 逐出師救之. 高句麗怨. 王慮其侵寇. 修阿且城, 蛇城備之)

고구려가 대방을 침입하던 이 시기보다 훨씬 앞서 미천왕(美川王: 고구려 제15대왕)의 재위 18년(244년)에, 위(魏)나라 장수 관구검(毌丘儉)이 고구려의 환도성(丸都城)을 공격하여 함락시켰다. 이때, 미천왕은 옥저(沃沮), 즉 요동반도 남부로 달아난 적이 있었다.

그 이듬해(245년), 낙랑태수 유무(劉茂) 등이 또다시 이곳을 공략하였다. 그리고 그로부터 20년 후에 위(魏)가 망하고(286년), 진(晋)이 성립되었다. 진초(晋初)의 어수선한 틈을 타 백제가 이곳에 진출하여, 요동반도 남부지방과 요서(遼西)·진평(晋平)의 양군(兩郡)을 영유(領有)하게 되었다.

이 무렵 백제의 국세(國勢)가 요동지방에까지 미쳤던 사실을 다음과 같은 중국 측 문헌들이 잘 전하고 있다.

◎ 그 후, 고구려가 요동을 경략하고 있었고, 백제는 요서를 경략하고 있었는데, 백제가 다스리는 곳을 진평현이라 한다(其後 高句麗略有遼東 百濟略有遼西. 百濟所治 謂之晋平縣). −『송서(宋書)』<東夷 百濟>

◎ 진(晉)의 세(世)에, 고구려가 요동을 경략하고 있었고, 백제 또한 요서·진평의 두 군(郡)의 땅을 점거하고 있으면서 스스로 백제군을 두었다(晉世 高麗略有遼東 百濟亦據有遼西 晋平二郡地矣. 自置百濟郡). −『양서(梁書)』<동이전 백제>

◎ 백제가 또한 요서, 진평을 점유하고 있었다.
(百濟亦據有遼西晉平.) −『자치통감(資治通鑑)』

◎ 백제국은 동북으로는 신라에 이른다. 서쪽으로는 바다를 건너 월주에 이르고, 남쪽으로는 바다를 건너 왜국에 이른다. 북쪽으로 건너 고구려에 이른다(百濟國 東北至新羅 西渡海至越州 南渡海至倭國 北渡至高句麗). −『구당서(舊唐書)』<동이전 백제>

◎ 진나라 때에……백제가 또한 요서, 진평의 두 군을 점거하고 있었는데, 지금의 류성(柳城)과 북경 사이였다.
(晉時……百濟亦據有遼西晉平二郡 今柳城北京之間.) −『통전(通典)』

백제국이 요서에서 북경 사이의 지역을 영유하고 있었던 사실을 중국의 여러 사적(史籍)들이 이처럼 소상하게 기록으로 전하고 있다.

특히 『구당서』<동이전 백제>에서는, 당시 백제국의 영역이 중국의 월주(越州)에까지 미쳤고, 남쪽으로는 왜국에까지 이르렀다는 것은 해양 강국으로서 뛰어난 조선기술을 가지고 있었음을 짐작케 한다.

백제는 오늘날의 중국 하북성(河北省) 지역에 진출하여 요서·진평, 이군(二郡)을 공취하였다. 그리고 거기에 백제군을 설치하는 등, 향후 2백여년간을 서해(=황해)로부터 발해만 지대에 걸쳐 해양을 제패한 세력으로 군림하였다.

이와 같은 정세 아래에서 부여가 망하자 그들의 잔존세력이 이곳의 백제군으로 망명해 갔으리라는 것은 명약관화해진다.

부여씨(夫餘氏)는 본래 고조선을 창업한 단군왕검의 지손(支孫)이었다. 『동사(東史)』<부여세가전(夫餘世家傳)>에 전하는 바 「檀君封支子餘地, 後世國自號夫餘.」[=단군이 나머지 땅을 지자(支子: 맏아들 이외의 아들)에게 봉하여, 후세에 나라를 스스로 부여라 했다.]에서 출발한 나라였다.

또한 백제와 부여는 다 같이 대(對) 고구려 관계에서 동병상련적인 처지로서의 관련이 깊었다. 즉, 고구려의 시조 주몽(=동명왕)은 북부여 왕실에서 자라났으나 그를 죽이려는 계략에 생명의 위협을 느끼고 졸본 부여로 탈출, 그 뒤 고구려를 세운 후 부여와는 항시 불화관계여서 자주 핍박(逼迫)하였다. 이보다 앞서 주몽은 처음 북부여에서 졸본부여로 피난했을 때, 졸본부여왕의 제2녀에게 장가들어 비류와 온조를 낳았는데 이들이 훗날 백제국의 시조가 된다.

그러나 고구려의 제2대 왕위를 계승하는 아들은 유리태자(琉璃太子)로서, 이는 주몽이 일찍이 북부여에 있을 때 예씨(禮氏)의 딸에게 장가 들어 낳은 아들이었다. 훗날 그 예씨의 소생이 고구려로 찾아오니 그가 유리태자다.

백제와 고구려는 한가지로 그 세계(世系)가 부여에서 나왔다. 비록 동조동근(同祖同根)이긴 했지만 백제 왕족만은 부여씨의 성을 그대로 삼았다. 이러한 백제와 부여국의 관계는 상호 돈독한 반면, 고구려와는 구원(舊怨)의 관계라고 할 수 있다.

더욱이 부여가 처음 망하고(285년), 그 이듬해인 백제의 책계왕 원년 (286년)에 고구려가 대방을 침공하자 장인(丈人)의 나라였던 대방이 백 제국에 구원을 요청하였고, 백제는 이를 도와 고구려를 침으로써 양국 간에 불화하고 있었던 사실은 앞서 『삼국사기』의 예로써 보았다.

이러한 모든 관계를 통해서 보면 보다 확실한 실마리가 잡힌다. 즉, 백제의 종실이기도 한 북부여가 진(晋)의 공격에 망하게 되어 말왕(末王)인 <의려>는 자살하였는데, 그 자제였던 부여후왕 <의라>가 옥저의 땅으로 피신했을 때 백제국왕은 무관심할 수가 없었던 것은 자명하다. 더욱이 이 무렵의 백제는 멀리 요서, 진평의 양군지(兩郡地)에 백제군을 설치하고 있는 등의 강국이었던 것이다.

그러나 부여후왕 의라와 그 세력이 한낱 백제국의 식객으로 머물러 있지는 않았을 것이라는 가정 하에서 훗날 그들이 간 곳은 어디였을까?

『구당서』<동이전 백제>에서 보듯, 백제의 해양세력이 멀리 왜국에 까지 미치던 시절이었으므로, 이때 의라왕이 도왜(渡倭)할 수 있는 여건 은 충분했을 것으로 본다.

그리하여 나니와(난파)를 근거로 일본 기내지방에 부여후왕 의라, 즉 일본 역사상 새로운 왕조 교체에 의한 응신왕조가 탄생하는 것은 아닐 까? 이러한 가설이 만약 사실이라면, 이후, 같은 부여씨인 백제왕이 그 들을 위하여 가능한 모든 지원을 제공했던 것도 바로 그런 이유 때문이 었을 것이다.

이것이 문정창(고대사 연구가) 씨가 처음 제기한 소위 「부여후왕=응 신천황」설에 해당하는 내용이다.

그러한 심증을 유력하게 뒷받침해주는 역사적 사실이 또 있다. 그것 은 어쩌면 응신왕조 이래 비로소 시작되었으리라고 추측되는 고대일본 국의 다음과 같은 풍습들이 부여국의 그것과 재판이라고 할 만큼 동일하다는 점이다. 이를 열거해본다.

① 큰 소매의 두루마기와 넓은 바지를 입는 것(大袂袍袴 · 대몌포고)

② 한 자리에 모여 술잔을 서로 주고받을 때, 먼저 절하고, 물을 잔에 씻어 상대방에게 주는 것(會同拜爵洗爵 · 회동배작세작)

③ 사람을 통하여 말을 전할 때, 모두 꿇어앉아 손을 땅에 짚고 조용히 속삭이듯 이야기하는 것(譯人傳辭 皆跪 手據地 竊語 · 역인전사 개궤 수거지 절어)

④ 형이 죽으면 그 아우가 형수와 같이 사는 것(兄死妻嫂 · 형사처수)

⑤ 집집마다 투구, 갑옷, 창이 있는 것(家家有鎧杖 · 가가유개장)

소개한 풍속들은 모두 <위지동이전> 부여 조(條)에 나오는 풍속이지만 놀랄 만큼 일본의 그것과도 흡사하다. 그리고 여기서 지적한 것들은 어디까지나 하나의 가설에 불과한 잠정적 결론이었지만, 향후 진지하게 검토해 봐야 할 과제를 제시한 것만은 틀림없다고 우리는 생각한다.

만약 차후에 응신과 인덕, 두 천황이 묻힌 그 거대한 왕릉을 발굴하게 되는 경우가 온다면 이 무덤들에서 출토될 유물들은 아마 위(魏)~진(晋)의 대(代)에 걸친 것들이라고 충분히 예견해 볼 수가 있다. 그것 역시 지금의 가설이 진실로 판명될 수 있는 또 하나의 좋은 단서가 되리라 생각한다.

아무튼 천황의 시호인 「응신(應神)」은, 새로이 **「신의 지위에 응한 왕」** 즉 현신인(現神人)의 뜻이다.

제2부

천황명(天皇名)의 수수께끼
―인덕(仁德)에서 지통(持統)까지

제6장

교체왕조의 융성과 세계 최대의 천황릉
● 인덕(仁德)

쟁점 ▶

『記』·『紀』의 상이점에 따른 의도적 편찬과 그 진상

1. 난파(難波)에의 천도

   고야선(枯野船)의 건조(建造)

   천일창(天日槍＝天之日矛)의 도래시기 등의 문제

2. 인덕(仁德)천황 즉위전기(卽位前記)의 <해인(海人)이야기>

   길비국(吉備國) 천도하(川嶋河)의 <대규(大虬) 이야기>

앞서 응신왕조의 건립에 대한 몇 가지 주장들을 소개하였다. 우선 미즈노(水野裕) 씨의 삼왕조 교체설이다.

기내(畿內)지방에 있었던 소위 원대화국(原大和國)의 왕이었을 중애(仲哀: 츄아이)천황이 쿠마소(熊襲)＝본래는 구노국(狗奴國)＝를 정벌하기 위해 규슈(九州)로 원정 왔으나 도리어 패배하고 타살을 당했으며, 그 승리자가 응신(応神: 오진)천황이었다는 것.

그러니까 중애천황과 응신천황은 각각 다른 왕조의 왕이었다는 설명이다. 그런데 이 사이를 이른바 「만세일계」의 황통가로 잇기 위해서는 중애의 처가 응신의 어머니가 아니면 앞뒤가 맞지 않기 때문에, 부득이 응신의 어머니로서 신공황후가 창작되었다는 것이다.

어쨌든 왜의 여왕 비미호(卑彌呼: 히미코)가 통치하던 야마대국(邪馬臺國: 야마타이국)은 북구주에 있었다. 그때 남구주의 구노국 왕이었을 것으로 생각되는 응신천황이 이 야마타이국을 정벌하여 멸망시킨 뒤, 그 자식인 인덕천황은 규슈에서 난파진(難波津: 나니와쓰·현재의 大阪)으로 천도했다고 보는 것이 미즈노씨의 설(說)이다. 이것이 이른바 <구노국 동천설>의 골자이다.

그리고 정복자로서 야마토(大和)와 규슈의 두 힘을 동원하여 난파(나니와) 지방에 그 거대한 천황릉을 조성할 수 있었다는 설명이다. 여전히 많은 수수께끼를 안고 있는 3세기말을 거쳐 일본 역사상 매우 불투명한 4~5세기에 걸친 이 시기에, 돌여 거대한 전방후원분(前方後圓墳)이 나니와에 출현하는 이유를 이로써 설명해 보이고 있다.

물론 여기에도 문제점들이 없는 것은 아니다. 무엇보다 응신천황의 출자(出自)에 대한 문제가 그것이다. 이 점, 응신천황은 외래의 무력집단인 기마민족이었을 것이라는 주장 아래 부여국의 후왕 '의라'였다는 설도 있고, 이에 대한 구체적인 여러 증거들에 관한 소개도 앞에서 이미

본 바가 있다.

특히 천황의 재위 13년에 담로도(淡路嶋·아와지시마)에 사냥을 나갔을 때, 바다 건너 일향국(히무카노쿠니=지금의 미야자키현·宮崎縣)으로부터 응신조정의 나니와로 대거 도래한 바닷사람(かこ)들의 이야기가 있었다. 그들이 사슴뿔로 장식한 가죽옷을 걸치고 있었던 것은, 부여국의 오랜 풍속으로 외출할 때의 복장이 그와 같았다고 중국 측 사서에 기록한 그대로의 모습이었다.

또 하나 흥미를 끄는 점은, 그들이 도래할 때 발장원(髮長媛: 카미나가히메·かみながひめ)이라는 미녀를 배에 태우고 나니와에 도착한 사건이었다. 물론 발장원의 정체 및 그 출자에 관해서는 일향국의 신화나 전설 등에 기초한 이야기들이 현재까지도 규슈 미야자키현 일향의 도진(島津: 시마쓰) 마을=현재 都城市 早水町 早水의 못가(池の辺=에서 태어났다는 전설 등이 전하고 있다. 그러나 어디까지나 그것은 전설이다.

발장원의 출자를 그 근원에서부터 탐색하면, 문헌상에 보이기로는 고구려 제12대 중천왕(中川王)이 소후(小后)로 삼고자 했던 관나부인(貫那夫人)이 그녀였던 것으로, 대단한 미인이었다고 기록에 나와 있다(『삼국사기』권17. 고구려본기 제5).

그러나 연씨(椽氏) 왕후와의 알력 끝에 미움을 받아 가죽부대에 담겨져 바다에 던져졌다는 기록을 끝으로 그녀의 행방은 알 길이 없다.

삼국사기의 기록에도 분명히 발장원(髮長媛)으로 등장하는 이 관나부인이 만약 일향국의 전설 속 미인이었던 그 발장원이었다고 하면, 어떤 연유에 의해서든 그녀가 일본으로 건너왔다는 이야기가 된다. 그리고 처음 정착하게 된 곳이 일향국이었다고 말하면, 이 미인 전설은 그 기원에서부터 줄거리가 잡히는 것이다. 물론 사실 여부는 알 수 없다.

그러나 만약 사실이라는 가정 하에 발장원의 이미지를 한마디로 요약한다면, 그것은 북방의 고구려계 미인의 풍모를 갖춘 여인이었던 것으로 볼 수 있다.

바로 이 여인이 나중 인덕(仁德 : 닌토쿠)천황의 황비로 간택되었던 것은 <응신기>의 기술에 잘 드러나 있는 그대로다.

좌우간 응신천황과 인덕천황에 걸친 새로운 난파조정의 건설에 대해서는 이의가 없는 것으로 보아, 왕조의 교체설만은 매우 확실한 이론으로 받아들여도 좋을 듯하다.

그런 점에서 사카모토 타로(坂本太郎) 등이 교주(校註)한 『일본서기』 두주(頭註)를 보면, 응신천황의 이름이 「譽田(예전)」처럼 짧아진 것에 대해, 『이때까지의 미칭(美稱)을 걸친 천황의 이름이 여기서는 일전(一轉)하여 간단히 되었음은 왕조가 교체되어 있기 때문이라는 추측설도 있다』라고 설명하였다.

그러나 엄격하게 말해서 이것은 타당한 설명이 못 된다. 즉, 왕조가 바뀌었기 때문에 천황의 이름이 짧아지게 되었다는 것을 하나의 논거로 삼기에는 설득력이 부족하다는 뜻이다. 물론 응신 이후의 몇몇 천황의 경우에는 그 이름이 짧은 것도 있는 게 사실이다. 그러나 왕조 교체와 상관없이 그 이후에도 여전히 역대 천황들의 이름은 다시 길어지고 있기 때문에, 앞서의 주장은 역시 근거 없는 추측에 지나지 않는 것이다.

우리의 연구 결과에 의하면, 천황 이름의 길고 짧음은 왕조 교체와는 아무런 상관이 없는 것으로, 비록 짧아졌더라도 그 속에 닮고자 하는 의미를 능히 다 실어[載] 표현한 결과가 짧게 되었을 뿐이었던 것이다. 다시 말하면, 이것은 겉으로 보기에 짧은 이름이라도 그 속에 나타내고자 하는 많은 의미가 충분히 담겨 있다는 뜻이다.

응신천황의 이름이 「譽田」(예전)으로서 매우 짧게 된 것 못지않게, 인덕천황의 이름도 역시 『고사기』에는 「大雀」(대작), 『일본서기』에는 「大

鷦鷯(대초료)라고 각각 짧아져 있다.

이제 그 수수께끼를 풀어보자.

맨 먼저 떠오르는 의문은 『記』와 『紀』의 표기가 다른데도, 동일하게 「오오사자키(おおさぎき)」라고 읽는 이유가 무엇인가 하는 점이다.

태안만려(太安万侶: 오노야스마로)는 분명히 「さぎき・사자키」(鷦鷯・초료: 뱁새)가 「すずめ・스즈메)」(雀: 참새)와 다른 새임을 알고 있었을 것이다. 그렇기 때문에 『記』에서는 「초료(鷦鷯)・さぎき」에 대한 언급은 일절 없고 「대작존(大雀尊)」의 이름으로 일관되어 있다.

그 뒤, 연대가 더 늦은 『紀』의 편찬에 관여한 자들이 「雀」을 「鷦鷯」라고 바꾼 데는 확실히 어떤 의도가 개입되었다고 판단하는 것이 합리적인 설명이다.

다시 말해서, 『記』에는 애초부터 작명에 관한 설화가 없었다. 그랬던 것이 『紀』의 편찬 때 와서 인덕천황의 어린 시절 이름[幼名]에 「사자키(さぎき)」라고 부르게 된 과정의 이야기가 덧붙어 있는 것이다.

예를 들면, 인덕천황을 처음 낳던 날, 목토(木菟: 츠쿠・つく)(=부엉이)가 산전(産殿)에 날아들었다고 하는 이야기를 『紀』에 싣고 있다. 아침에 응신천황은 이를 괴이하게 여겨 대신(大臣) 무내숙녜(武內宿禰: 타케시우치노 스쿠네)를 불러, 이것이 무슨 징조인가를 물었다. 이에 대신은 그것이 길상의 징조라고 대답하고는, 자기의 아내도 어제 산기가 있을 때 초료(鷦鷯・뱁새)가 산실에 날아들었는데, 이것 또한 이상한 일이라고 말하였다.

응신천황은 『지금 짐의 아들과 대신의 아들이 같은 날에 태어났고, 다 같이 징조가 있었는데, 이는 하늘의 가르침이다. 그 새의 이름을 따서 서로 바꾸어 아들에게 붙여 후세에 나타내자』라고 했다.

이것으로 인해 태자는 대초료황자(오호사자키노미코)라는 이름을 얻었고, 대신의 아들은 목토숙녜(木菟宿禰 : 츠쿠노 스쿠네)라는 이름으로 되었다.

이런 작명설화를 굳이 『紀』에 삽입함으로써 『記』의 「대작존」을 「대초료존」으로 바꾼 데는 분명히 무슨 의도가 개입한 것이라고 단정하는 이유가 여기에도 있다.

또 『紀』에서는 「초료」의 일본식 음훈 읽기에 대해 「此云, 娑娑岐(사사기)」(이를, 娑娑岐라 이른다)라고 하여 「さざき(사자키)」라고 밝혀두고 있다.

그럼에도 불구하고, 왜 「雀(참새)」(すずめ·스즈메)와 「鷦鷯(뱁새)」(さざき·사자키)를 같은 새처럼 취급하여 동일한 명칭으로 읽고 있을까? 이 점, 이상하지 않은가?

이러한 의문은 당연한 것이며 이에 대한 해명이 명쾌하지 못하다면, 종전의 일본식 음훈 읽기 방식은 아무래도 수긍하기 곤란해진다.

그 생긴 모양(姿)이 서로 흡사하다고 해서 「참새(스즈메)」를 「뱁새(사자키)」라고 읽게 된 것으로 설명한다면 그것이 과연 정당한 해명이 되는 것일까?

혹은 『일본서기』 편찬 무렵에는 아직 이런 새가 없었으므로, 후대에 「대작존(大雀尊)」을 「오호사자키노 미코토」라고 소급하여 읽게 된 것이라 말하는 것도 정당한 해명일 수는 없다.

상식의 수준에서 접근한다면 마땅히 당시에는 「오호스즈메노 미코토」로 통했다고 말해야 무리가 없는 설명이 되는 것이다. 이런 이유에서도 역시 기존의 일본식 음훈 읽기는 불가사의한 데가 있다.

하여간 뒤에 와서 인덕천황의 유아명(幼兒名)에 「사자키(さざき)·뱁새」의 이름을 내리게 된 작명 설화를 편자(編者)들이 꾸며 넣어서 굳이 「참새(雀)」를 「뱁새(鷦鷯)」로 바꾼 데는 역사 해명에 중요한 의미를 지

니고 있었다는 것이 되지 않을까? 이것 역시 진지하게 따져볼 필요가 있다.

두 번째의 더 큰 의문은 천황의 이름에 왜 고작 새의 이름을 따서 붙였는가 하는 점이다. 이왕 새의 이름을 붙일 바엔 좀 더 크고 상서로운 새인 봉황이라든가 용맹한 조류가 얼마든지 있다. 그런데도 하필 가장 작은 새인 참새나 뱁새를 이름으로 삼았다는 것도 이상하지 않은가?

날개 길이가 겨우 5센티미터 가량 되는 뱁새는 작은 몸집에 비해 꽁지가 약간 길고 투쟁성이 강한 익조(益鳥)이긴 하나, 날아다닐 때의 모양을 보면 꽁지를 유난히 나풀대는 습관이 있어서 다소 방정맞게 보인다. 아무리 좋게 보더라도 점잖거나 우아한 것과는 거리가 멀다. 그런 점에서도 역시 천황의 이름으로는 걸맞지 않다.

그렇기 때문에 단순히 새의 이름을 그대로 차용하여 천황의 이름으로 삼았다고 보기엔 석연치 않은 점이 있다. 그렇다면 시각을 달리하여 혹시 이것이 새의 이름이 아니라, 무슨 암호명처럼 사용되었던 것으로 보는 게 옳지 않을까?

이렇게 말하면 현명한 독자들은 벌써 그런 방법으로 생각하는 편이 보다 정합성이 있다고 수긍했을 것이다. 바로 그렇다. 겉으로 표기된 것은 새 이름이지만 여기에 담긴 의미의 수수께끼를 해독하면 역사의 해명에 중요한 사실이 함축되어 있음을 발견할 수 있다. 동시에, 『고사기』의 「雀」이란 글자가 왜 『일본서기』에는 「鷦鷯」로 바뀌었는지도 비로소 깨닫게 될 것이다.

세 번째 의문으로, 「鷦鷯」라는 새 이름은 각각 「鷦」와 「鷯」의 결합으로 이루어진 한 개의 낱말이 되었지만, 본래의 한자는 일자(一字)마다 그 나름의 의미가 있다. 그러므로 엄격하게 한자의 원의를 따져보면 「鷦」의 일자만으로도 사자키(さざき)를 의미하고, 「鷯」도 역시 사자키(さざき)

다. 말하자면 같은 뜻을 중복 사용한 표기인 것이다.

우리는 여기서 완전히 시각을 달리해서, 이런 암호명 같은 작명을 해독할 때는 혹시 글자 하나쯤은 파자(破字) 해독을 하게끔 미리 고안된 표기가 아니었을까 하는 점에 착안하여 이를 적용해 보기로 했다. 그러자 다음과 같은 결과에 도달할 수 있었다.

제16대 대초료(大鷦鷯) ― (仁德·인덕)天皇

> ● 大　　雀　<고사기>
> 키　　챰새
> (현대어→「키(大) 춈(眞) 새(新)」(=크게 참된 새것)
> =즉, <거대해진, 참된 새로운> 왕조

보는 바와 같이, 인덕(仁德·닌토쿠)천황의 이름은 한자의 음훈 읽기를 통해 그 음을 빌려서, 동음의 다른 의미에 전용한 표기방식이었을 뿐, 결코 새 이름[鳥名]을 인명으로 삼았던 것이 아니었음을 알 수 있다.

더구나 천황의 이름이 조류 중에서도 매우 보잘것없는 작은 몸집의 참새에 비유되었을 리가 있었겠느냐는 우리의 상식적인 의문에 대해, 이와 같은 해답을 얻음으로써 이 기이한 작명의 수수께끼도 비로소 해명되는 것이다(물론, 이렇게 해독되는 근거 및 한자의 용례에 대한 상세한 설명은 말미의 <부록>에서 밝혀 두었으므로, 여기서는 생략함).

● 大　　鷦(焦＋鳥)　　鷯　＜일본서기＞

키　　　모다 새　　　료

(현대어→「키 모다 새료」

＝즉, ＜크게 모두어 새로＞ (건설한 왕조)

조금 앞서 지적했던 대로 「초」와 「료」는 다 같이 동일한 「사자키(さ ぎき)」의 의미를 각자 지니고 있는 글자의 결합이다.

그래서 「鷦(초)」의 일자(一字)는, 「焦＋鳥」로 파자(破字) 해석함으로써 이 인명의 수수께끼를 푸는 방법으로 삼았다.

■ 「大」의 고훈＝「키」(현대어는, '크게')

[「大」를 「키」로 읽은 용례를 보면 ; ●이런 시절에 키 아로미 갓가붕리 라(＝이런 시절에 <u>크게</u> 앓이 가까우리라) : 是時<u>大</u>悟近矣.(몽산화상법어약록 언해7)]

■ 「鷦」(초)는 「焦＋鳥」로 파자 해독하되, 「焦」의 고훈＝「모다」(현대어 는, '모두어'). [석봉천자문(石峯千字文), 신증유합(新增類合)과 같은 한자 (漢字) 학습서에는 「集, 會, 合, 聚, 焦」를 모두 똑 같이 「모둘」(현대어, '모 둘, 모을')로 해석하고 있다. 「焦黙(초점)」은 그와 같은 용례의 하나]

「鳥」의 훈＝「새」로 읽고, 동음인 「새」(新:새로운 것)의 의미로 전용하 여 해독 [「새」를 「새로운 것」으로 풀이한 고문서의 용례를 보면 ; ●<u>새</u> 와 <u>새</u>왜 니러나미라(＝<u>새로운 것</u>과 <u>새로운 것</u>이 일어남이라) : <u>新新而起</u>(대 방광 원각수다라료의경 언해·上2의3-17)]

그렇게 해서 읽혀진 인덕천황의 이름은, 보다시피 ＜記·紀＞ 양자의 의미 대응에서, 상호 밀접한 관련성을 갖고 있다. 그것은 둘 다 인덕천황의 대에 와서 기내지방의 주변 세력들을 한데 모아 비로소 국가의 규모가 크게 된, 진짜 새로운 왕조가 건립되었다고 하는 의미를 함축한 이름이었던 것이다. 이 점, 역사 해명의 중요한 단서를 제공한 이름으로도 볼 수 있다.

부득불, 일본 고대사의 한 수수께끼였던 4세기말에서 5세기에 걸친 이 시기에 돌연 기내지방에 거대한 전방후원분의 출현과 같은 사건이 발생한 이유를, 이 이름은 어느 정도 해명해주는 단서가 된다.

실제 인덕천황의 능은 주위 4킬로미터, 분구(墳丘: 무덤 언덕)의 길이는 486미터, 전방부(前方部)와 후원부(後圓部)의 높이가 각각 34미터로 동일하고, 후원부의 직경은 245미터인 거대한 고분(古墳)이다. 기저면적(基底面積)만으로 말한다면 가히 세계 최대의 왕묘에 해당한다.

어쨌든 인덕천황의 이름인 「대작」과 「대초료」의 수수께끼가 이로써 해명된 것으로 본다면, 응신천황에 의해 난파진(難波津: 나니와쓰)에 새로운 교체왕조의 기반이 닦이고, 뒤를 이은 인덕천황의 대에 이르러, 비로소 <커진 참다운 왕조>가 건립되었던 것으로 볼 수 있다.

그리고 「仁德」이라는 짧은 중국식 시호는 문자 그대로 「어진 덕」 혹은 「어질고 큼」이라는 의미다. 특히 천황의 재위 4년 조(條)의 기사에 보이는 선정을 위시하여 재위 말년기의 기사를 통해 붙여진 이름으로 풀이된다.

예를 들면, 「짐이 누대에 올라 멀리 바라보니, 나라 안에 연기가 일지 않았다. 생각건대, 백성이 가난하여 집에 밥 짓는 사람이 없어서일까. ……(중략)…… 백성이 궁핍하다는 것을 알았다.……지금부터 3년간 인민의 조세와 부역을 모두 면제해주고, 그들의 괴로움을 덜어주어라.」하고 조칙을 내리는 대목이 그것이다.

요컨대 천황은 일찍 일어나고 밤늦게 자며 정사에 전념했다든지, 조세를 가볍게 하여 백성들의 부담을 줄이고 관대히 대하였다든지, 덕으로써 은혜를 베풀어 곤궁한 자를 구제하였다고 되어 있다. 또 죽은 사람을 조상(弔喪)하거나 병자를 위문하고 홀로 된 사람들[孤孀·고상: 고아나 과부 등]을 돌보게 했다고도 기록하고 있다.

이것으로 보면 가히 「인덕」이란 시호가 붙을 만하다.

쟁점 ▶
『記』·『紀』의 상이점에 따른 의도적 편찬과 그 진상

1. 난파(難波)에의 천도(遷都)
   고야선(枯野船)의 건조(建造)
   천일창(天日槍＝天之日矛)의 도래시기 등의 문제

『記·紀』를 통람해볼 때, 석연하지 못한 점이 상당수 눈에 띄는 게 사실이다. 그 점에서는 물론 <응신기>나 <인덕기>도 예외일 수 없다. 이에 대해 몇 가지 쟁점이 될 만한 것들을 짚어보고자 한다.

먼저 그 첫째는, 『고사기』의 <인덕기> 서두에 「대작명(大雀命: 오호사자키노 미코토)은 난파(難波: 나니와)의 고진궁(高津宮: 타카쓰노미야)에 진좌(鎭坐)하시어, 천하를 다스리게 되었다.」(大雀命坐難波之高津宮, 治天下也)라는 내용이 보이고, 『일본서기』에서는 인덕 원년의 기사에 「난파에 도읍하였다. 이를 고진궁이라 한다.」(都難波 是謂高津宮)가 보임으로써, 학계에서는 이를 인덕천황의 대에 비로소 난파진에 천도한 것으로 인식하는 경향이 있다.

즉 『記·紀』의 내용을 종합하여 「大雀命は難波の高津宮にいらっ

しゃって,……」(오호사자키노 미코토는 나니와의 다카쓰노 미아에 오셔서, ……)라고 해석, 난파에 처음으로 천도한 것은 인덕천황 때에 와서라고 인식했다는 뜻이다.

그 결과, 미즈노 씨의 이른바 <구노국 동천설>에서도 응신천황은 규슈에서 죽었는데, 뒤를 이었던 인덕천황이 규슈에서 난파로 천도하여, 아버지의 무덤을 난파에 조성했다는 식의 설명이 나오게 된 것이다.

과연 그럴까? 그것이 사실이라면 <응신기>에는 왜 규슈에서의 활동이 전무한 대신 난파일대를 배경으로 한 이야기가 많이 서술되고 있는지 이해하기 힘들어진다.

한문에서 「坐」(좌)는 「鎭坐」(진좌)의 뜻인 바, 「대작명(인덕천황)은 난파의 고진궁에 자리잡고 앉아 천하를 다스렸다.」와 같은 정도로 해석하면 무방하다. 그러므로 이 「坐」의 해석을 반드시 「始遷都(시천도)」(처음으로 천도함)의 뜻으로 고정시켜 해석하라는 법은 없다.

그런데 『일본서기』에는 「都難波(도난파)」(나니와에 도읍하다)라는 구절이 나오므로 아마 이로써 응신은 규슈에서 죽고, 인덕이 처음 나니와에 도읍을 정했다고 본 것 같다.

그러나 역시 『記·紀』 양쪽 모두 일향국의 발장원에 관한 기사가 <응신기>에 수록돼 있고, 『記』에서는 그 발장비매(髮長比賣: 카미나가히메)의 배가 난파진(難波津: 나니와쓰)에 정박하는 것으로 나온다.

그런가 하면, 『紀』에서는 응신천황이 담로두(淡路嶋: 아와지시마)에 사냥을 나갔을 때 그녀를 태운 일행의 배가 파마(播馬: 하리마)의 녹자수문(鹿子水門)으로 들어오는 것으로 되어 있다.

요컨대 기록에 따르면, 응신천황은 생전에 난파진 일대를 활동무대로 삼고 있었다는 결론인 것이다. 이것은 확실히 하나의 쟁점이 되는 부분이다.

그 둘째는, 신라국의 왕자 천지일모(天之日矛＝천일창)의 도래가 『記』에서는 <응신기>에 수록돼 있는데 비해, 『紀』의 편찬 시에는 엉뚱하게 이보다 훨씬 연대를 소급하여 <수인기>에 싣고 있다. 이것 또한 어느 쪽이 옳은지 따져볼 문제다.

이것이 대규모 신라인들의 일본에의 도래가 있었던 어떤 사실을 반영한 설화였다면, 그것은 과연 어느 천황 재위시의 사건이었던 것일까. 이 점도 하나의 쟁점이 될 만하다.

만약 천지일모(천일창)의 도래사건이 『고사기』에서처럼 <응신기>에 수록한 것이 옳다면 이 시기에 대규모 신라인의 내습(來襲)이 있었던 것으로 볼 수 있다.

천일창이 가져왔다는 동경(銅鏡)의 연대를 응신천황 대(代)의 것으로 내려잡으면 일본 각지에서 출토되는 동경들의 고고학적 추정연대와도 오히려 잘 맞아떨어진다.

고야(枯野·카라노)라고 하는 이름의 배를 건조한 이야기도 『記』에서는 <인덕기>에 수록되어 있다.

그러나 『紀』의 편찬 시에는 이를 <응신기>에 실어 놓았다.

나중에 배가 낡고 썩어서 사용하지 못하게 되자, 그 배의 재목을 가지고 소금을 굽게 했는데 500광주리의 소금을 얻었다는 이야기도 있다. 또, 처음에 소금을 굽는 장작으로 고야선을 불태운 날에 이상하게 타지 않는 부분이 있어 헌상(獻上)하였더니, 천황이 이상하게 여겨 이것을 가지고 거문고를 만들게 했다는 이야기와 그 소리가 매우 맑았다는 설화까지 덧붙여 놓았다.

어쨌든 이 설화의 한 부분에, 천황이 관선(官船)이었던 고야선이 없어지게 되자 그 공을 잊을 수 없어, 제국에 명하여 배를 만들게 했더니 일시에 배 500척을 바쳤다고 한다. 그 배들이 모두 무고수문(武庫水門)에

모였다. 때마침 신라의 조공사가 함께 무고에 묵고 있었다. 그런데 신라
정(新羅亭)에서 돌연 실화(失火)가 생겨 불길이 번졌다. 그러자 이내 그
곳에 모여 있던 배들에 옮겨 붙어 많은 배들이 타버렸다고 했다. 이 때
문에 신라인을 꾸짖었다고 하는데, 신라왕이 듣고 크게 놀라 훌륭한 장
인(匠人)을 바쳤다고 적고 있다.

이른바 <신공황후의 신라 정벌>이란 설화 꾸미기처럼, <응신기>의
설화에도 예외 없이 신라가 개입되어 있다. 과연 이 이야기의 진상은 무
엇인가?

당장 떠오르는 느낌으로는, 신라는 철천지원수의 나라로 인식된 『일
본서기』 편찬자들의 고정관념에 의해 신라에의 모욕과 훼손이라는 집필
방향이 여기서도 별다른 여과 없이 드러난 흔적임에 틀림없다는 것이다.

『고사기』에는 신라왕자 천지일모(＝천일창)의 도왜(渡倭) 시기가 <응
신기>에 수록돼 있는 것을 감안하면, 이것은 바로 이 시기에 어떤 형태
로든 신라군의 내습이 나니와의 응신왕조에 가해졌던 역사적 사실의 반
영이 아니었겠는가. 그런 생각을 들게 한다. 그리고 천일창의 도래 경로
에 따른 기사는, 이때 신라군이 그 전투의 결과로 응신조정으로부터 할
양(割讓)받은 사건을 설화 꾸미기 형태에 의해 분식(粉飾)한 결과였을지
모른다.

만약 그렇다면 이 이야기의 진상을 알 수 있는 사실의 기록은 없는
것일까?

어떤 형태로든 근거사료가 남겨져 있어야 우리는 그것을 어느 정도
사실로 인정할 수 있을 것이다. 과연 그런 것은 없는가? 있다. 다행히
우리의 궁금증을 해소해 줄 수 있는 사료가 엄연히 존재하는 것이다.

일본국의 사서들에 의하면, 일본에는 「비각본(秘閣本)」 또는 대장성
(大藏省) 소속의 「귀화인 물품보관소」등이 있으나 일반인은 아무나 쉽게

접하지 못하게 되어 있다. 『일본연대기(日本年代記)』라는 문헌도 그런 것들 중의 하나다.

그런데 임진왜란(＝文祿·慶長의 役) 이후 조선과 수교한 초기의 덕천 막부(德川幕府·도쿠카와 바쿠후)에서는 제1차 대차사(大差使)로 고승 현소(玄蘇)를 조선에 보내왔다. 그의 방문에 대한 회답사(回答使)로 조선에서는 광해9년(1617년)에 오윤겸(吳允鎌) 일행을 일본에 파견하였다.

당시 오윤겸의 종사관으로 갔던 이가 이경직(李景稷)인데, 그의 아호는 석문(石門)이다. 그가 이 『일본연대기』를 보았고, 그 소감을 그의 문집에 기록으로 남겼다.

문집 이름은 『부상록·일본사행기록(扶桑錄·日本使行記錄)』이며, 거기에 다음과 같은 글이 있다.

「일본은 아득히 천동(天東·하늘 동쪽)에 떨어져 있다. 사면이 큰 바다로, 외병(外兵)이 들어가지 못한다. 다만 그 『연대기』를 보면, 그 소위 응신 22년에 신라의 군병들이 일본으로 온즉, 신라병은 명석포(明石浦·아카시우라)로 들어갔다고 한다. 명석포는 대판(大坂＝大阪·오사카)에서 겨우 백여 리 떨어진 곳이다.

적간관(赤間關：아카마세키)의 동쪽에 한 언덕이 있다. 왜인이 이것을 가리켜 말하기를, 『이것이 백마의 무덤입니다. 신라병이 깊숙이 일본에 쳐들어왔으므로, 일본인이 화해를 청하자 군사를 풀고, 백마(白馬)를 죽여 맹세하고, 그 말을 이 언덕에 묻었던 것입니다』라고 하였다.」

（日本邈 在天東 四面大海 外兵不入. 但見其年代記 其所謂應神之二十二年 新羅國兵軍 來日本 則曰新羅兵入明石浦. 石浦距大坂 纔百有餘里.

赤間關之東 有一丘壟 倭人指之曰 此是白馬墳, 新羅兵深入日本, 日本人請和 解兵, 刑白馬而 盟 埋馬於此坂云）

이것은 석문(石門) 이경직이 일본에 수신사의 일행으로 갔을 때 『일본

연대기』를 보고, 또한 백마의 무덤을 시찰한 때의 일을 적은 내용이다.

아마도 오늘날의 강산현(岡山縣·오카야마켄) 앞바다, 즉 담로도(淡路嶋·아와지시마) 일대에서 전투가 벌어졌던 것 같으며, 그 동쪽 명석포(아카시우라)에서 격렬한 해전으로 수많은 배들이 불에 탄 이야기가 『일본서기』 속에서는 신라인의 실화로 인한 <500척의 불탄 배 이야기>와 같은 설화로 꾸며진 듯하다. 좌우간, 이밖에도 신라군의 명석포 침입에 관한 기록은 한치윤(韓致奫)이 쓴 『해동역사』(권41. 通日本始末)에도 비슷하게 언급되고 있다.

「진나라 혜제의 원강원년(291년), 신라병이 일본을 공격하여 깊숙이 명석포(아카시우라)에 쳐들어왔다. 명석포는 대판(오사카)에서 백리 떨어져 있는 곳이다. 일본이 화해를 청하매, 적관(赤關 : 아카세키)의 동쪽에서 백마를 참(斬)하여 맹세하였다. 오늘에 이르서도 아직 그 백마총이 있다.」

(晋惠帝 元康元年 新羅兵攻日本 深入明石浦 距大坂百里. 日本人請和. 刑白馬 盟于赤關之東 至今尙有白馬塚)

조선의 정조임금 때 저술한 『해동역사』는 한국의 역사서는 물론, 중국과 일본의 역사서를 무려 545종을 참조, 한국과의 관련된 기사를 모두 뽑아 편술한 것으로 총 85권의 방대한 역사문헌이다. 그 속에 언급된 상기의 인용 부분은 저술자 한치윤이 『이칭일본전(異稱日本傳)』에 의거하여 기술한 것이다.

이 『이칭일본전』은, 덕천막부(德川幕府) 초기에 송하견림(松下見林)이 편찬한 사서인데, 그것이 오늘날까지 전하고 있는지의 여부는 미상이다.

덕천막부에서 관학(官學)의 비조(鼻祖)요, 하야시대학당(林大學堂)의 창시자로 초대 도서두(圖書頭 : 대학총장격)를 지낸 임라산(林羅山 : 하야시 라잔)과 그 아들 아봉(鵝峯)의 저서들인 「본조편년록(本朝編年錄)」·「일

본고(日本考)」·「조선고(朝鮮考)」·「신대 계도(神代系圖)」·「황대 계도대강
(皇代系圖大綱)」 등에 의하면 일본 황실의 천손(天孫)은 조선족이었다는
사관(史觀)이 그 저류에 흐르고 있다.

그런즉 당시 덕천막부 내에는 라산의 사학(史學)에 반발하는 세력이
이른바 국학파를 이루어, 나중 임라산이 69세로 세상을 떠난 그해(1657
년), 이상에서 열거한 그의 저서들까지 이 해에 모두 불태워졌다. 그 일
은 일본의 사계(斯界)에서 잘 알려진 사실이다.

그 임라산의 영향을 크게 받은 송하견림의 『이칭일본전』도 현재는
존재하는지의 여부를 알 수 없다고 한 것이 그런 이유 때문이다.

어쨌든, 응신천황 22년의 신라군 침입사건에 관해서는, 조선왕조 5백
년간 가장 정확한 사가(史家)로 알려진 안정복(安鼎福 : 아호는 順菴·순암)
의 『동사강목(東史綱目)』에도 다음과 같이 기록되어 있다.

「일본은 멀리 천동에 있고, 사면이 큰 바다여서 외병이 들어오지 못
한다. 다만 그 『연대기』를 보니, 왜황(倭皇) 응신 22년에 신라가 명석포
(明石浦)에 쳐들어왔다. 명석포는 대판에서 겨우 백리 떨어져 있다.……
(이하는 이경직의 『扶桑錄(부상록)』과 동일한 내용으로 생략)」

[日本邈在天東　四面大海　外兵不入．但見其年代記　倭皇應神之二十
二年　新羅入明石浦　浦距大阪　纔百里……(이하생략)]

이런 점에서 천일창으로 대표되는 신라세력의 일본도래 기사가 『고
사기』에서와 같이 <응신기(應神紀)>에 편년되어 있는 것이 옳을 듯하
다. 다만, 『일본서기』에서는 이 사실을 감추고자 한 결과, 엉뚱하게 훨
씬 선대(先代)인 <수인기(垂仁紀)>에 수록해 놓았던 것이 아닐까 하고
생각된다.

2. 인덕천황(仁德天皇) 즉위전기(卽位前記)의 <해인(海人) 이야기>
길비국(吉備國) 천도하(川嶋河)의 <대규(大虬) 이야기>

응신천황의 사후에 꽤 오랫동안 황위가 공석으로 남겨져 있었던 것은 또 하나의 수수께끼다.

『일본서기』의 표현에 의하면, 태자(太子)인 토도치랑자(우지노와키 이라쓰코)와 대초료존(인덕천황)이 서로 사양하고 양보하는 동안 황위가 비어 있기를 3년간이었다고 적고 있다. 그리고는 느닷없이 <해인(海人) 이야기>가 삽입되어 나온다.

황위 계승이라는 중차대한 문제와는 잘 어울리지 않는 이 바닷사람의 설화를 뜻밖에 등장시킨 서술자의 의도는 무엇이었을까? 또 정작 이런 설화를 통해 암시하려 했던 바가 무엇인지도 역시 수수께끼다. 우선 그 설화부터 살펴보자.

「이 무렵 어떤 해인(海人)이 있어, 생선을 큰 광주리에 넣어 토도궁(우지노미야)에 바쳤다. 태자가 그 바닷사람에게 명을 내려, 『나는 천황이 아니다』하고는, 되돌려 난파로 가져가게 하였다. 대초료존은 또 이를 돌려서 토도에 바치게 하였다. 왕복하는 사이에 그 해인의 광주리가 썩었다. 그리고 또 다시 다른 생선을 잡아 바쳤다. 사양하기를 전 날과 같았다. 생선은 또 썩었다.

어부는 왔다 갔다 하는데 지쳐서, 생선을 버리고 울었다. 이래서 하나의 속담이 생겼다. 『바닷사람도 아닌데, 자기 물건 때문에 운다』라고 하는 말은 이것이 연유다.」

이 설화가 암시하는 바는, 응신천황이 죽은 후에 황위를 놓고 이를 서로 사양하는 황자들의 고매한 인품이나 성격 따위가 결코 아니다. 이와 정반대로, 태자와 대초료존 사이에 다년간 계속된 황위 쟁탈전을 이러한 우화로써 기록, 암시할 의도였다고 파악하는 것이 오히려 더 타당하다. 해인은 아마 황위를 노린 그 중간 세력으로 봐야 하지 않을까.

이때 태자가 『나는 형왕(兄王 : 대초료존)의 뜻을 빼앗을 수 없다는 것을 알았다. 어찌 오래 살아 천하를 번거롭게 하겠는가.』라고 말하고는 자살하였다는 대목은, 이 황위 쟁탈전에서 패배한 태자의 최후를 그렇게 분식(粉飾)했다고 보면 틀림없을 것이다.

좌우간, 태자 토도치랑자와의 치열한 알력 끝에 4년 만에 황위에 즉위한 인덕천황은 백제 목씨(木氏)인 갈성습진언(葛城襲津彦 : 카즈라키 소츠히코)의 딸 반지원명(磐之媛命 : 이와노히메노 미코토)을 황후로 맞이하였다. 그 이후 황후를 위하여 목씨가 거주하는 곳을 갈성부(葛城部 : 카즈라키베 · かづらきべ)로 만들어, 특별히 이들 백제인의 조공에 의한 새로운 왕조건설의 기반을 닦아간 것이다. 그리하여 백성들에게 3년간의 조세와 부역을 면제하거나 민력(民力)을 양성하며 제방의 축조와 토지의 개간을 장려함으로써 농업의 부흥에 크게 힘쓰는 등, 「어진 덕(仁德)」을 베풀어 부강한 왕조를 이룩하는 것이다.

물론 이 새로운 조정에서 큰 역할을 한 것은 응신 이래로 백제계였음은 두말할 여지가 없다.

특히, 인덕천황의 비(妃) 반지원명은 백제 목씨인 갈성습진언의 딸로서, 그 가계는 다음과 같다. 즉, 제1대 목라근자(木羅斤資 : 모쿠라곤시)), 제2대 목만치(木滿致 : 모쿠만치), 제3대 소아석하(蘇我石河 : 소가노 · 이시카와)숙녜(宿禰 : 스쿠네), 제4대 소아만치(蘇我滿致 : 소가노 · 만치)숙녜, 제5대 소아한자(蘇我韓子 : 소가노 · 가라코)숙녜, 제6대 소아도목(蘇我稻目 : 소가노 · 이나메)숙녜, 제7대 소아마자(蘇我馬子 : 소가노 · 우마코) 대신(大臣 · 오호오미), 제8대 소아하이(蘇我蝦夷 : 소가노 · 에미시) 대신, 제9대 소아입록

(蘇我入鹿: 소가노·이루카) 대신으로 이어진다.

어쨌든 인덕천황 7년 가을 8월조에 보면, 「황후(반지원명: 이와노히메노 미코토)를 위하여 갈성부를 정하였다」라고 한 이래, 갈성(葛城·카즈라키)은 소아(蘇我·そが: 소가) 씨족의 오랜 근거지였다.

그리하여 수백년이 지난 추고(推古·스이코) 여황의 재위 32년(624년) 동10월조에 다음과 같이 요청하기에 이른다.

「소아마자(소가노 우마코) 대신이 아담련(阿曇連: 아즈미노 무라지), 아배신마려(阿倍臣摩侶: 아헤노 오미마로), 두 신(臣)을 보내 천황(=推古·스이코 여황)에게 아뢰기를, 『갈성현(카즈라키노 아가타)은 본래 신의 본거(本居)였습니다. 그 현(縣)으로 성(姓)을 삼았습니다. 제발 영구히 그 현을 주십시오. 신의 봉현(封縣)으로 삼았으면 좋겠습니다』라고 말하게 하였다.

그래서 천황은 조(詔: 왕명)를 내려 말하기를,

『짐은 소아씨(蘇我氏)에서 나왔다. 대신은 나의 외삼촌[舅]이다. 고로 대신이 말하는 것이라면, 밤에 말했으면 밤이 새기 전에, 낮에 말했으면 해 지기 전에, 어떤 말이든지 다 들어주었다. 그러나 지금, 짐의 세(世)에 갑자기 그 현을 잃으면 후세의 임금이 <어리석은 부인이 천하를 다스려 갑자기 그 현을 멸망시켰다>라고 말할 것이다.……운운.』하고 들어주지 않았다.」라고 한 구절이 있다.

이와 유사한 상황은 황극(皇極)천황 원년에도 「소아대신하이(소가노 오호오미 에미시)가 자기의 조묘(祖廟: 조상의 사당)를 갈성의 고궁(高宮·다카노미야)에 세우고, 팔일(八佾)의 무(舞)(=궁정이나 문묘에 경사나 제사가 있을 때 악무를 맡아 춤추는 일로서 중국의 천자만이 할 수 있다)를 추며 노래를 불렀다」는 대목이 있다.

아무튼, 추고천황도 소아씨였을 뿐만 아니라, 그 이전에 이중(履中)천황의 어머니도 갈성습진언의 딸인 반지원명의 딸이었다. 또, 용명(用明)천황의 빈(嬪)이었던 석촌명(石寸名: 이시키나)도 소아대신도목숙녜의 딸이요, 숭준(崇峻)천황의 어머니 소매군(小妹君: 오아네노키미)도 역시 소아도목숙녜의 딸이기도 하여, 백제계 소아씨는 대대로 조정의 대단한 권문세도가였다.

이른바 불교전쟁으로 불리는 소아씨와 물부(物部: 모노노베)씨와의 투쟁에서 승리한 소아마자대신은 난을 평정한 후에 사천왕사를 짓고, 또 법흥사(=비조사 · 飛鳥寺)를 짓는 등, 불교의 융성을 꾀하여 찬란한 비조(飛鳥: 아스카)문화의 초석을 닦는다. 그리하여 이 비조문화야말로 일본문화의 모체가 되는 것이다.

따라서 소아씨를 필두로 한 백제계가 일본조정의 중추 역할을 떠맡아 왔던 것이라 해도 과언이 아니다.

이와 같은 백제계 우대정책은 응신조와 인덕조를 거치면서 매우 뚜렷한 현상으로 고착되었고, 갈수록 점점 뿌리 깊은 전통으로 자리 잡았던 것이다. 그에 반비례하여, 신라계에 대한 견제와 반감도 역시 그만큼 그 뿌리가 매우 깊어졌던 것으로 볼 수 있다.

인덕천황 67년 조에 등장하는 길비국(키비노쿠니)의 천도하(川嶋河: 카와시마가와)에 사는「대규(大虬: 미쓰치 · みつち=머리에 뿔 난 큰 용) 이야기」는 바로 일본 열도내의 기존 백제계와 신라계의 해묵은 분쟁 사건을 우화적으로 꾸민 것으로 보인다. 그 설화는 다음과 같다.

길비중국(吉備中國)에서 천도하의 냇물이 갈리는 곳에 대규(大虬)가 있어 사람을 괴롭혔다. 길 가는 사람이 그곳을 스쳐 가면, 반드시 그 독을 입어 많이 죽었다.

입신(笠臣: 카사노 오미)의 선조 현수(縣守: 아가타모리)는 용감하고 힘

이 세웠다. 깊은 못에 가서 3개의 표주박(瓠·호)을 물에 던져 넣고 이렇
게 말했다.

『너는 자주 독을 뿜어, 길 가는 사람을 괴롭혔다. 나는 네놈 용을 죽
이겠다. 만약 네가 이 박을 가라앉히면 나는 물러나겠지만, 가라앉히지
못하면 너의 몸을 베어버리겠다.』

이때, 용이 사슴으로 변해, 박을 끌어들였다. 박은 가라앉지 않았다.
즉시 현수는 칼을 들고 물에 들어가 용을 베었다. 다시 용의 무리를 찾
았다. 용의 무리가 깊은 못 밑의 구멍에 가득하게 있었다. 모두 베었다.
냇물이 피로 변하였다. 그 때문에 그 물을 현수연(縣守淵:아가타모리노
후치)이라 한다. 이때쯤 요기(妖氣)가 조금씩 움직여, 반(叛)한 자가 처음
으로 한두 사람이 나타났다.

이 설화는 이것으로 성급하게 끝을 맺고 있다. 아무래도 마지막 부분
의 내용을 알쏭달쏭하게 얼버무려, 정작 무엇을 이야기했는지 극히 애
매모호하다.

그러나 문정창 씨(文定昌: 고대사 연구가)는 이 우화의 수수께끼를 다
음과 같이 설명하였다.

즉, 사건의 배경이 된 길비국의 천도현과 그 인접한 6현(縣)은 이보다
88년 전에 일본으로 원정을 왔던 신라군에게 패한 응신조정에서 신라왕
족, 또는 장군으로 보이는 사람이 이끌고 온 신라인들에게 할양해준 땅
이다. 또는, 그 지역이 신라왕자 천일창이 점거하였던 파마국(播磨國: 하
리마노쿠니), 단마국(但馬國: 타지마노쿠니), 약협국(若狹國: 와카사노쿠니)
등지였을 수도 있다. 그런데 이제 길을 가는 무고한 사람을 해친다는 그
'뿔난 용'은 그들 신라계 세력이 준동(蠢動)하여 정권을 도모하기 시작한
것으로 풀이된다는 설명이었다.

『일본서기』는 그것을 은폐하기 위해 순서의 차례를 바꾸어, 먼저 인덕천황이 묻힐 축릉(築陵)에 관한 기사를 쓰고(인덕 67년 10월 18일조), 그런 다음에 신라인의 반란을 뿔난 용에 가탁(假託)하여 설화를 꾸민 것으로 보았다. 실은 이 반란에 인덕천황도 죽었음을 암시한 것이 바로「왕릉을 쌓는」기사였다는 말이다.

따라서 천황의 세(世)는 재위 67년간으로 끝나야 할 것인데, 「천황은 일찍 일어나고 밤늦게 자며……천하가 태평이었다. 20여년 무사하였다」라는 구절만 나오고, 실제 20년간은 기사가 전무한 것이다.

요컨대 20년을 훌쩍 건너뛴 채, 곧바로 87년 춘정월 16일에「천황이 돌아가셨다(天皇, 崩)」라고 적고 있다. 이 점, 매우 어색한 데가 있어 분명히 하나의 논쟁거리가 될 만하다.

제7장

조정의 내홍(內訌)과 격변
● 이중(履中) ● 반정(反正) ● 윤공(允恭) ● 안강(安康)
● 웅략(雄略) ● 청녕(淸寧) ● 현종(顯宗) ● 인현(仁賢)

제17대 거래수별(去來穗別) — (履中·이중)天皇

● 去　來　穗　　別
거　오　이삭　달
(현대어→「그으오 이삭 달」)(=끄어와 이삭 따로)
=즉, 끌어와 (황통을 계승했으나), 이삭(穗)은 달라

태자였던 거래수별존(去來穗別尊: 이자호와케노 미코토·いざほわけのみこと), 즉 뒷날의 「이중(履中)」(리츄·りちう)천황은 인덕천황의 사후, 상(喪)을 끝내고 아직 존위에 오르기도 전이었는데, 주길중황자(住吉仲皇子: 스미노에노 나카쓰미코)가 태자를 죽이려고 몰래 군사를 일으켰다는 보고를 받았다. 태자는 그 말을 믿지 않았다(일설에는, 취하여 일어나지 못했다고 했다).

그는 억지로 말에 태워져 도망가서 목숨을 구했다. 나중 서치별황자(瑞齒別皇子: 미쓰하와케노 미코)의 도움으로 중황자를 죽이고서야 겨우 황위를 끌어와 즉위하게 된다. 그러나 결국 차후의 천황 자리는 서치별황자(=훗날의 반정·反正)의 차지가 된 경위를 그 이름으로 삼은 듯하다.

반정천황도 역시 재위 5년 만에 죽고, 그 직계가 황통을 잇지 못하고 만다. 그래서 웅조진간치자숙녜(雄朝津間稚子宿禰: 오아사즈마 와쿠고노 스쿠네), 즉 훗날의 윤공(允恭)이 황위에 오르게 되니, 결과적으로 뿌리와 그 이삭(穗)이 다르게 바뀌었다는 뜻이다.

『일본서기』에서는, 이중(履中)천황의 이름=去來穗別(거래수별)=속에 들어있는 「去來」에 대해 따로 음훈 읽기 방법을 명시하여 「此云 伊弉

(차운 이장)」이라 했다.

그런데 「伊奘」의 일본식 독법이 「いざ(이자)」이므로, <去來穗別(거래
수별)>을 <いざほわけ(이자호와케)>로 읽게 된 것이다.

그러나 『고사기』에서는 이 이름이 「이야본화기(伊耶本和氣)」로 표기
되어 있다.

따라서 두 이름을 대비시켜 보면, 去來=伊耶, 穗=本, 別=和氣가 각
각 대응된다. 그래서 전체적으로는 「いざほわけ(이자호와케)」로 된다는
설명이다. 약간 억지 같은 느낌이 들지만, 설령 그렇다손 쳐도 무슨 의
미인지는 여전히 알 수 없다.

그러나 만약 한국어의 음이나 훈으로 읽으면 이런 의문은 대번에 풀
린다. 즉, 「去來, 此云 伊奘」에 대한 바른 해독은 다음과 같다.

「去來(거오=그으오)→(끄어오), 이는 伊奘(이클=잇글)→(이끌)이라 이
른다」

이처럼 양자가 동일한 의미로 명확하게 대응되는 것이다.

따라서 이것을 적용시켜 이중(履中)천황의 이름을 다시 해석해 보면,

```
● 伊  奘  穗  別
   이  클  이삭  달
   (현대어→「이끌 이삭 달」
   =즉, 이끌어(황통은 이었으나), 이삭은 따로)
```

이와 같은 뜻으로 풀이된다. 아울러 「去來」(거래)의 음훈 읽기도 종래의 경우에는 「伊奘」(이장), 즉 「いざ(이자)」로 읽었는데, 양자대응의 원칙상 동일 의미가 성립되는지의 여부를 따져 가부를 판단해야 할 것이다. 그런 까닭에, 위에서 본 그대로 「去來」(끌어오)와 「伊奘」(이끌)은 동일한 뜻으로서 상호 부합된다.

이 점, 응신천황의 이름에 얽힌 설화에도 이 「去來」라는 용어가 사용되고 있으므로 적용시켜 보자.

처음에 응신이 태자로 책봉되었을 때 월국(越國: 코시노쿠니)에 가서 각록(角鹿: 쓰메가)의 사반대신(笥飯大神: 케히노 오호카미)에 참배하였다. 이때 대신과 태자가 이름을 맞바꿈으로써 대신(大神)을 거래사별신(去來紗別神: 이자사와케노 카미)이라 부르고, 태자를 예전별존(譽田別尊: 호무타와케노 미코토)이라 작명했다는 설화가 있다.

앞서 「譽田別」에 대해서는 이미 그 뜻을 살펴본 적이 있다. 그러므로 이번엔 「去來紗別(거래사별)」은 무슨 의미인가를 보자.

　　●去　　來　　紗　　別
　　　거　　오　　사　　닫
　　(현대어 → 「끄으오사 닫」 → 끌어와서 따로)

또, 「去來」와 「伊奘」이 같은 뜻이므로, 「去來紗別」＝「伊奘紗別」이다.

그래서 「伊奘紗別」을 연속하여 「이클사닫」으로 읽고, 유사음인 「잇글사 닫」(이끌어서 따로)와 같이 해독되는 것이다.

그러니까 응신천황이 「예전별(譽田別)」로 되었다는 것은, 태자 시절에

지녔던 원명(原名)이 다름 아닌 「去來紗別(=끌어와서 따로)」혹은 「伊裝
紗別(=이끌어서 따로)」의 의미였다는 사실을 깨닫게 될 때 저절로 이해
된다.

본래의 논지로 돌아가서, 『고사기』에서 이중천황의 이름은 또 다음과
같다.

●伊　耶　本　和　氣　　　<고사기>
　이　야　불휘　셔　기
　(현대어→「이아(=흔들려) 뿌리 썩기」
　=즉, 황자들이 흔들려(內搖하여), 후사(後嗣)를 이을 뿌리 썩기

이로써 이름풀이의 수수께끼는 모두 풀린 듯하다.

그 다음에 볼 것은 이런 이름이 붙여진 동기, 혹은 그 내력에 관한 것
이다.

인덕천황과 반지원명황후 사이에서 태어난 직계황자(直系皇子)들은
대형(大兄)인 거래수별(이자호와케: 이중천황), 주길중황자(住吉仲皇子: 스
미노에노 나카쓰미코), 서치별(미쓰하와케: 반정천황), 그리고 웅조진간치자
숙녜(오아사즈마와쿠고: 윤공천황)의 4명이었다. 또, 비(妃) 일향발장원은
대초향(大草香: 오호쿠사카)황자와 번사(幡梭: 하타비)황녀를 낳았다.

기록상으로는 동복(同腹), 이복(異腹)을 합쳐 모두 5남 1녀로 되어
있다. 인덕천황이 세상을 떠난 직후부터 황위 계승에 순탄치 않은 사건
이 발생하는 이야기가 <이중기(履中紀)>의 첫머리를 장식한다.

내용인즉, 선황(先皇)의 상(喪)을 끝내고 태자 거래수별존은 아직 황

위에 오르기 전에 우전시대숙녜(羽田矢代宿禰: 하타노 야시로노 스쿠네)의
딸 흑원(黑媛: 쿠로히메)을 비(妃)로 맞으려고 했다. 납채(納采: 신랑집에서
신부집으로 혼인을 청하는 의례)를 끝내고 주길중황자를 보내 길일(吉日)
을 고하게 했는데, 그때 중황자는 자기가 태자라고 속이고 흑원을 범하
였다.

나중에 그 사실을 알게 된 태자에게 화(禍)를 당할까 두려워한 중황
자는 이 기회에 군사를 일으켜 몰래 태자를 죽이려 했다가, 결국 실패하
여 도리어 죽임을 당한다.

따라서 중황자의 세력을 짓밟고 천황에 즉위하게 된 때문에 「履中
(이중)」(가운데를 밟음)이란 시호가 붙은 것이다(「밟을 履, 가운데 中」). 즉,
「中」은 仲皇子의 「仲」(=「中」)을 말한 것으로 해석된다. 이 시호는 결과
적으로 「중황자를 눌러밟고 황통을 계승했다」는 의미와 다름없다.

그런데 천황의 재위 5년째인 추(秋) 9월, 담로도에 사냥을 간 사이 황
비(皇妃)가 죽었다는 갑작스런 전갈이 와서 돌아와 장사지냈다. 그래서
이듬해(6년 춘정월), 이모매(異母妹: 배다른 누이동생)인 초향변사(쿠사카노
하타비) 황녀를 황후로 하였다. 동년 2월엔 또 태희낭희(太姬娘姬: 후토히
메노 이라쓰메), 고학낭희(高鶴娘姬: 타카쓰루노 이라쓰메)를 불러 후궁에
넣고, 같이 빈(嬪)으로 삼았지만 천황 자신은 그만 다음 달(3월)에 세상
을 떠났다.

그런 까닭에, 이중천황의 후사(後嗣)인 직계황자들은 끝내 황위를 잇
지 못하고 만다. 요컨대, 뿌리가 썩은 셈이다. <이름풀이>에서 본 것처
럼 이런 사정들이 그 이름 속에 담겼던 것으로 볼 수 있다.

이런 점에서, 약간 비약해서 풀이해 보자면, 중황자의 이름인 「주길
(住吉)」이란 것도 한자의 본뜻과는 달리 한국어 음으로는 「주길」로 읽혀
지고, 그 의미는 「죽일」이다. 어쩌면 그 이름 속에 바로 그의 운명이 예

고되어 있었던 작명으로도 볼 수 있지 않을까.

제18대 서치별(瑞齒別) ― (反正 · 반정)天皇

● 瑞　齒　別
서　치　닫
(현대어→「스치듯」=스치듯)

「잠깐 머물렀다 떠나는 상태」를 표현하는 한국어에 「스치듯」(현대어는 '스치듯')이란 말이 있다. 실제 반정천황의 재위기간은 불과 5년이었다.

서치별천황(瑞齒別天皇 : 미쓰하와케노 스메라미코토 · みつはわけのすめらみこと)은 형왕(兄王)인 거래수별천황(이중천황)의 뒤를 이어 황위에 올랐던 자로서, 재위기간에 관한 기사도 매우 간략하다. 아마 『일본서기』 전반에 걸쳐 역대천황기 가운데 가장 짧은 편에 속할 것이다.

그리고 「반정(反正)」이란 시호는 기존의 왕권을 '정도(正道)로 돌려놓다'의 뜻으로, 이중천황의 세(世)에서 일단 끊어진 황통을, 새로운 왕조로 처음 출발했던 인덕조의 정통성으로 돌려놓는다는 의미였을 것이다.

『고사기』에서는 이 이름이 「수치별(水齒別)」로 나온다.

● 水　齒　別
수　치　닫

「수치달」이란 발음도 역시 「스치듯」과 유사음(類似音)으로, 그 뜻은 「스치듯」이다. 다만 「水」와 「瑞(서)」의 표기상의 차이가 있을 뿐, 모두 그 이름에 「齒」(치)자가 들어 있는 점도 공통된다.

「치(チ·chi)」의 음을 나타내려고 표기문자를 선택하면서 왜 하필 「齒(치·이빨)」인가? 이 의문에 대한 명쾌한 답변이 <반정기(反正紀)>에 마련되어 있다. 그것은 이 천황의 출생 내력에 관한 다음과 같은 기사이다.

「태어나면서 이(齒)가 한 개의 통뼈로 이루어진 것 같았고, 용모가 아름다웠다.

서정(瑞井)이란 우물이 있어 그 물을 길어 태자를 씻겼다. 그때 다지화(多遲花)가 우물 속에 있었다. 그래서 태자의 이름으로 하였다.……고로, 다지비서치별(多遲比瑞齒別) 천황이라 칭하였다.」

결국, 이와 같은 고사(故事)에 맞추어 차용한 글자가 <水, 瑞, 齒, 多遲> 등이었음을 알 수 있다. 그리고 이 설화는 이름의 유래를 알 수 있는 사실적 근거에서 나온 이야기가 아니라, 반대로 천황의 이름이 지닌 의미를 나타내기 위해 차용한 글자들과 연관 지어 그럴 듯하게 꾸며낸 이야기에 불과한 것이다.

예를 들면, 실제 태어나면서부터 통뼈로 된 치아(즉, 가지런하게 이가 다 자라있는 상태)의 경우란 믿기 어렵다. 그런 갓난애란 상상할 수 없으므로 순전히 꾸며낸 것임을 쉽게 알 수 있다.

다만, 「치」의 음을 적은 「치(齒)」자와 관련하여 그 글자의 뜻대로 <이빨>에 관한 이야기를 꾸미고, <다지(多遲)>에서 「다지화(多遲花)」라는 꽃 이름을, <서(瑞)>에서는 「서정(瑞井)」이란 우물 이름을, 그리고 <수(水)>에서 「그 물로 몸을 씻겼다」는 이야기를 이끌어내는 것 등이다.

요컨대 출생의 내력이 담긴 고사에서 천황의 이름이 유래한 것이 아니라, 거꾸로 천황의 이름으로부터 그와 같은 신이(神異)한 이야기의 유래를 찾을 수 있다는 뜻이다. 그렇다면 정작 「다지비서치별천황(多遲比瑞齒別天皇)」이란 이름이 담고 있는 참된 뜻은 무엇인가?

　●多　　遲　　比　　瑞　　齒　　別
　　할　날호여　삺오뇌　서　치　닫
　　(현대어 → 「활 눌리여 삺오뇌를 스치듯」
　　=즉, 활을 날려 살오늬(矢筈)를 스치듯

이처럼 읽혀지는 그 의미는, 활을 쏠 때 살오늬(고어는 '삺오뇌' 또는 '살오늬'로서, 화살의 꽁지머리에 갈라진 손잡이를 말함. 즉, 시윗줄에 걸도록 홈을 판 부분)에 살짝 닿았다 스치듯 잠깐 동안을 비유한 말이다. 이것은 마치 화살을 쏘아 날리는 순간처럼 극히 짧았던 천황의 재위기간을 암시한 이름이었던 것이다.

제19대 웅조진간치자숙녜(雄朝津間稚子宿禰)─(允恭·윤공)天皇

　●雄　　朝　　津　　間　　稚　　子　　宿　　禰
　　스나히　아춤　진　스이　어린　삿기　잘　녜
　　(현대어 → 「사내, 아처훔진(=질투받는) 사이 어린 자식 잘 내」)
　　=즉, 사내, (황후가) 시기·질투하는 사이 어린 자식 잘 생산해

웅조진간치자숙녜천황(雄朝津間稚子宿禰天皇: 오아사즈마 와쿠고노 스쿠네노 스메라미코토·をあさづまわくごのすくねのすめらみこと)의 이름에 사용된 문자를 주목할 필요가 있다.

우선, 첫 자(字)인 「웅(雄)」은 일반적으로 「수컷」, 즉 사내를 말한다. 사내란 다름 아니라 여기서는 천황을 가리키며, 「아쳐홈진」(현대어는 '싫어함을 당하는' 혹은 '시기나 질투를 받는')다는 것은 인판대중희명(忍坂大中姬命: 오시사카노 오호나카쓰히메노 미코토) 황후가 그녀의 여동생인 의통랑희(衣通郎姬: 소토호시노 이라쓰메)를 유달리 사랑하는 천황에게 심하게 질투한 것을 암시한 것이다.

그에 관한 사연이 <윤공기(允恭紀)> 7년 12월에서부터 자세히 소개되고 있어 특별히 눈여겨볼 만하다. 즉, 황후의 매(妹)＝제희(弟姬)는 용모가 절묘하여 비길 데가 없었다. 그 요염(妖艶)한 미색(美色)이 옷을 통하여 밖으로 드러났다. 그래서 당시 사람들이 그녀의 이름을 의통(衣通)랑희라 하였다.

천황의 마음은 의통랑희에게 가 있었다. 그래서 황후에게 그녀를 진상(進上)할 것을 강요한 것이었다. 황후는 미리 알고, 쉽게 낭자를 바치는 예사(禮事)를 말하지 않았던 것인데, 할 수 없이 제희를 천황께 바치게 되었다.

천황은 기뻐서 다음날로 사람을 보내 제희(=의통낭자)를 불렀지만, 제희는 오로지 언니인 황후의 마음을 상하게 하고 싶지 않아서 몇 번을 불러도 처음에는 응하지 않았다. 그녀를 데리러 간 사자(使者) 오적진사주(烏賊津使主: 이키쓰노 오미)가 빈손으로 돌아가 천황께 극형을 당하느니 차라리 죽겠다고 뜰에 엎디어 7일을 버텼다. 그러자 제희의 고집도 꺾이고 만다.

제희는 그동안 깊이 생각하였다. 황후가 자기를 질투할 것을 두려워

하여 천황의 명을 따르지 않았으나, 한편 임금님의 충신을 잃으면 이것
또한 자기의 죄라고 판단하게 되었다. 그래서 마침내 고집을 꺾고, 사자
를 따라 경(京)에 왔다. 이때부터 황후의 기색은 평안하지 않게 되었다.
그 때문에 제희를 궁중에 가까이 두지 않고 따로 궁전을 등원(藤原: 후지
하라·ふぢはら)에 세우고 살게 하였다.

황후의 질투와 시기도 점점 강해져 갔다. 때마침 황후가 대박뢰천황
(大泊瀬天皇: 웅략·雄略)을 출산한 날에, 천황은 잠시 그 틈을 타 처음으
로 등원궁(후지하라노미야)으로 행차하였다.

황후는 그 소식을 듣고 원망하여 스스로 나와 산실을 불사르고 죽으
려고 소동을 피웠다. 천황은 그 사실을 전해 듣고 크게 놀라 황후의 마
음을 위안하고 달래었다. 그러나 여전히 의통랑희(衣通郎姫)가 그리워
천황은 몰래 등원궁을 찾아가곤 했다. 황후가 듣고, 또 크게 원망하는
등, 두 사람 사이를 시기하고 질투했다.

의통랑희 역시 황후의 강짜 부림에 마음이 괴로워, 왕궁에서 더 멀리
떨어져 있고 싶다고 청원했다. 천황은 다시 궁실을 하내(河內: 카후치)의
모정(茅渟: 치누)에 세우고, 의통낭자를 그곳에 살도록 배려하였다. 그리
고 그 때문에 자주 일근야(日根野: 히네노)로 사냥을 나가 몰래 만나는
횟수가 늘었다. 「행모정궁(幸茅渟宮)」(천황이 모정궁에 행차했다), 혹은 「행
모정(幸茅渟)」(천황이 모정에 행차했다) 같은 기록이 잇따라 <윤공기>에
보이는 깃은 그 때문이다.

마침내 천황은 여러 국조(國造: 쿠니노 미야쓰꼬)들에 알려 의통랑희를
위해 등원부(藤原部: 후지하라베)를 정하기까지 하였다.

이와 같은 사연들이 훗날 천황의 이름 속에 담겨지게 된 것이다.『고
사기』에서는 그 이름이 다음과 같다.

●男　淺　津　間　若　子　宿　禰
　ᄉ나히　열　진　ᄉ이　져믄　삿기　잘　녜
　(현대어→「사내, 엿진(=엿보는) 사이 젊은 자식 잘 내」)
　=사내, (눈치를) 엿보는 사이 젊은 자식 잘 생산해

　표기문자만 약간 달라졌을 뿐, 풀이된 의미는 『일본서기』와 비슷하다.
여기서도 <男(사내)>는 천황을 암시한 문자이고, <엿보는 사이>라
는 것은, 질투가 심한 황후의 눈치를 살펴가며 자주 의통랑희와 몰래 정
을 통할 기회를 엿보았다는 의미인 것이다.

　즉, 천황의 이름이나 시호는 원칙적으로 사후에 붙이는 것인데, 「允
恭(윤공)」이라는 시호는 천황에 즉위하게 된 동기와 관련해서 붙여진 것
으로 해석된다.

　앞에서 이미 언급한 바 있지만, 기록에 의하면 인덕천황과 반지원명
(磐之媛命)황후 사이에서 태어난 것은 태자 거래수별(去來穗別)천황(=이
중·履中)이 장자(長子)였고, 2자인 주길중황자(住吉仲皇子)는 반란을 일
으켰다가 죽었다. 그런데 이중천황은 후사가 있었는데도 3자인 서치별
(瑞齒別)천황(=반정·反正)이 황위를 계승하게 되었다.

　그러나 반정천황의 재위기간은 불과 5년, 너무 짧게 세상을 마감하고
죽는 바람에 다시 황위는 공석이 된다.

　대택신(大宅臣 : 오호야케노 오미)의 선조인 목사(木事 : 코고토)의 딸 진
야원(津野媛 : 쓰노히메)황후와의 사이에서 태어난 향화희(香火姬 : 카히노
히메)황녀, 원(圓 : 쓰부라노히메)황녀, 그리고 황후의 매(妹)인 제원(弟媛 :
오토히메)을 맞아들여, 재(財 : 타카라)황녀와 고부(高部 : 타카베)황자를 두

었으나, 모두 어렸다.

그래서 조정에서는 반정천황의 사후에 공석이 된 황위계승 문제로 의견이 분분했다. 인덕천황의 아들로서 아직 살아 있는 자는 웅조진간치자숙네(雄朝津間稚子宿禰: 오아사즈마 와쿠고노 스쿠네)황자와 또 대초향(大草香: 오호쿠사카)황자, 두 사람 뿐이었다. 대초향황자는 이모제(異母弟: 배다른 아우)로, 그 모(母)는 일향발장원(日向髪長媛)이었다.

이 두 사람을 놓고 여러 경들이 의논한 끝에 자연히 직계황자인 웅조진간치자숙네황자가 연장(年長)인 점과 인효(仁孝)한 점을 고려하여 즉위토록 청하였다.

그러나 그는 스스로 천황이 될 자격이 없다고 수차 사양했다. 그때 비(妃) 인판대중희명(忍坂大中姫命: 오시사카노 오호나카쓰히메노 미코토)의 간곡한 권유와 끈질긴 제의를 거절하지 못하고 사위(嗣位)를 수락하니, 그가 윤공천황이다. 따라서 「윤공(允恭)」이란 시호는, 문자 그대로 「진실로 공손함(성실근공·誠實謹恭)」이란 의미였다.

끝으로, 한 가지 덧붙인다. 소위 「만세일계(萬歳一系)」의 천황가(家)라는 기술방향에 따라 윤공천황을 인덕천황의 제4자로 기록하고 있지만, 아무래도 약간 미심쩍은 데가 있다.

백제계 목(木)씨인 갈성습진언(葛城襲津彦)의 딸인 반지원명(磐之媛命)을 황후로 맞이한 인덕천황은 그 백제 목씨 일문(一門)의 본거지인 갈성(葛城·카즈라키)을 우대하기 위한 조치로 「황후를 위해 갈성부(카즈라키베)를 정하도록」칙(勅)을 내린다. 한편, 태자였던 대형거래수별(大兄去來穗別=이중천황)을 위해서는 임생부(壬生部: 미부베)를 정하였다.

이러한 조치는 당연히 조정에 봉사하는 백제계 세력에 대한 우대정책이었던 것이다. 이중천황의 재위 시에도 마찬가지였다.

천황 즉위에 직접적인 조력자 역할을 맡았던 서치별황자(훗날의 반정천황)는 준인(隼人·하야히토: 南九州 출신의 異民族)이었던 자령건(刺領巾·사시히레)을 시켜 중황자를 주살(誅殺)케 했다. 그 공(功)으로 이중천황은 그를 저군(儲君: 다음 임금 될 사람)으로 삼고, 4사람의 중신으로 하여금 공동으로 나랏일을 집행케 했다.

이들이 모두 갈성의 백제 목씨였다. 즉, 평군목토숙녜(平群木菟宿禰: 헤구리노쓰쿠노 스쿠네), 소하만지숙녜(蘇賀滿智宿禰: 소가노마치 스쿠네), 물부이거불대련(物部伊莒弗大連: 모노노베노 이코후노 오호무라지), 원대사주(圓大使主: 쓰부라노 오호미)가 그들이다.

그러나 막상 윤공천황이 집권하자 사정은 완전히 변하게 된다.

선황인 반정천황의 사후 5년 동안 장사(葬事)를 치르지 않았는데, 『고사기』에서는 이를 두고 <윤공천황이 즉위를 사양하고 있는 동안 5년이 지났다>고 하였다.

그러나 『일본서기』에서는 갈성습진언의 손자 옥전숙녜(玉田宿禰: 다마타노 스쿠네)에 명하여 빈궁대부(嬪宮大夫)로 삼아 반정천황의 빈소(殯所)를 관장케 했다고 적고 있다. 그리하여 그의 동태를 살피는 한편, 마침내 기회를 엿보아 군사를 보내 갈성의 저택에 숨어 있는 옥전숙녜를 습격하여 붙잡아 죽였다.

이 사건은, 실상 백제계 세력을 꺾기 위한 계획 아래 행해진 기습적 행동이었다. 당시 백제 목씨의 중심세력의 축(軸)이었던 습진언의 손자 옥전숙녜를 주살(誅殺)함으로써 응신천황 이래 130년간 세거(世居)해온 대화(야마토) 지방의 백제인들을 약화시키고 흩어버린 처사였다.

이에 앞서 윤공천황은 새로운 씨(氏)와 성(姓)을 정하는 조칙(詔勅)을 발함으로써 계급편성을 도모하는 정책을 실시한다. 거짓으로 고하는 자에게 이른바 맹신심탕(盟神深湯: 신에게 맹세한 뒤 손을 뜨거운 물속에 넣어 덴 사람은 죄가 있다고 보는 일종의 신판·神判)을 받게 한다. 혹은 탐탕(探湯: 진흙을 솥이나 냄비에 넣어 끓이고 손을 벌려 탕 속의 진흙을 더듬거나, 또는 도끼를 불에 달구어 손바닥에 놓는다) 등을 시행했다. 이처럼 미리 공포감을 심어주는 방법으로 거짓말을 못하게 함으로써 백제계임을 고백케 하여 그들 세력을 솎아내는 것이다. 그런 이후 씨·성(氏·姓)이 저절로 정해지고, 이에 따라 권력판도를 재편성하려는 술수를 썼던 것이다.

그 후, 윤공천황은 자계(自系) 중심으로 권력을 재편하였는데, 이는 바로 신라계 세력의 부식(扶植)과 확립이었던 것이다. 이 점, 윤공천황이 신라계였을 가능성이 농후함을 암시한다.

실제 윤공천황이 재위 42년에 붕(崩)하자, 신라가 이 소식을 듣고 놀라고 걱정하여 조문사(弔問使)를 보낸다. 그들 일행은 대마도에 이르러 머물 동안 대곡(大哭)하였다. 또 축자(筑紫: 츠쿠시)에 와서도 크게 곡하였다. 난파에 머물렀을 때는 일행이 전부 소복(素服)을 입었다. 모두 조물을 받쳐 들고 여러 가지 악기를 올리며 난파진(難波津)에서 경(京)에 이르기까지, 혹은 곡(哭)을 하고 혹은 춤추고 노래했다. 일종의 장의행렬(葬儀行列)을 이루며 갔던 것이다. 그리고 드디어 빈궁(殯宮)에 참석하였다고 『일본서기』는 적고 있다.

이런 기록을 통해 신라의 조문 사절단이 행한 예를 보면, 윤공천황은 신라왕의 지친(至親)의 존속(尊屬)이 아니었을까 하는 추측을 불러일으킨다.

일본의 역대 천황 가운데서 신라의 사신이 직접 조문하러 와서 대곡하고 소복을 입은 예는 이 윤공천황과 천무천황, 두 사람뿐이었다.

제20대 혈수(穴穗) ― (安康·안강)天皇

● 穴　　穗
움　　이삭
(현대어→「움이 싹」)
=즉, 움(萌芽)이 싹 (돋아남)

혈수천황(穴穗天皇 : 아나호노 스메라미코토·あなほのすめらみこと)은 윤공천황의 제2자(一書엔 제3자)였다.

그 때문에 본래 황위계승자가 아니었다. 그러나 태자인 목리경황자(木梨輕皇子 : 키나시노 카루노미코)는 포학한 짓을 하고 부녀를 간음하는 등, 음탕하고 또한 경거망동한 성품이었다. 그래서 백성들이 비방하고 여러 신하들이 따르지 않았다. 심지어 그는 동모매(同母妹)인 경대낭(輕大娘 : 카루노 오호이라쓰메)황녀를 좋아해 몰래 근친상간(近親相姦)을 범하기도 했던 경력이 있었다(<윤공기>23년 3월조와 24년 6월조).

당시의 풍속에, 동부이모(同父異母)의 남녀는 결혼이 가능하였지만, 동부동모(同父同母)인 남녀의 결혼은 불가능하였고 또 처벌하였다. 그러나 태자는 차기의 임금이 될 사람(儲君·저군)이니 형벌을 가할 수가 없어, 경대낭황녀만 이예(伊豫·いよ : 이요)로 이송시켰다.

태자 목리경황자는 그런 인물이었기에, 군신이 모두 혈수황자 편에 들었다.

이에, 태자는 혈수황자를 습격하려고 몰래 군사를 준비했지만, 혈수황자를 옹립하는 여러 신하들이 혈수괄전(穴穗括箭), 경괄전(輕括箭)과 같은 화살을 만들고 군사를 일으켜 맞서 싸우고자 했다.

대세가 이미 한쪽으로 기울고, 백성들도 태자를 이반(離反)한 것을 안 태자는 몸을 피하여 물부대전숙녜(物部大前宿禰: 모노노베노 오호마에노 스쿠네)의 집에 숨었다. 그때 혈수황자가 이를 듣고 그 집을 포위하였다. 이미 독안에 든 쥐 꼴이었다.

물부대전숙녜가 문을 나와 마중하였다. 그도 이미 어쩔 수 없다는 것을 알고는 『부디 태자를 죽이지는 마십시오. 신(臣)에게 계략이 있습니다.』라고 말하고 혈수황자에게로 귀순(歸順)했다. 이 때문에 태자는 대전숙녜의 집에서 자살했다.

[일설에는 이요노쿠니(伊豫國·이예국)에 유배했다고도 한다.]

『고사기』에서도 그 이름은 동일하게 「穴穗(혈수)」로 되어 있다. 앞서 보았듯이 이것은, 전혀 예측하지 않은 곳에서 새싹이 돋는 것처럼 **「움(萌芽·맹아)이 싹」** 솟아올랐다는 의미다.

제21대 대박뢰유무(大泊瀨幼武) — (雄略·웅략)天皇

● 大　泊　瀨　　幼　武
　　큰　비대　여흘　　져믄　닛
　　(현대어 → 「큰 뼈대 옇을 져므니」
　　=즉, 몸속에 큰 뼈대 넣어 갖출 젊은이

<웅략기(雄略紀)>의 서두에는 대박뢰유무천황(大泊瀨幼武天皇: 오호핫세노 와카타케노 스메라미코토·おほはつせのわかたけのすめらみこと)의 탄

생과 그의 장대한 체격에 관한 이야기부터 서술되어 있다.

즉, 「천황이 태어나자 신비한 빛이 대궐에 가득했다. 커서 늠름하기 과인(過人)하였다.」(天皇産而, 神光滿殿, 長而仇建過人)라고 기록한 것으로 보아, 장대한 체구(體軀)를 갖춘 사람이었던 것이 분명하다.

『고사기』에서는 그 이름이 「대장곡약건명(大長谷若建命)」이라고 하였다.

● 大　　長　　谷　　若　　建　　　<고사기>
　　큰　　키　　골　　져믄　　셔
　　(현대어→「큰 키, 꼴(形狀) 젊으셔」
　　=즉, 큰 키에 형상(形狀)이 젊으시어)

『記·紀』의 양자대비의 결과, 거의 흡사한 의미로 일치됨을 알 수 있다.

<웅략기>의 특징으로 지적할 수 있는 것은, 천황의 즉위전기(卽位前記)에서 볼 수 있듯, 그가 무력에 의한 쿠데타로 정권을 잡고 스스로 황위에 오르는 강력한 군주의 이미지를 지녔다는 점이다.

인덕천황의 사후부터 조정에서는 순탄한 황위계승이 이뤄지지 않고, 대개 황자들 간의 내분에 따라 군신(群臣)의 동요와 권력쟁탈의 소요를 겪고서야 비로소 승자가 황위에 오르는 형국이 답습되고 있다. 인덕천황 이후에 줄곧 계속되는 이런 묘한 상황이 하나의 뚜렷한 특징이다.

자연히 조정의 내홍(內訌)과 격심한 정변에 따라 권력 상층부의 부침(浮沈)도 뚜렷한데, 주로 백제계와 신라계의 파쟁에 따라 역대의 기득권층에 심한 변동이 일어나는 양상으로 전개되어 간다.

웅략천황은 그러한 와중에 황위에 오르는 주인공 가운데서도 가장 과단성 있는 행동과 재빠른 판단력에 따라 주위를 압도하는 용맹성을 갖춘 자였다. 과연 그 시호가 「雄略」(웅략: 웅대하고 뛰어난 계략)으로 불릴 만큼 걸출한 데가 있다.

그와 같은 웅략적인 기개(氣槪)를 보여준 사건을 『일본서기』에서 간단히 발췌, 소개하면 다음과 같다.

안강(安康=穴穗·혈수)천황은 생존했을 때 대박뢰유무황자를 위하여 대초향황자(大草香皇子)의 누이 번사황녀(幡梭皇女)와 짝지어 주려고 했다.

[참고:『일본서기』의 황실계보에 의하면, 인덕천황과 비(妃)인 일향발장원(日向髮長媛)의 사이에서 태어난 자식이 곧 대초향황자와 번사황녀였다. 그에 비해 인덕천황과 황후 반지원명(磐之媛命)의 사이에서 태어난 제4자는 윤공천황이었는데, 안강천황은 그 윤공천황의 제2자(『일본서기』<윤공기>의 2년조와 『고사기』에는 제3자라고 나옴)였고, 대박뢰유무 즉, 웅략천황은 제5자로 되어 있다.]

좌우간, 안강원년(454년)에, 천황이 판본신(坂本臣: 사카모토노 오미)의 선조 근사주(根使主: 네노오미)를 대초향황자에게 보내, 그 누이 번사황녀와 대박뢰황자를 짝짓게 하라는 명을 받들게 했다. 이때 대초향황자는 매우 감격했다. 그는 단심(丹心)의 표시로 자기의 아끼는 보물을 천황께 바치는 것으로 고마움에 대해 사례코자 하였다.

그런데 근사주는 그 보물을 탐내어 자기의 소유물로 해버리고, 천황께 헌상하지 않았다. 도리어 거짓으로 아뢰어, 대초향황자가 명을 받들지 않고 천황을 비방한다고 참언(讒言)했던 것이다. 안강천황은 이 거짓 참언을 믿고 크게 화내어 군사를 보내 대초향황자의 집을 에워싸고 그를 죽였다.

그러고 나서 대초향황자의 처 중체희명(中蒂姬命·나카시히메노 미코토:이중천황의 딸)을 궁중에 불러들여 황후로 삼았다. 또 번사황녀를 불러 대박뢰황자에게 짝지어 주었다.

[초향번사황녀는 일찍이 이중천황의 정비(正妃)였던 흑원(黑媛:쿠로히메)황후가 죽은 직후, 이중(履中)의 차비(次妃)로 들어가 곧 황후가 되었던 것이다. 그런데 이번에는 대박뢰황자(웅략천황) 쪽에서 그녀를 맞아들여 다시 황후가 된다. 이것은 계보상(系譜上)으로 아주머니와 조카가 부부관계를 맺은 것]

한편, 안강천황의 손에 죽은 대초향황자와 중체희명과의 사이에서 태어난 미륜왕(眉輪王:마요와노 오호키미)은 그 어미를 보아서 면죄하여 궁중에 데려와 길렀다.

<안강기> 3년(456년) 8월조에 의하면, 안강천황은 목욕하려고 산궁(山宮)에 갔는데, 누대에 올라 놀았다. 주연(酒宴)을 베풀고, 마음 놓고 즐거움을 누리며 황후에게 속삭이기를, 『짐은 그대와는 친목한 사이지만, 내 손으로 처형한 대초향황자의 아들인 미륜왕이 늘 무섭다』라고 말하고, 장차 미륜왕이 성장하여 후환이 생길까 두렵다는 식의 이야기를 하였다.

이때 미륜왕은 나이가 어렸는데(『고사기』에는 7세라 하였다), 마침 누대(樓臺)아래에서 놀고 있다가 이야기하는 것을 다 들었다. 안강천황은 황후의 무릎을 베고 낮잠이 들었다. 그래서 미륜왕은 그 깊이 잠든 것을 엿보고 천황을 자살(刺殺:찔러 죽임)함으로써 억울하게 죽은 아비를 위해 복수했다.

이날 미륜왕이 안강천황을 시해했다는 보고를 받은 대박뢰유무존(웅략천황)은 크게 놀라, 즉시로 형들을 의심했다. 이 시해사건의 배후에 동모형(同母兄)들이 연계돼 있지 않을까 생각했던 것이다. 그는 갑옷을 입고 칼을 차고, 군사를 이끌고 스스로 장군이 되어 재빨리 행동을 개시했다.

요컨대 누군가가 황위를 노리고 이와 같은 천황시해를 도모했을 것이라고 판단했던 것이다. 혹은 공석이 된 황위를 지키기 위해 먼저 거사함으로써 반대세력을 무력으로 진압하고자 나섰던 셈이다.

[참고로 말하면, 윤공 2년 2월조에, 윤공천황의 황후 인판대중희(忍坂大中姬: 오시사카노 오호나카쓰히메)는 목리경(木梨輕: 키나시노 카루)황자, 명형대낭(名形大娘: 나가타노 오호이라쓰메)황녀, 경흑언(境黑彦: 사카히노 쿠로히코)황자, 혈수(穴穗: 아나호＝안강천황), 경대낭(輕大娘: 카루노 오호이라쓰메)황녀, 팔조백언(八釣白彦: 야쓰리노 시로히코)황자, 대박뢰유무(오호핫세노 와카타케＝웅략천황), 단마귤대낭(但馬橘大娘: 타지마노 다치바나)황녀, 주견(酒見: 사카미)황녀를 낳았다고 되어 있다.]

그리하여 웅략천황은 맨 처음 동모형인 팔조백언황자를 핍박하여 추궁했으나 대답을 하지 않자 칼을 뽑아 베어버렸다. 그 다음엔, 역시 동모형인 판합흑언(坂合黑彦)황자(<윤공기>에는 경흑언·境黑彦황자라고 약간 다르게 기록하였다)를 지목했는데, 흑언황자는 의심받는 것이 두려워서 몰래 미륜왕에게 알리고는 드디어 틈을 보아 원대신(圓大臣: 쓰부라노 오호오미)의 집으로 도망갔다.

이 원대신이란 자는 갈성(葛城: 카즈라키)을 본거지로 한 백제 목씨로, 이중천황 재위 시에 국사를 집행했던 4인의 중신 중 한 사람인 원대사주(圓大使主: 使主는 고대 한반도와의 외교를 전담하는 관명)였던 그 사람이다.

웅략천황은 이 갈성 원(圓)대신의 집으로 사람을 보내 숨어 있는 그들을 내어줄 것을 요구했다. 그러나 원대신은, 『신의 마음을 믿으시고 일부러 저희 집에 찾아온 분들을 어떻게 차마 내어드릴 수가 있겠습니까……그 대신, 엎드려 원컨대 신의 딸 한원(韓媛: 가라히메)을 갈성의 집 일곱 채와 함께 바칠 터이니, 죄를 속(贖)하게 해 주십시오』하고 청원했으나 웅략천황은 듣지 않고 불을 질러 이들을 모두 태워 죽였다.

이로써 일차적인 무력진압을 끝낸 것이다.

그리고 두 달 뒤인 10월에 최종적인 거사를 벌인다. 앞서 웅략천황은 안강천황이 일찍이 시변압반황자(市辺押磐皇子·이치노베노 오시하노미코: 이중천황과 흑원황후와의 사이에 태어난 장자)에게 나라를 전수(傳受)하고 후사를 부탁하려고 했던 것을 원망했던 적이 있었다.

그런데 이번 기회에 그 시변압반황자 [<이중기>에는 반판시변압우황자(磐坂市辺押羽皇子: 이하사카노 이치노헤노 오시하노미코)로, 『고사기』에서는 시변지노치왕(市辺之怒齒王: 이치노헤노 오시하노미코)으로 나옴]마저 제거해버릴 계획을 세웠다.

근강(近江: 아후미)의 내전면(來田綿: 쿠타와니)의 문옥야(蚊屋野: 카야노)에 사냥을 나가자고 꾀어내 시변압반황자를 유인한 뒤, 웅략천황은 사냥터에서 활을 잡아당겨 그를 쏘아 죽였다. 그리고는, 황자의 사인(舍人: 왕족이나 귀족의 시중꾼) 좌백부매륜(佐伯部賣輪: 사히키베노 우루와)마저 증거를 없애기 위해 함께 죽였다. 같은 달, 어마(御馬: 미마)황자(=압반황자의 동모제·同母弟)까지 군사를 길에 매복시켜 두었다가 붙잡아 처형했다.

이로써 안강천황의 사후에 황실 계보상 윤공천황의 제5자라고 칭하는 대박뢰(大泊瀨)황자가 재빨리 군사행동을 개시하여 무력으로 그의 라이벌들을 차례로 제거하고 스스로 황위에 올랐다. 그가 웅략천황이다.

웅략은 초향변사희(草香幡梭姬)황녀를 황후로 삼고, 3인의 비를 두었다. 그 중 원비(元妃)는 한원(韓媛: 가라히메)인데, 갈성 원대신의 딸이며 백제 목씨였다.

일찍이 웅략천황에게 위협을 느낀 판합흑언(坂合黑彦: 同母兄)황자와 미륜왕이 피신처를 찾아 갈성의 원대신에게 몸을 의탁하고 숨어 있을 때, 웅략은 그 집을 에워싸고 모두 불태워 죽인 사연이 있었다.

사적으로는 별다른 원한이 없었던 원대신까지 태워 죽인 웅략천황은, 그 속죄의 보상에서였는지 원대신의 딸 갈성 한원을 비로 맞이한 것이다. 그 뒤로 다시금 조정에는 백제계 세력이 대거 등용되었다. 말하자면 신라계의 윤공천황에 의해 한동안 핍박받아 거의 몰락지경에 이르렀던 백제계가 웅략조정에서는 다시 득세하게 된 것을 특징으로 꼽을 수 있다.

이후, 백제와의 교섭도 더욱 활발해진다.

하여간 웅략천황의 이름 속에 담긴 의미는 「큰 키에 형상이 젊은이」로 풀이되었다. 그런데 이를 뒷받침해주는 또 하나의 결정적 근거로 <웅략기>4년(460년) 2월조를 들 수 있다.

그때, 천황이 갈성산(카즈라키야마)에서 사냥을 하였다. 이때 산속에서 이름을 일사주신(一事主神 : 히토코토누시노 카미)이라고 하는 현인신(現人神)과 마주쳤는데 그 형상을 묘사한 대목이 다음과 같이 나온다.

「갑자기 키가 큰 사람이 보였다. 계곡이 합치는 곳에서 마주쳤다. 얼굴과 용의가 천황과 흡사하였다.」(忽見長人. 來望丹谷. 面貌容儀, 相似天皇) 와 같은 구절은, 웅략천황이 과연 장대한 형상의 인물이었음을 확인시켜주는 것이다.

웅략천황이 붕한 뒤에 황위는 백발(白髮)황자(＝淸寧天皇 : 웅략천황의 제3자)가 계승했으나, 역시 또 한바탕 황자의 난(亂)을 치른 것은 그 전세대(前世代)와 마찬가지였다.

웅략천황의 차비(次妃)는 길비상도신(吉備上道臣)의 딸이었다〔一本에는, 길비와옥신(吉備窪屋臣)의 딸 치희(稚姬 : 와카히메), 또는 길비치원(吉備稚媛 : 키비노 와카히메)라고도 함〕. 그녀는 두 아들을 낳았다. 맏이를 반성(磐城: 이와키)황자, 아우를 성천(星川: 호시카와)황자라 했다.

신라의 왕자 천일창의 일본도래 이후, 길비(吉備: 키비)국은 오랫동안 신라계 도래세력의 근거지 중 하나였다. 그 길비 태생의 여인 길비치원을 차비(次妃)로 맞아들였는데 여기서 낳은 두 황자 중 나이 어린 성천황자는 나중 대장관(大藏官)이 되었다. 그는 권세를 휘둘러 재물을 남용했다.

웅략천황의 사후에 황태자(청령천황) 측에 가담한 대반실옥대련(大伴室屋大連: 오호토모노 무라야노 오호무라지)의 명령을 받은 군사들은 대장(大藏: 조정의 재고·財庫)을 기습하여, 문을 잠그고 변란에 대비하고 있던 성천황자 일당을 에워쌌다. 그런 다음 불을 질러 모두 태워 죽였다.

이때 길비상도신 등은 조정에 난리가 일어난 것을 듣고, 치원(稚媛=稚姬·와카히메)한테서 태어난 성천황자와 그 측근을 구하기 위해 수군을 태운 40척의 배를 이끌고 해상으로부터 왔다. 그러나 이미 타 죽었다는 것을 듣고는 바닷길로 되돌아갔다. 이 때문에 천황은 사람을 보내 상도신 등의 죄를 꾸짖고 그가 다스리는 산부(山部: 야마베)를 빼앗았다.

청령천황 즉위전기의 이 사건은, 또 한 차례 백제계와 신라계의 힘겨루기였던 것으로 볼 수 있다. 백제 목씨였던 모부인(母夫人: 웅략천황의 元妃·원비인 갈성한원·葛城韓媛)이 낳은 황태자(백발황자), 즉 청령천황을 섬기는 측과 신라계 길비치원(吉備稚媛)이 낳은 성천(星川)황자의 대립이란 점에서 그렇다.

제23대 홍계(弘計) — (顯宗 · 현종)天皇

弘   計
너비   혜움
(현대어→「넓게 헤아림」)

천황의 이름인 「弘計(홍계)」(오케 · 을케)는 문자 그대로 **「널리 헤아려 생각함」**이라는 한자의 원의(原義)대로 풀이된다. 그리고 시호인 「현종 (顯宗)」은 「근본을 드러냄」 혹은 「감추고 있었던 황통의 종중 · 宗中(一門) 임을 밝힘」이란 뜻이다.

이와 같은 해석은 홍계천황의 즉위 과정을 살펴보면 잘 알 수 있다.

앞서 웅략천황은 선황인 윤공천황이 어린 미륜왕에게 살해되고 황위 가 공석이 되자 그 틈을 이용하여 재빨리 행동을 개시, 스스로 장군이 되어 황위에 오르기 위한 무력도발을 감행했다. 그 혼란의 수습과정에 서 장애물로 인식되는 이른바 라이벌들을 차례로 제거해 나갔다. 즉, 황 자의 난을 일으켜 심지어 동모형들은 물론이고, 황족인 황자들을 차례 로 죽였다.

시변압반황자는 이중천황과 흑원황후 사이에서 태어난 장자였는데, 웅략천황의 꾐에 빠져 근강(近江 · 아후미)의 문옥야(蚊屋野 · 카야노)에 함 께 사냥을 나갔다가 웅략천황이 쏜 화살에 맞아 죽었다. 따라갔던 사인 (舍人=帳內 · 토네리 : 황족이나 귀족 곁에서 잔일을 시중드는 자)인 좌백부매 륜(佐伯部賣輪 · 사히키베노 우루와, 일명 仲手子 · 나카치코)도 함께 살해당 해, 몰래 문옥야의 한 구덩이에 파묻혔다.

그 뒤, 시변압반황자의 혈육인 억계왕(億計王 : 長子) · 홍계황(弘計王 : 次子), 두 형제는 아버지가 활에 맞아 죽은 것을 듣고, 두렵고 겁이 나서 도망쳐 숨어 다녔다.

사인(舍人)이었던 일하부련사주(日下部連使主 · 쿠사카베노 무라지오미)와 그의 아들 오전언(吾田彦 · 아타히코)은 몰래 억계왕과 홍계왕을 받들고, 단파국(丹波國 : 타니와노 쿠니)의 여사군(余社郡 : 요자노 코호리)에 숨어 난을 피했다.

이때 그 일하부련사주(日下部連使主 : 쿠사카베노 무라지오미)는 자기 이름까지 바꾸어, 전질래(田疾來 · 다토쿠)란 이름으로 행세했다.

● 田　疾　來

받　딜　오

여기 이 「田疾來」(전질래)라는 이름으로 바꾼 데에도 의미가 있다. 즉, 3자 연속하여 한국어음의 「받딜오」로 읽고, 「받들어」의 유사음으로 해독되는데, 그 뜻은 다름 아닌 「받들다(奉 · 봉)」(たてまつる)이다.

요컨대 사주(使主)라는 그 사인(舍人 : 시중꾼)은 억계와 홍계, 두 왕을 **「받들어 모신 자」**였다는 데서 달리 붙여진 이름인 것이다.

좌우간 일행은 목숨을 부지하기 위해 오랫동안 시골에 숨어 살았다. 신분도 감추고 비참한 생활을 견디어 나갈 동안 백성의 온갖 근심걱정을 모두 알았다. 그러나 언제 붙잡혀 죽을지 알 수 없는 불안한 나날이었다. 세월이 흘렀지만 아직도 죽임을 당할까 두려워서 한 곳에 안심하고 눌러 있을 수가 없었다.

전질래(田疾來·다토쿠), 즉 사주는 무섭고 두려운 나날을 더 이상 견디지 못하고, 파마(播磨·하리마)의 축견산(縮見山·시지미노 야마)의 석실(石室)에 도망하여 스스로 목을 매어 죽었다. 억계, 홍계 두 형제는 사주가 어디로 떠나버렸는지도 몰랐다.

홍계왕의 제안으로 두 사람은 어디론가 떠날 곳을 의논하여 파마국의 적석군(赤石郡·아카시노 코호리)에 가서, 함께 이름을 바꾸어 단파소자(丹波小子·타니와노 와라하)로 지었다. 여전히 황자의 신분을 감추고 지냈다. 사주의 아들 오전언(吾田彦·아타히코)은 이곳까지 줄곧 떨어지지 않고 따라와 굳게 신하의 예를 다했다.

형제는 파마국으로 옮겨온 뒤 벼슬길에 나갔다. 적석군의 축견둔창수(縮見屯倉首·시지미노 미야케노 오비토)를 섬겼는데 그 자의 이름은 인해부조세목(忍海部造細目·오시누미베노 미야쓰코 하세메)였다. 그러는 사이 웅략천황이 죽고(479년), 청령(淸寧)천황이 황위를 계승했다.

청령천황 2년(481년), 11월 파마국사(播磨國司) 산부련(山部連·야마베노 무라지)의 선조 이예래목부소순(伊豫來目部小楯·이요노 쿠메베노 오다테)이 마침 억계와 홍계 두 형제가 거주하던 적석군(赤石郡)에 임무 수행차 오게 되었다. 그는 친히 신상(新嘗: 임금이 조정에 바쳐진 토산물이나 새 곡식을 처음으로 맛보는 일)에 쓸 공물을 준비하고 있었다(일설에는, 군현을 순행하여 둔전의 조세를 거두었다고 한다).

때마침 축견둔창수가 신축연(新築宴)을 열어 철야로 잔치를 벌였다. 그리고 소순(小楯·오다테)의 환영회가 열리자 아우 홍계는 형 억계에게 말했다.

『그동안 난을 피해 이곳까지 흘러온 지 수년이 지났지요. 하지만, 이제 기회가 왔군요. 우리의 이름을 스스로 나타내고, 귀한 신분임을 알리는 것은 바로 오늘 저녁에 달려 있습니다.』

『우리의 정체를 스스로 폭로하여 죽는 것과, 끝까지 신분을 감추고 몸을 온전히 보존하여 액(厄)을 면하는 것과 어느 것이 더 나을까?』라고, 억계왕은 슬프게 한탄했다.

『우리는 이중천황의 손자입니다. 그런데도 고생하여 남을 섬기고 끝까지 우마(牛馬)나 기르는 신세로 살 것입니까? 그러느니 차라리 이름을 나타내고 죽는 게 더 낫지요.』 아우인 홍계왕이 말했다.

두 사람은 서로 껴안고 울었다. 눈물이 흐르는 것을 자제할 수가 없었다.

『그러면 아우가 이 일을 먼저 맡게. 아우는 영재이고 현덕(賢德)하니, 용기 있게 대처하여 우리의 신분을 드러내고, 황통의 덕업을 선양(宣揚)하도록 하게.』

『아니, 그 일은 형님이 먼저 하셔야 합니다.』

이렇게 서로 사양하다가, 아우인 홍계왕이 처음 제안자로서 그 일을 떠맡았다.

드디어 파마국사 내목부소순이 참석한 연회장에서 두 사람은 자기들의 신분을 밝히게 된다. 소순(小楯)은 크게 놀라, 자리에서 일어나 한탄하며 재배(再拜)하였다.

이를 계기로 해서, 이후부터 소순은 두 왕을 모시며 쓸 물건을 대어 주거나 일족을 이끌고 섬겼다. 군민을 총동원하여 궁을 짓는 등, 며칠 안 걸려 임시로 지은 궁에 두 분을 모셨다. 그리하여 곧 그는 경도(京都)에 가서 조정에 아뢰어 두 왕을 마중할 것을 청하였다.

청령천황은 이 사실을 전해 듣고 기뻐하며 또한 한탄하여 말했다.

『짐은 자식이 없다. 그들을 맞아들여 후사(後嗣)로 하겠다.』

그리고는, 대신(大臣) 및 대련(大連)과 더불어 궁중에서 계책을 정하였다. 청령천황은 역대 천황들 중에서 아들이 없어 후사를 정하지 못해 한탄했던 첫 번째 천황의 예에 해당한다.

마침내, 파마국사 내목소순으로 하여금 절(節)＝털이 긴 말의 꼬리로 만든 것으로 사신(使臣)이 들고 다님＝을 들게 하고, 좌우의 사인(舍人)을 이끌고 적석군에 가서 두 왕을 마중하게 하였다. <청령기> 2년(481년), 2월조와 11월조에도 그 일에 관해 다음과 같이 자세히 나온다.

「2년 춘 3월, 천황이 아들이 없음을 한탄하여 대반실옥대련(大伴室屋大連)을 제국에 보내, 백발부사인(白髮部舍人), 백발부선부(膳夫), 백발부차부(靫負)를 두었다.

동(冬) 11월, 대상(大嘗)의 공물 때문에 파마국에 보낸 관리 산부련의 선조 이예래목부소순이 적석군의 축견둔창수(縮見屯倉首)였던 인해부조세목(忍海部造細目)의 신축 연회에서 시변압반(市辺押磐) 황자의 아들인 억계(후의 인현천황)와 홍계(후의 현종천황)를 보았다. 공경하여 군(君)으로 받들려고 생각하고는, 봉양을 극진히 하고 사재(私財)로써 공급했다. 시궁(柴宮)을 지어 임시로 그들을 안치했다. 그리고는 역마를 타고 달려와 주상(奏上: 왕께 아룀)했다. 천황이 놀라고 한탄하며 한참동안 슬퍼하더니, 감회에 잠겨 말하기를『아름다운지고! 기쁜지고! 하늘이 큰 은혜를 내려 두 아이를 주셨다.』라고 하였다.

이 달, 소순(小楯)으로 하여금 절(節)을 가지고 좌우에 사인(舍人)을 거느리고 적석군(赤石郡)에 가서 봉영(奉迎)케 했다.」

아들이 없어 후사가 끊긴 청령천황의 뒤를 이어, 홍계왕(현종천황)이 황위에 오르게 된 데는 바로 이러한 전말(顚末)을 통해서였다.

그런데 홍계왕의 다른 이름은 「내목치자(來目稚子)」였다. 이 이름에는 어떤 의미가 담겨 있을까?

● 來　目　稚　子
　오　눈　져믄　아둘
　(현대어→「오는 젊은 아들」)

보는 바와 같이, 이것은 「**뒤늦게**(혹은, 뜻밖에) **찾아오는 젊은 아들**」
이란 뜻이다. 『고사기』에는 홍계왕의 이름이 또 다음과 같다.

● 遠　祁　王　之　石　巢　別　　〈고사기〉
　멀　기　님금　가　져올　새집　달
　(현대어→「멀게 임금의 位를 가져올 새 집(=신황실, 신황통)을 따로」)

더 이상 설명이 필요 없을 만큼 그 의미는 명확해진다. 즉, 새로운 황
통을 따로 세우게 되기까지의 과정에, 참으로 멀리 돌아서 황위를 가져
온 것과 거처할 새 황실을 따로 지었다는 의미다.

또 현종천황이 즉위함으로써 모든 것이 일신된 마당에 황실의 정통
성도 따로 세울 필요가 있게 된 것이다. 그래서 지금까지의 황궁이 아닌
근비조(近飛鳥·치카쓰 아스카)의 팔조궁(八釣宮·야쓰리노 미야)에 공경백
료를 불러서, 천황에 즉위하게 된다. 여기에는 지금까지의 정통성을 부
인하고, 웅략천황과의 단절을 꾀하는 상징적 의미도 있었던 것으로 볼
수 있다.

이에 백관의 제신(諸臣)이 다 기뻐했다고 『일본서기』 본문에 적고 있

는데, 또 다음과 같은 기록도 보인다.

「혹본(或本)에 말하였다. 현종천황의 궁이 두 곳에 있다. 하나는 소교(小郊·오노)에, 또 하나는 지야(池野·이케노)에 있었다. 또 혹본에는, 옹율(甕栗·미카쿠리)에 궁을 지었다고 한다.」라는 구절이 <현종기> 원년 정월조에 있다.

바로 이러한 의미(새 황실의 건립)까지도 함축된 이름이었던 것이다.

제24대 억계(億計) — (仁賢·인현)天皇

●億(人 +意)　　計
　　남　뜻　　헤윰
(현대어 → 「남의 뜻 헤아림」)

천황의 이름인 「億計(억계)」(오케·おけ) 역시 한자의 원뜻대로 「억의 수만큼이나(많이) 헤아려 생각함」이란 뜻이다. 또한 『일본서기』의 기록에 의하면, 그 인품은 이런 이름에 걸맞게 매우 사려 깊고 진중한 성격임을 알 수 있다.

그러나 이 「億計」란 이름을 파자(破字) 해석하면, **「남(人)의 뜻(意), 헤아림(計)」**과 같이 되어, 오히려 『일본서기』에서 묘사한 억계왕의 인간미와 매우 잘 부합되는 사실을 발견할 수 있다. 「인현(仁賢)」이란 천황의 시호도 이를 뒷받침하는 것으로 볼 수 있다.

『일본서기』<인현기>에 보면, 「장년에 이르러 인혜하고 겸손하고 너그러웠다(壯而仁惠 謙恕溫慈)」라든가 또, 「온 나라가 인(仁)으로 돌아가

고, 백성은 그 업(業)에 평안하였다(海內歸仁, 民安其業)」와 같은 기사들
을 볼 수 있다.

그러나 무엇보다 인현천황의 성품을 단적으로 알 수 있는 것은 청령
천황의 사후에 황위가 공석이 되었을 때 그 지위를 아우인 홍계왕에게
양보하는 대목이다.

『일본서기』는 이렇게 적고 있다.

「황태자 억계는 천자의 새(璽)를 취하여 홍계의 자리에 놓아두었다.
재배(再拜)하고 나서 제신(諸臣)의 서열에 끼어, 『이 천자의 자리는 유공
자가 앉아야 한다. 귀한 신분인 것을 밝혀, (우리가 여기에) 맞아들여진
것은 다 아우의 생각에 의한 거였다』라고 말했다. 그리고 천하를 홍계
에게 양보했다.……」운운.

그리하여 홍계가 천황의 지위에 오른 뒤, 맨 처음 행한 일 중에 선왕
(先王=부친인 시변압반황자)의 유골을 찾는 일이었다. 난(亂)을 만나, 웅
략천황의 화살에 맞아 황야에서 운명(殞命)하고 구덩이에 묻혀버린 채
무덤조차 없이 된 그 옛 일을 기억하고 있는 옛 늙은이들을 소집한다.
그들에게 차례로 묻고 수소문한 끝에, 치목(置目·오키메)이라고 불리는
한 노파가 그 유골 묻힌 곳을 알고 있었다.

근강국의 문옥야(카야노)에 가서 기어이 유골을 찾아냈으나, 함께 죽
었던 사인의 뼈와 뒤섞인 채 발굴되었다. 천황은 통곡하여 울부짖고, 그
곳에 쌍릉(雙陵)을 만들어 장사지내 주었다.

생각하면 할수록 분하고 원통한 마음에 홍계(현종천황)는 형인 황태
자 억계에게 의논하여, 『원수를 갚고자 웅략천황의 능을 파헤치고 뼈를
갈아 던져 흩어지게 하자. 지금 이렇게 해서 보복하면, 그 역시 효(孝)가
아니겠는가.』라고 제안했다.

하지만, 억계는 이를 만류하였다. 그도 역시 슬퍼하고 한참을 생각하

며 대답을 못하다가 마침내 간언하기를,

『불가합니다. 웅략천황은 만기(萬機: 정치상의 온갖 중요한 기틀. 즉, 여러 가지 정사)를 바르게 이어, 천하를 비추고 군림하였습니다. 세상이 다 존경한 것은 천황의 신분이었기 때문입니다. 우리 부친 선왕도 비록 천황의 아들이었지만, 난을 만나 천위에 오르지 못하셨습니다. 이것으로 보면 존비(尊卑)가 따로 있습니다. 그렇거늘, 능을 파헤치면 누구를 임금으로 하여 하늘의 명을 받들 것입니까. 이것이 능을 헐면 안 되는 첫째 이유입니다. 또, 천황(홍계)과 이 억계가 일찍이 청령천황의 총애를 받지 않았다면 어찌 보위(寶位: 값지고 귀한 직위)를 바라다볼 수 있었겠습니까? 웅략천황은 청령천황의 부친이십니다. 이 억계는 여러 노인에게 들었습니다. 즉, <남에게 하는 좋은 말이 보답을 받지 않는 것이 없고, 덕이 보답을 받지 않는 것이 없다. 은혜는 있되 보답이 없는 것은, 그 또한 사람의 마음을 깊이 상하게 하는 것이다>라는 말이었습니다. 폐하는 나라를 다스려서 덕행이 널리 천하에 알려져 있습니다. 그런데도 이제 능을 헐어서 천하에 보이면, 이 억계의 걱정은 나라에 군림하고 백성을 키울 수 없게 되지 않을까 하는 두려움에서입니다. 이것이 능을 헐면 안 되는 둘째 이유입니다.』

그 말에 감동한 홍계천황(현종)은 그 일을 그만두었다.

바로 이런 대목에서 억계천황의 인품이 단적으로 드러난다고 볼 수 있다.

따라서 홍계천황이 보다 적극적이고 능동적이라면, 억계천황은 이와 같이 어떤 일을 두고서 「남의 뜻을 십분 헤아려 생각하고」또한 「수많은 심사숙고를 거치는」스타일이다. 이른바 햄릿(Hamlet)형에 가깝다.

『일본서기』의 <현종기>에, 억계왕의 또 다른 이름은 「嶋稚子(도치자)」라 하였고, 『고사기』에서는 「意富祁(의부기)」라고 하였다.

그렇다면 이 이름들 속에는 또 어떤 의미가 들어 있는 것일까?

● 嶋　稚　子

셤　어리　아들

(현대어→「숨어리 아들」)

「嶋稚子」(도치자)는 결국 **「숨어버린 아들」**이란 뜻으로 읽혀진다. 역시 사실에 부합되는 이름임을 알 수 있다. 다음은 <고사기>의 예.

● 意　富　祁　　<고사기>

뜯　부　기

(현대어→「덧붙기」)

「意富祁」(의부기)의 한국어식 음훈 읽기의 고음(古音)은 「뜯부기」로 서, 「덧붙기」라는 말의 유사음이다.

이는 아우인 현종천황(홍계왕)이 황위를 계승한 덕분에 억계왕은 황태자로 정해지고, 결국 **「덧붙어 황위를 승계한」** 행운을 누린 데서 붙여진 이름으로 풀이된다.

기록상으로는 양(兩)천황이 서로 황위를 양보한 설화가 있으나, 이에 대해 「사실은 정치적으로 대립되어 있었다는 것의 반영인 듯하다」고 지적한 판본태랑(坂本太郎:사카모토 타로) 등이 교주(校注)한 『일본서기』(암

파서점 : 岩波書店 刊)의 두주(頭注)는 참고할 만하다.

왜냐하면, <인현기> 2년 9월조에, 「난파소아(難波小野 : 나니와노 오노)
황후(=현종천황의 황후)가 전에 (억계왕에게) 무례한 일이 있어, 두려워
자살했다」고 한 기사는, 홍계와 억계, 양천황이 서로 황위를 양보할 만
큼 형제의 의리가 돈독했다는 설화에 대해 의문을 제기하는 기록임에
틀림없기 때문이다.

어쨌든, 형 억계천황의 또 다른 이름을 「大石尊(대석존)」이라고 했다
는 것이 <현종기>에 보이는데, 이 이름의 의미는 다음과 같다.

●大　石
　큰　져울
　(현대어→「건져울」)

이렇게 풀이된 이 이름 속에는, **「놓쳤던**(=즉, 아우에게 양보했던) **황위
를 건져 올린」** 것이라는 의미가 숨겨져 있다.

「石」자의 훈은 보통 「돌」이지만, 「져울」(현대어는 '저울')로 번역하기
도 한다. 일테면, 「120척(斥)을 가리키는 저울이름(衡名)」인데, 『書經(서
경)』에 「關石和鈞」(鈞=30근·斤)과 같은 용례가 있다.

제8장

후사(後嗣)의 단절과 청동거울 속의 바닷길
● 무열(武烈) ● 계체(繼體)

· **탐색 ①**
우전팔번경(隅田八幡鏡)에 새긴 명문(銘文)의 진상
· **탐색 ②**
금동(金銅) 신발의 영역(領域)
쟁점 ▶
『송서(宋書)』의 왜왕『무(武)』는 무령왕(武寧王)이었나?

제15대 소박뢰치초료(小泊瀨稚鷦鷯) ─ (武烈·무열)天皇

● 小　　泊　　瀨　　稚　　　鷦(焦+鳥)　　鷯
　　져근　빗대　여흘　져믄　　타새　　료
　(현대어→「적은 쪄대 엿을 졂은 탓으로」→작은 골격에 졂은 탓으로)

　소박뢰치초료천황(小泊瀨稚鷦鷯天皇: 오핫세노 와카사자키노 스메라미코
토·をはつせのわかさざきのすめらみこと), 즉 무열천황기(武烈天皇紀)의 특
징은, 그의 잔인함과 포악무도한 행적을 낱낱이 적어 폭군의 한 전형을
보여줌에 있다.

　이 점에 대해 사학자 진전좌우길(津田左右吉·쓰다 소우기치)은 상서
(尙書), 여씨춘추(呂氏春秋), 사기(史記), 열녀전(烈女傳) 등에 보이는 중국
의 폭군인 걸왕(桀王), 주왕(紂王)의 일이라고 하는 사구(辭句)에서 조작
한 것으로 보고 있다. 인덕천황의 이름을 「대초료(大鷦鷯)」라 하여 요순
(堯舜)과 같은 성제(聖帝: 성스러운 황제)로 다루게 된 반면, 그 황통이 끊
기는 무열천황은 그 이름에 「치초료(稚鷦鷯)」를 넣어, 망국의 걸·주왕
(桀·紂王)과 같은 폭군으로 기술하는 식의 중국풍을 습용(襲用: 그 전대
로 답습하여 씀)했다고 본 것이다.

　어쨌든, 무열천황의 잔악무도한 행적을 몇 가지만 소개하면 다음과
같다.

　① 임신한 부인의 배를 갈라 그 태(胎)를 보았다.

　② 사람의 생손톱을 뽑고서 산마(山麻)를 캐게 하였다.

　③ 사람의 머리털을 뽑고, 그 사람을 나무 위에 올라가게 한 다음, 나

무 밑둥치를 베어 넘어뜨려 떨어져 죽는 것을 보고 쾌락을 삼았다.

④ 연못물을 흘려보내기 위해 둑을 뚫고 넣어놓은 통 속으로 사람을 엎디어 들어가게 하여, 물살에 쓸려 흘러나오는 것을 삼지창으로 찔러 죽이는 것을 쾌락으로 삼았다.

⑤ 사람을 나무 위에 올라가게 하고, 활을 쏘아 맞혀 떨어뜨리고 웃었다.

⑥ 여자를 발가벗겨 판자 위에 앉히고, 말을 끌고 앞으로 가서 교접을 시켰다. 여자의 음부를 보아서 젖은 자는 음탕하다 하여 죽였고, 젖지 않은 자는 관비로 삼았다.

⑦ 천하가 굶주리고 있음을 잊은 채, 난쟁이와 창우(倡優)를 많이 끌어들이고 음란한 가무를 즐기게 하고, 기괴한 놀이를 벌이며, 주야로 여인과 술에 잠겨 황음(荒淫)에 빠졌다.

이러한 짓거리를 즐기며 방탕한 세월을 보내다가 끝내 후사가 없이 숨을 거두었다. 청령천황 이후 황위를 이을 아들이 없어 탄식했던 두 번째 인물에 해당한다.

무열천황이 죽었을 때의 나이를 18세, 혹은 57세, 61세로 여러 설이 있긴 하나, 그 이름풀이에서 본 것처럼, 「작은 골격에 젊은 탓으로」라고 한 의미처럼 상당히 젊은 나이에 죽은 듯하다.

제26대 남대적(男大迹) ― (繼體 · 계체)天皇

● 男　　大　　迹
스나히　　한　　즈쵀
(현대어→「사내, 혼자 치(滿)」
＝즉, 사내 혼자서 다 채우게)

남대적천황(男大迹天皇 : 오호도노 스메라미코토 · をほどのすめらみこと)의 시호인 「繼體(계체)」(けいたい)는 「옥체(玉體)를 계승하다」 즉, 혈통을 이었다는 뜻이다.

일찍이 무열천황이 탄식하여 말했다.

『나라를 전하는 기틀은 아들을 세우는 일을 존귀한 것으로 여긴다. 그러나 짐에게는 후사가 없다. 무엇으로 나의 이름을 전하랴?』

하고 우려했던 대로 원래 자녀가 없어 후사가 끊어져버렸기에, 공석이 된 황위를 이어 나가야 할 일이 나라의 큰 걱정거리였다.

이 때문에, 대반금촌대련(大伴金村大連 : 오호토모노 카나무라노 오호무라지)이 중신들과 의논하였다.

『지금 대를 이을 사람이 없다. 천하가 어느 곳에 마음을 의지할 수가 있겠는가? 예로부터 지금에 이르기까지 화(禍)가 여기서 발생했다.』

그리하여 천황의 지손(支孫) 중에서 선택하기 위해 여기저기 수소문한 끝에, 처음에는 중애천황의 5대손인 왜언왕(倭彦王 : 아마토히코노 오호키미)을 임금으로 추대하고자 했다. 대신과 대련 등이 모두 이에 동의했다. 그래서 의논한 대로 당시 왜언왕이 살고 있던 단파국(丹波國)의 상전군(桑田郡: 쿠하타노 코호리)에 마중을 나갔다.

그러나 이때 멀리서 마중 온 군사를 보고, 왜언왕은 겁이 나서 산속으로 도망쳐버려 간 곳을 몰랐다. 부득이 대반금촌대련은 다시 의논했다. 황위를 이을 자를 여기저기 물색한 끝에, 남대적왕(男大迹王)이 가장 적합하다는 의견들이 나와 절(節)을 든 사자(使者)들이 맞으러 갔다. 그러나 남대적왕도 처음에는 의심하여 오래 망설였다.

이때 마침 하내마사수(河內馬飼首: 카후치노 우마카히노 오비토)인 황롱(荒籠·아라코: 백제계 도래인)이 몰래 사람을 보내, 자세하게 대신과 대련 등이 받들어 모시러 찾아온 본의를 알려주었다. 그제야 남대적왕은 의심을 풀고 비로소 응하였다.

만약 황롱(아라코)이 아니었더라면, 그 자신도 역시 놀라고 두려워 산속으로 도망쳐 숨어버렸던 왜언왕처럼 천하에 웃음꺼리가 될 뻔한 것을 모면했던 셈이다. 그 때문에 즉위에 이르러 마사수 황롱을 후하게 우대했다. 하여간 이로써 남대적왕이 즉위케 되니, 그가 바로 계체천황이다.

남대적천황은 응신천황의 5세손인 언주인왕(彦主人王: 히코시노 오호키미)의 아들이다. 어머니는 이름을 진원(振媛: 후루히메)이라 하였고, 수인천황의 7세손이다.

황위에 오른 직후, 대반금촌대련은 후사를 미리 걱정하여 천황에게 다음과 같이 아뢰었다.

『신(臣)이 듣기로는, 전황(前皇)이 세상을 다스릴 때 저군(儲君: 다음 임금이 될 황자를 말함)이 부실하면 천하를 잘 다스릴 수 없고, 후궁과의 사이에 정이 좋지 못하면 훌륭한 자손을 얻지 못한다고 했습니다. 불행히도 청령(淸寧)천황(＝白髮天皇)은 대를 이을 자가 없었습니다. 이 때문에 신의 조부인 대반대련실옥(大伴大連室屋: 오호토모노 오호무라지 무로야)을 시켜 고을(州)마다 삼종(三種)의 백발부(白髮部: 시로카베)를 두어 후세에 이름을 남기려 했습니다. 참으로 애처로운 일이 아니겠습니까.
아무쪼록 수백향(手白香: 타시라카)황녀를 황후로 삼으시고……천황의
아들을 구하여 백성들의 바라는 바에 답하소서』라고 권하였다.

천황은 흔쾌히 승낙하고 수백향황녀를 황후로 맞아들였다. 그리고 드
디어 한 아들을 낳게 되었다. 그를 천국배개광정존(天國排開廣庭尊 : 아메
쿠니 오시하라키 히로니와노 미코토)이라 하였다. 그가 훗날의 흠명·欽明
천황(제29대)이다. 그러나 적출자(嫡出者=정실황후소생의 아들)는 나이가
어려, 두 형이 다스리고 난 다음에 천하를 다스렸다(두 형은 27대 안한·安
閑천황과 28대 선화·宣化천황).

그 이후 여덟 명의 비를 맞아들였는데, 이 중에 낳은 두 아들이 각각
제27대, 제28대의 천황으로 등극하게 된 것이다. 좌우간 계체(繼體)천황
은 그 시호의 뜻과도 같이「옥체(玉體)를 잇기 위해」부지런히 자식 농사
를 지어, 여덟 명의 비로부터 아들 9명과 딸 11명, 도합 20명이나 되는
많은 자식들을 얻는다.

이것은 전황인 무열천황이 포악한 군주로서 백성들의 비난을 받았던
전례와 함께 더욱이 황위를 이을 후사까지 끊긴 관계로, 당대의 악명만
남긴 채 죽었던 사실과 무관하지 않다. 또 비록 영명하고 어진 임금이었
지만 역시 후사가 없었던 선대의 청령천황의 경우를 반면교사(反面敎師)
로 삼았던 결과였다.

요컨대「황위를 이을 황자가 실하지 않으면 안심하고 정치를 펼 수
없다」며, 부디 많은 자손을 낳기를 당부한 대반금촌대련의 주상(奏上:
왕께 아룀)을 천황이 흔쾌히 받아들인 것이었다. 따라서 후사가 끊겼던
전왕의 사례를 충분히 감안한 대비책이기도 한 셈이다.

그 결과, 황후 외에도 8명에 달하는 후궁과의 사이에서 훌륭한 자손
얻기를 부지런히 실천한 것을 비유적으로 일컬어, 그 이름을「男大迹

(남대적)」이라 한 것이다.

즉, 「ㅅ나히, 한즈최」로 읽고, 동음인 「ㅅ나히, 혼자 치」로 풀이되는
데, 그 뜻은 **「사내, 혼자 다 채우게」**라는 것이다.

말하자면, 황후와 8명의 비를 천황이 혼자서 부지런히 다 채워 나갔
다는 의미이다. 마치 빈 그릇에 물을 채우듯 번갈아 가며 화병에 혼자
열심히 물을 채워 넣었다는 비유다. 이 점, 『고사기』의 이름과 비교해
보면, 그 뜻은 서로 유사하면서도 더욱 재미있다.

● 袁　　本　　　杼　　〈고사기〉
　옷긴　　밑　　도토리
　(현대어→「옷긴 밑 ᄃ토리」＝옷자락이 긴 밑을 다투리)

「袁」(원)의 훈은 「옷긴」(＝衣長貌: 옷이 긴 모양)이요, 「本」의 훈은 「밑」
(현대어는 '밑'), 「杼」(저)의 훈은 「(베틀의) 북」이 일반적이지만, 「杼栗」
(저율: 도토리와 밤)(莊子・山水)에 보이는 용례)처럼 「도토리」라는 뜻도 있
다. 이것이 「ᄃ토리」(현대어, '다투리'＝競爭)와 유사음인 점을 활용한 표
기법이다.

옛날 궁중에서 귀족들이 입던 평상시의 복식은 남성이든 여성이든
대개 밑이 끌릴 정도로 옷자락이 긴 것이었다. 굳이 비유한다면, 남성은
소포(素袍・すおう)와 비슷한 형식이었고, 여성들은 打ち掛け(우치카케・
うちかけ)와 같은 예복을 연상하면 과히 틀리지 않을 것이다.

풀이된 이름의 의미가 암시하듯, 계체천황에게는 황후와 여덟 명의
비(妃)가 있었고, 거기서 모두 20명의 자녀가 태어났던 만큼 이것은 대

를 잇기 위해 부지런히 노력한 결실이었다고 보여진다. 더구나 선황이었던 무열천황의 후사가 끊긴 예와 선대의 청령천황의 경우를 거울로 삼았던 사실로도 미루어 짐작할 수 있다.

따라서 계체천황은 황후의 침실과 후궁들이 거처하는 곳을 번갈아 드나들었음은 불문가지다.

그래서 계체천황의 또 다른 이름인「袁本杼」(원본저), 즉「**옷자락이 긴 밑을 다투리**(=서로 경쟁하듯)」라고 한 의미는 바로 여기서 유래한 듯하여, 절로 웃음을 머금게 한다.

• 탐색 ①
우전팔번경(隅田八幡鏡)에 새긴 명문(銘文)의 진상(眞相)

『일본서기』의 <계체기> 가운데 최대의 수수께끼 중 하나는, 황후로 맞아들인 수백향황녀(手白香皇女·타시라카노 히메미코)의 출자(出自)에 관한 것이다. 다른 모든 황비들에 대해 서술한 것과는 달리, 수백향황녀의 경우는 황후로 맞아들이는 극진한 예의와 절차로써 행하고 있음은 매우 이상한 데가 있다.

대반대련·금촌(大伴大連·金村)이 천황께 아뢰어 그녀를 황후로 맞아들이도록 진정(陳情)함에 따라, 천황이 조칙을 내려「마땅히 예의를 갖추어 수백향황녀를 받들어 모셔 들이라(宜備禮儀, 奉迎手白香皇女)」고 하였다.

이것은 마치 상국의 공주를 맞아들이는 식의 극진한 예의와 절차를 갖추어 입비(立妃)하는 문맥으로 해석된다.

도대체 수백향황녀는 누구인가? 이 점, 몹시 궁금하다.『일본서기』에서는 비록 그녀를 인현(仁賢)천황의 제3녀라고 <인현기>에 기록했음에도 불구하고 석연하지 않다.

이에 대해서는 보다 깊은 탐색이 필요하다.

그런데 1834년 일본 대판(大阪:오사카)의 동쪽 화가산현(和歌山縣:와카야마켄) 교본시(橋本市:하시모토 시)의 한 촌부가 흙을 파다가 동경(銅鏡)을 발견했다.

이를 우전팔번신사(隅田八幡神社)에 봉납한 때문에 붙여진 이름으로 흔히 우전팔번경, 혹은 인물화상경으로 통칭한다.

지름이 19.8센티미터 크기의 거울 뒷면에는 9인의 인물상이 새겨져 있을 뿐 아니라, 거기에 전혀 손상되지 않은 48자(字)의 완벽한 명문이 새겨져 있는 것으로, 고대 금석문(金石文)의 희귀한 사례로 유명해졌다.

그 명문(銘文) 속에는 「계미년(癸未年)」·「대왕년(大王年)」·「사마(斯麻)」·「남제왕(男弟王)」·「개중비직(開中費直)」 등, 당시까지 한·일 고대사에서 한 번도 알려지지 않았던 사실을 담고 있었다. 말하자면 그것은 놀라운 비밀을 담은 문구였다.

이를 처음 본 일본학자 다카하시(高橋健自) 박사는 거울의 명문을 가장 최초로 읽고, 이를 학계에 소개함으로써 비로소 널리 알려졌던 것이다. 후일(1951년, 6월 9일) 일본정부는 이 진귀한 동경을 국보로 지정(考古제2호)하여, 현재는 동경국립박물관에 보관하고 있다.

다카하시 박사는 명문의 표현이 어렵고, 또한 자체의 불분명한 것이 더러 있어 명문 전체를 정확하게 판독하는 데는 실패했다. 특히 「대왕년」이라고 한 대왕의 참 주인이 누구인지와 「계미년」의 정확한 연대를 찾지 못했다. 또 「남제왕」, 「개중비직예인금주리(開中費直穢人今州利)」, 「사마」의 정체에 대해서도 체계적이고 설득력 있는 해석에 이르지 못했다.

따라서 명문의 의미가 정확히 무엇을 말하고 있는지, 여전히 풀리지 않는 수수께끼 같은 부분이 많이 남아 있었다.

그 뒤 1934년(소화·昭和 7년), 당시 금석명문 해석의 권위자인 후쿠야마 토시오(福山敏男) 박사가 다카하시 씨의 판독을 토대로 하여, 그때까지 불명확했던 주요 내용들을 정확히 읽어냄으로써 오늘날 일본학계의 통설이라고 할 수 있는 체계적이고 획기적인 해석을 가능케 하였다. 그 명문판독은 다음과 같다.

「癸未年 八月 日十; 大王年, 男弟王 在意紫沙加宮時, 斯麻 念長壽 遣 開中費直穢人今州利 二人等, 取白上同二百旱, 作此鏡」

(대왕년, 계미년 8월 10일에 사마는 의자사가궁에 있는 남제왕의 장수를 위하여, 개중비직예인 금주리와 다른 한 사람을 시켜 양질의 백동 이백 간(桿)으로 이 거울을 만들었다.)

그러나 후쿠야마 박사는 이 거울의 모양을 5세기의 것으로 보고 계미년의 연대를 443년으로 생각해 보기도 하고, 또 경(鏡)의 제작자를 사마 념장(斯麻念長)으로 이해했기 때문에 <신공기>에 등장하는 「사마숙네(斯摩宿禰)」(시마노 스쿠네)와 동일인물이 아닌가 하여 서기 4세기의 계미년(323년)과도 연계지어 보기도 했다.

그러나 그 제작수법이나 양식 등으로 보아, 응신천황대의 계미년인 383년으로 추정하기도 하는 등, 후쿠야마의 판독법에도 여전히 명쾌하지 못한 부분이 많았다.

그러다가 1971년 7월에 한·일 고대관계사에 있어서 최대의 수수께끼 중 하나를 해명하는 단서가 될 만한 역사적 발굴이 이루어진다. 그것은 참으로 우연한 발견이었다.

백제의 고도(古都) 공주에 있는 백제고분군(일명 송산리 고분군) 가운데 전축분(塼築墳)인 6호분과 석실분(石室墳)인 5호분의 배수(排水) 작업을 하던 중 우연히 발견케 된 것을 계기로, 본격적인 발굴이 이루어졌던 백제 25대 무령왕릉이 그것이다.

무덤의 주인공과 연대를 밝히는 지석(誌石)이 나와 백제사 연구의 최고유적(最古遺跡)이라고 평가될 만큼 세인들을 깜짝 놀라게 했다. 지석에는 무령왕의 이름인 「斯麻(사마)」가 새겨져 있었다.

「사마(斯麻)」는 「섬(嶋)」(고어는 '셤')이란 뜻의 한국어다. 일본으로 건너가던 도중 축자(筑紫·츠쿠시) 북방의 해중(海中)에 있는 한 섬인 각라도(各羅嶋·가카라시마＝지금의 加唐島·가카라시마)에서 출생한 연유로 붙여진 무령왕의 이름이 「사마(斯麻)」였던 것이다. 이것은 『일본서기』<웅략기> 5년조와 <무열기> 4년조에 각각 자세히 기록돼 있다.

이로 인해, 왕이 탄생한 그 섬을 백제인들은 주도(主嶋: 니리무세마·ニリムセマ)라 하였는데, 이것은 한국어음의 「님섬(主島)」의 와전(訛傳)이다. 뒷날의 백제무령왕으로 탄생한 이 아이를 도군(嶋君: 섬왕), 즉 「섬→셔마→세마→사마(斯麻＝嶋)王」이라 한 것은 이와 같은 유래 때문이었다. 그래서 휘(諱: 돌아가신 높은 어른의 이름)도 「사마」였던 것이다. 우전팔번경의 명문에 보이는 그 「사마」와 일치하는 이름이다.

무령왕릉의 발굴로 묘지석(墓誌石)에 새겨진 그 무덤의 주인공 「사마」와 『삼국사기』에 적힌 무령왕의 휘 「斯摩(사마)」, 또 『일본서기』 기록들의 「사마」, 그리고 우전팔번경의 명문 중에 보이는 「사마」와 함께 네 곳의 기록이 모두 일치한다(단, 『삼국사기』에는 斯摩(사마)라 하여 다른 곳의 斯麻와는 「마」字의 표기에 차이를 보이지만, 그 발음은 같다).

출토된 왕의 지석에 의해서도 사마왕의 붕년(崩年: 523년)이 『삼국사기』 기록과 일치되는 것이 확인됨과 아울러 왕의 향수(享壽)가 62세로서, 이를 역산하면 출생한 해는 개로왕(蓋鹵王) 8년(462년)이다.

묘지석의 명문은 다음과 같다.

寧東大將軍百濟斯麻王 年六十二歲癸卯年五月 丙戌朔七日壬辰崩 倒
乙巳年八月癸酉朔 十二日甲申安厝登冠大墓…

(영동대장군 백제 사마왕은 62세의 나이로 계묘년(523년) 5월 병술일로부터
7일째 되는 임진일에 붕하셨다. 그리하여 을사년(525년) 8월 계유일로부터 12
일째 되는 갑신일에 대묘에 안장하니, 이상과 같이 기록한다.)

이로써 사마왕(무령왕)은 1500여년의 침묵을 깨고 무덤 속으로부터
홀연히 역사의 전면에 등장하게 된 것이다.

백제 사마왕의 출생 설화가 기록된 <웅략기> 5년은 백제 개로왕 7
년(461년)에 해당하고 『일본서기』 분주(分注)가 인용한 『백제신찬(百濟
新撰)』의 신축년(辛丑年)도 또한 서기 461년이다. 그러나 문헌기록보다
는 오히려 묘지석이 더 확실한 증거라고 말할 수 있으므로 사마왕의 탄
생연도는 개로왕 8년(462년)으로 보는 것이 정당해졌다. 이와 함께 사마
왕의 계보에 대해 『삼국사기』와 『일본서기』가 서로 달랐던 의혹도 동시
에 해결되는 열쇠를 찾은 셈이다.

삼국사기 <백제본기>의 왕계표(王系表)에 따르면, 백제의 제20대 개
로왕의 아들은 문주왕(文周王=汶洲王 : 제21대)이고, 문주왕의 아우는 곤
지(昆支)였다. 제22대 삼근왕(三斤王)은 문주왕의 장자, 제23대 동성왕(東
城王 : 휘·諱, 모대·牟大)은 곤지의 아들, 제24대 무령왕(諱·斯麻)은 동성
왕의 제2자라고 되어 있다. 그러나 『삼국사기』의 이러한 왕계는 확실히
잘못된 것이다.

오히려 이 경우엔 『일본서기』의 백제왕계가 더 정확한 편으로, 이에
의하면 『백제신찬』에서 인용했다고 한 기사에, 가수리군(加須利君=개
로왕)은 그 아우 군군(軍君=곤지·昆支)을 내보내 대왜(大倭)에 가서 천
왕을 모시게 했다. 그리하여 형왕(兄王=개로왕)의 지시대로 왜 조정과의

우호를 닦았다고 되어 있다.

요컨대, 일본으로 건너간 곤지왕(또는 곤기왕=琨支王)은 개로왕의 아우였다.

<웅략기> 4년(461년)=그러나 실은, 개로왕 8년(462년)이 정확한 연도이다=에, 곤지(昆支)는 형왕인 개로왕의 임신한 부인[孕婦]을 모시고(『일본서기』에는 형수를 자기 부인으로 삼았다고 기록하였다) 왜국으로 건너가던 도중 갑자기 풍랑을 만났던 것 같다. 그래서 축자(츠쿠시)의 각라도(가카라시마)에 표착하여, 여기서 사마왕이 탄생케 된다. 이로써 사마왕은 개로왕의 아들이었음을 알 수 있다.

다만, 사마왕은 숙부인 곤지의 양자가 된 관계로, 원래 곤지의 아들이었던 동성왕은 사마왕에게 이모형(異母兄)이 되는 관계였음이 비로소 밝혀진다. 동성왕이 사마왕의 이복형이었다는 것은, <웅략기> 4년 7월조에 나온다. 즉, 곤지가 왜경(倭京)에 도착했을 때는 이미 5인의 아들이 있었다고 한 것으로도 짐작된다.

또, <무열기(武烈紀)> 4년조에 왜인이 『백제신찬』을 인용하여 주(註)를 달면서, 「지금 생각하니 도왕(嶋王=사마왕)은 개로왕의 아들이다. 末多王(말다왕=모대왕, 즉 동성왕)은 곤지왕의 아들이다. 이를 이모형(異母兄)이라 함은 미상(未詳)이다」라고 하여, 사마가 숙부인 곤지의 양자가 되어 이후 곤지가 살았던 왜국에서 길러진 사실을 몰랐던 관계로, 이와 같은 혼동을 일으키고 있는 구절을 볼 수 있다.

다시 말하면, 각라도에서 사마가 탄생하던 해에 곤지에게는 이미 다섯 아들이 있었던 것이다.

따라서 삼국사기 <백제본기>의 잘못된 왕계를 수정하여, 당시 백제와 고구려 및 일본과의 관계를 되짚어 보면 다음과 같은 정세 변동의 추이(推移)를 체계적으로 이해할 수 있게 된다.

즉, 개로왕에게는 문주(文周, 또는 汶洲)와 곤지, 두 아우가 있었다. 그런데 곤지는 형왕인 개로왕의 명으로 임신한 형수를 아내로 맞아 왜국으로 건너갔다. 그곳에는 오래 전부터 백제계 세력들이 진출하여 왕족 및 귀족의 반열에 끼여 왜 조정에 중신(重臣)으로 복무하는 등, 지배계급을 이루고 있었다.

곤지가 일본에 건너간 것도 일찍 전부터 왜국의 땅에 진출한 백제계의 이와 같은 단단한 기반이 갖추어져 있었기 때문이었음은 쉽게 짐작된다.

개로왕 재위 21년(475년), 고구려 장수왕의 공격으로 당시의 백제 수도였던 한성(漢城 : 지금의 서울 땅)이 위급해졌다. 태자 문주가 신라에 원군을 청하러 간 사이 한성은 함락되고 왕과 그 일족은 참수(斬首)되는 등 비참한 최후를 맞게 된다.

이 무렵 곤지는 일본에 머무르고 있었고, 사마의 나이는 불과 열 넷이었다.

이에, 문주는 지금의 공주(公州)인 웅진(熊津)으로 천도했으나, 이미 왕권은 약화된 뒤였다. 일본에서 곤지가 형 문주를 도우러 급히 건너와 내신좌평(內臣佐平)이 되어 문주를 보좌했다. 그러나 당시 백제의 7대 귀족들의 손에 두 사람은 피살된다. 그리고 문주의 어린 아들 삼근(三斤, 또는 임걸・壬乞)이 열셋의 나이에 왕으로 옹립되었다(477년).

그러나 모든 군국정사(軍國政事)는 병관좌평(兵官佐平) 해구(解仇)가 전횡하였다. 해구는 전왕(前王) 문주와 내신좌평 곤지를 시해(弑害)하는 데 주도적인 역할을 했던 자였다.

어쨌든 어린 삼근왕도 재위 3년 만에 곧 죽고(479년), 귀족 세력은 곤지의 아들 동성왕을 백제의 왕으로 택하였다. 이에 동성왕은 일본에서 귀국하여 등극했으나, 그도 재위 22년에 피살된다.

왕통은 사마에게 이어졌다. 그의 나이 40세 때였다(501년). 그 뒤 사마왕이 보여준 탁월한 국가경영과 융성한 백제 재건의 활약상 등, 역사상 위대했던 업적은 1500여년 만에 그의 무덤의 발굴로 인해 실증적인 부장품들과 함께 실로 찬란하게 그 진상을 지상에 드러냈다.

이 점과 관련하여 이후 한·일 양국 학계의 활발한 연구 결과는 우리에게 놀랍고도 새로운 사실을 시사해 주기에 이르렀다.

즉, 송산리 고분에서 출토된 사마왕의 지석에는 지금까지의 수수께끼를 한꺼번에 풀 수 있는 중대한 열쇠가 들어 있었던 것이다.

이 지석에는 「寧東大將軍 百濟 斯麻王 年六十二歲 癸卯年 五月丙戌 朔七日 壬辰崩」(영동대장군 백제 사마왕 연62세 계묘년 5월 병술삭 7일 임진 붕)이라는 글귀가 있어, 이 고분의 피장자는 백제왕국의 제25대 왕인 「무령(武寧)」(시호)이며, 그의 휘(諱)는 「사마」이고, 양제(梁帝)가 내려준 작호는 「영동대장군」이라는 사실을 확인할 수 있게 되었다.

또한, 왕은 그의 치세(治世) 중에 자신의 사연호(私年號)를 쓰지 않고, 시종 간지기년(干支紀年)만을 사용했다는 사실도 아울러 지석을 통해 알 수 있게 되었다.

따라서 소위 우전팔번경(隅田八幡鏡)의 명문 속에 볼 수 있는 「대왕년·계미년」은 분명히 대왕 혹은 제왕의 죽음에만 사용할 수 있는 「붕(崩)」자를 남기고 가신 사마왕의 것으로, 왕세(王世)의 「계미년」은 사마가 왕위에 오른 지 바로 다음 해의 일이니, 그것은 서기 503년의 일인 것이다.

이와 같은 설을 맨 처음 주장한 소진철(蘇鎭轍) 박사(원광대 교수)는 그의 저서 『금석문으로 본 백제무령왕의 세계』(부제: 「왕의 세상은 '大王'의 세계」)에서 다음과 같이 역설하였다.

『우전팔번경의 명문과 같이, 503년 8월 10일, 사마와 남제왕(男弟王) 두 사람은, 서로 兄王(＝大王)과 제왕(弟王)의 사이로서, 백동경을 주고받으면서 관계를 돈독히 하였다.

그러나 그로부터 4년 뒤인 서기 507년, 남제왕의 신상에는 중대한 변화가 일어난 것으로『일본서기』는 전하고 있다. 사마의 개입으로 보이는 이 일은 서기 506년「무열천황」이 후사 없이 어린 나이로 타계하니, 대반금촌대련과 하내국(河內國)의 마사수(馬飼首) 황롱(荒籠)이 당시「월전(越前·에치젠)」에 있다는 남대적왕(男大迹王)을 옹립하여,「개중비직예인금주리(開中費直穢人今州利)」의 나라인 하내국 장엽궁(樟葉宮)에서 새 조정을 열었다고 한다.

후일, 사가들은 그를『일본서기』제26대 계체(繼體)천황이라고 일컬으니, 그의 왕조는 그가「장엽궁」에서 대반금촌대련의 천거로 맞이한 수백향(手白香) 황녀와의 사이에서 태어난 흠명천황의 대에 와서, 그의 훌륭한 치덕으로 더욱 굳건해진 것이다.

그 후에도, 남제왕(＝계체천황)의 왕가는 계속 번창하여 만세일계의 전통을 세워가면서, 근세에 이르러서는 명치(明治·메이지), 대정(大正·다이쇼) 그리고 소화(昭和·쇼와)천황을 거쳐, 오늘의 평성(平成·헤이세이)천황의 탄생을 보게 되었으니,「우전팔번신사소장 인물화상경」은 참으로 1500년이라는 긴 세월에 일어난 갖가지 영욕을 묵묵히 지켜본 산「증인」이라고 할 수 있을 것이다』(소진철, 上揭書, pp.46~47).

간단히 말해서, 소 박사의 결론에 의하면「우전팔번경은 사마왕(무령왕)이 계체천황(＝男弟王)에게 하사한 경(鏡)이었다」는 설명이야말로 명문의 정당한 해석이라는 것이다.

여기서 몇 가지 지적해 두어야 할 점이 있다. 남대적왕을 계체천황으

로 옹립한 대반금촌대련은, 『일본서기』에 따르면, 인현, 무열, 계체 3대에
걸쳐 세도를 누렸던 호족이다. 후일 사가(史家)들은 그를 백제와 「내통」한
자라고 규명하는 것으로 보아, 그도 사마(斯麻)가 명문에서 말하는 「예인
(穢人)」과 같은 도래인으로 보인다고 소 박사는 주(註)하였다.

또 『일본서기』<계체기> 원년(507년)조에는, 계체의 즉위 광경을 말하
면서, 「대반금촌대련이 꿇어앉아 천자의 경(鏡)과 검(劍)의 새부(璽符: 옥
새와 같은 상징물)를 올리고 재배(再拜)하였다」라고 했다. 그러나 천황은
다섯 번이나 사양한 후 「대신, 대련, 장상, 그리고 모든 신하가 과인을
천거하고 있다. 과인은 배반하지 않겠다」하고 새부를 받았다고 전한다.
이 점, 남대적왕이 황위에 오르게 된 데에는 그를 지원한 강력한 배후
세력이 작용했음을 보여주는 일례이다.

끝으로 가장 중요한 것은 수백향(手白香) 황녀의 출자이다. 『일본서
기』에서는 그녀를 인현천황의 제3녀라 했으나, 고대사 연구가인 문정창
씨는 계체천황의 즉위에 개입한 사마왕(무령왕)의 딸이었을 것이라고 추
정했다. 그래야만 『일본서기』의 문맥상 그녀를 황후로 맞아들이는 과정
이 자연스럽게 이해될 수 있다는 것이다.

다만, 문헌상의 뚜렷한 근거라든가 기타 확실한 증거는 아직 발견되
지 않고 있기 때문에, 사실인지의 여부는 확실하지 않다.

● 탐색 ②
금동(金銅) 신발의 영역(領域)

「사마(斯麻)」는 과연 누구인가? 그의 실체를 규명하는 것은 우전팔번
경(隅田八幡鏡)의 제작 주체로서, 또한 명문(銘文)의 내용을 직접 쓴 사람
으로서 그의 위상을 알 수 있는 문제이기 때문에 매우 중요하다. 뿐만

아니라, 명문의 정당한 해석을 위해서도 더더욱 중요한 일이다.

5세기말에 영토 확장을 위해 남진하던 고구려 세력에 패하여 개로왕이 죽은 다음에 일어났던 백제의 위축과 왕권의 약화에 따른 급격한 국내의 정세 변동에 관해서는 대략 언급한 바가 있다. 곤지의 아들이었던 동성왕이 일본에서 귀국하여 즉위한 뒤로 백제는 가까스로 다시 국력을 회복하는 듯했으나, 동성왕 역시 재위 23년(501년)에 불만을 품은 신하들에 의해 시해되었다.

사마가 그 뒤를 이어 백제왕에 등극하니, 그가 곧 제25대 무령왕이다. 그는 가장 먼저 국내의 귀족 세력을 견제하고 왕권을 강화하는 내치에 힘썼던 것은 물론, 즉위 직후부터 그에게 맡겨진 대외적 과제는 너무도 자명한 것이었다. 한강(漢江) 일대에서 고구려의 공격에 밀려 금강(錦江) 유역으로 후퇴한 백제의 쇠락한 국력을 회복하는 일이 무엇보다 급선무였던 것이다.

고구려는 부왕인 개로왕을 죽인 철천지원수. 그리하여 사마왕은 즉위 원년부터 고구려에 대한 적개심과 부왕을 위한 복수심으로 적극적인 공세를 취한다. 그리하여 고구려에 수차례의 공격을 감행하여 연이은 승리의 기록을 남기는 것이다.

북방의 강성한 고구려가 그 세력을 남진정책에 투입시킨 이래 백제는 어느덧 중국으로 가는 황해연안 항로가 봉쇄돼 있었다. 때문에 그 대안으로 활발한 해상교역을 통한 국부(國富)를 쌓기 위해서는 새로운 해양로의 개척이 필요했고, 선박의 건조가 절실한 문제였다. 따라서 이 무렵 백제는 획기적인 원양선의 독자적 모델을 개발하여 독특한 선박을 만들었던 것 같다.

당시 백제인들이 건조한 소위 「백제선」의 원형을 짐작할 수 있는 것으로, 7세기경의 「견당사선도(遣唐使船圖)」가 다행히 아직 일본에 남아서 전한다. 이것은 가장 한국적인 배의 모형으로 볼 수 있는 그림으로 서, 이를 통해 백제의 조선기술을 미루어 짐작할 수 있다.

백제는 이와 같은 모양의 배를 타고 금강(錦江) 수로를 통해 당시 중국의 남조(南朝)와 활발한 해상교역을 펼쳤던 것이다. 백제의 선단(船團)은 황해를 비스듬히 가로질러 중국 대륙 연안수의 남하하는 조류를 타고 내려가 양자강으로 들어가서 남경항(南京港)에 이르렀던 것이다.

남경은 당시 중국남조의 일국이었던 양나라 수도, 백제는 그 훨씬 이전부터 중국과의 지속적인 해상교류를 해왔지만, 사마왕(=무령왕)시대에 그 교역활동은 가히 정점에 이르렀다. 당연히, 이때 선적해 간 백제의 산물들은 남경에 하역되고, 남조의 유명한 도자기 등 각종 중국 특산품들이 그대로 백제로 들어왔다.

무령왕릉에서 출토된 당시의 중국산 물건들은 모두 이때의 것들이다. 왕릉에서 출토된 부장품들은 모두 108종, 2906점의 각종 유물들이었다.

요컨대 무령왕릉에서 출토된 각종 도자기들은, 오늘날 남경박물관에 들어가 보면 이것과 똑같은 형태 및 크기의 남경산 출토의 유물들과 만날 수 있어 우리를 놀라게 한다. 양나라의 엽전을 찍어냈던 거푸집이 무령왕릉의 지석(誌石) 위에 놓여 있던 바로 그 엽전(=五銖錢·오수전)을 찍어냈을 것이다. 또한 왕권의 상징인 청동경도 남경에서 출토된 거울과 똑같은 것이다. 이것이 백제의 무역선에 실려 머나먼 동지나해와 황해의 항로를 따라 백제의 무령왕릉 속으로 들어갔던 것으로 보면 쉽게 이해된다.

백제의 무덤 양식은 전통적으로 횡혈식 석실고분이었다. 그런데 무령왕릉은 백제 무덤에서는 꽤 보기 드문 횡혈식 전축분(塼築墳)분이었다. 천장을 부드러운 곡선의 아치형(=궁륭형·穹窿形)으로 꾸민 이와 같은 형식의 현실구조(玄室構造)는, 바로 중국 남조시대의 가장 보편적인 무덤양식이었던 아치형 전축분을 그대로 모방한 것이었다.

말하자면 무령왕릉은 부장품뿐만 아니라 무덤 자체의 양식까지도 남조의 양식을 그대로 수입했던 셈이다. 연꽃무늬를 새긴 남조의 벽돌도 무령왕릉의 현실(玄室)을 꾸미는 데 그대로 제공되어, 백제의 기와나 벽돌에서 흔히 볼 수 있는 연꽃무늬를 새기는 수법의 기원까지 알 수 있게 해준다.

이처럼 문화를 받아들이는 데에 적극적이고 개방적인 태도를 가능케 했던 것은 무엇보다 백제가 지녔던 뛰어난 해상능력이었다. 활발한 해상교류를 통해 일본과 중국을 넘나들었던 백제는, 당시 동아시아의 정치 상황으로 볼 때, 해양강국으로서의 뚜렷한 면모를 지니고 있었다. 과연 그들의 발길이 가 닿은 곳은 어디까지며, 그들은 그곳에서 무엇을 했던 것일까?

이러한 의문에 대해 하나의 답변을 시사해주고 있는 우전팔번경 속에서 우리는 1500년 전 무령왕의 시대에 아시아의 해상을 누볐던 백제인의 바닷길을 어렴풋이 볼 수 있다.

더욱이 고대에 그와 같은 진귀한 동경은 「권위의 상징」으로서, 신이 부여한 일종의 「신기(神器)」와 같은 보물로 여겼다는 것은 잘 알려져 있다. 뿐만 아니라, 모든 재앙을 물리칠 수 있는 「제마구(除魔具)」와 같은 주술적인 성격을 지닌 「통치도구」와 다름없었다. 일본상고사의 관행으로 볼 때, 이른바 삼종(三種)의 신기(神器)와 황통(皇統)의 승계(承繼)는 밀접한 관련을 지닌다.

이 점은 남제왕(계체천황)의 즉위 시에 대반금촌대련이 경(鏡)과 검(劒)을 바치는 의식을 치르는 대목에서도 잘 드러난다. 그것은 엄숙하고도 장엄한 의례행사로서, 실로 만백성 위에 군림하는 천황의 신위(神威)를 받는 행위였다.

이처럼 통치자에게 정치권력을 창출하는 가장 중요한 도구였던 고대의 동경은 단순한 「헌상물(獻上物)」일 수 없다. 말하자면 동경의 수수(授受)는, 상왕(上王)으로부터 하사되는 일종의 「신임부여(信任附與)」와도 같은 의미를 띤다.

더욱이, 사마가 만들어 남제왕에게 준 우전팔번경은 그렇게 소중한 것이었음에도 불구하고, 명문(銘文)의 내용에 의하면 이백간(二百杅)이나 되는 중량의 백동(白銅)으로 만든 수많은 경(鏡)들 중의 하나였다는 사실이다. 이 한 가지 사례만으로도 당시 사마의 권위는 미루어 짐작할 수 있을 것이다.

어쨌든, 무령왕릉에서 출토된 온갖 유물들은, 중국 것뿐만 아니라 오늘날 일본에서 출토되는 유물과도 밀접한 관련을 갖고 있는 것들이다. 왕과 왕비의 몸을 감쌌던 금은제품의 팔장식과 구슬, 귀걸이, 허리띠 외에도 학계의 관심을 가장 집중시켰던 것은 당시 왕의 시체를 담았던 목관(木棺)이었다.

1500년의 세월에 이미 낡아 부스러지고 파손된 상태였지만, 놀랄 만큼 내구성이 강한 관의 목질(木質) 때문에 남은 조각들 만으로서도 처음의 목관 형태를 쉽사리 상상하여 복원도를 그릴 수 있을 정도였다고 한다. 집 모양으로 관을 짜고 검은 꽃 장식을 한 형태였다.

또한 그 관목(棺木)의 비밀도 경북대학교 수종(樹種)분석 연구실에서 밝혀졌다. 실험용으로 가져간 관재(棺材) 조각을 세밀히 조사한 결과, 전자현미경 분석사진에 촬영된 목질세포의 그물눈 속에 빈 타원형의 구멍들(소위 창상벽공·窓狀劈孔)이 보이는 특이한 형태의 구조였고, 이것은 일본에만 분포하는 금송(金松)으로 만든 관이었음이 밝혀졌다.

예나 지금이나 한국에서 사용하는 관목은 보통 주목이나 느티나무, 상수리나무였다. 그런데 무령왕의 관재가 한국에서는 전혀 자생하지 않는 금송이었던 것으로 판명되자, 무령왕과 일본과의 관계는 다시금 비상한 관심을 환기시키기에 충분했다. 이 수수께끼를 풀기 위해 KBS(한국방송공사)취재팀은 「무령왕의 7가지 비밀」을 캐기 위한 프로그램을 기획한 바 있다. 이때 왕의 관재로 쓰였던 금송의 출처를 추적한 결과, 놀라운 결론에 도달했던 것이다.

일본에만 널리 분포하는 금송은 예로부터 규슈 남부에서 혼슈 중앙부까지 자생하고 있으나, 무령왕릉의 관재에 사용된 그것은 대판(大阪: 오사카) 부근의 고야산(高野山)이 그 주산지였다는 사실이다. 해발 8백 미터의 고야산은, 현재의 행정구역상 명칭인 오카야마켄(岡山縣) 고야산시(市)에 속해 있다. 이 고야산에서 자라는 금송은 그 산명을 따서 흔히 「고야마키: 高野(こうや)まき」라고 불리며, 일본인들은 이 나무를 매우 신성시하고들 있다 한다[고야산(高野山)을 그 지역 사람들은 <다카노야마>라 읽지 않고, <코오야산·こうやさん>으로 발음하고 있다].

무령왕의 관재가 바로 이 고야산에서 온 것으로 판명된 이상, 일찍이 무령왕과 이 지역과는 분명히 밀접한 관련을 맺고 있었을 것이다.

『일본서기』의 기록대로 축자(筑紫: 츠쿠시)의 해중에 있는 각라도에서 태어난 사마왕은, 그 탄생에서부터 마지막 안치된 목관의 재료에 이르기까지 일본과 깊은 관계를 맺었던 인물임에 틀림없다. 이처럼 특이한 생애를 살았던 사마왕과 이 지역과의 특별한 관계도 궁금하거니와, 나이가 그가 어떤 인물이었던가를 보다 깊이 알기 위해서도 새로운 조명(照明)이 필요하다.

관재의 고향인 고야산의 산맥을 넘어가면 인근에 오사카가 있고, 그 근교에 오사카부(府) 하비키노시(市)가 있다. 포도산지로 유명한 하비키노시의 포도밭 곳곳에 널려있는 고분군은 횡혈식 석실분으로, 백제 고유의 무덤양식이다. 특히 관음총(觀音塚)으로 알려진 고분은 그 대표적

케이스다.

고분의 돌벽 위에 새겨진 그림에는, 말을 타고 머리에 깃털을 꽂는 형태를 한 북방 기마족의 무사가 보여, 이곳이 과거 토착민과는 다른 사람들의 집단이 살던 곳이었음을 시사해 주고 있다.

바로 이곳이 그 옛날 아스카(飛鳥)지역으로 일컬어졌던 곳이며, 백제인들이 만들었던 것으로 학계에서 공인하고 있다. 모두 6~7세기경에 만들어진 것으로 추정되는 이들 고분군에서 백제식 토기들이 대량 발굴됨으로써 확실한 사실로 입증되었다. 이들 숱한 고분군을 「비조천총(飛鳥千塚)」이라 부를 만큼 백제식의 횡혈석실분들이 도처에 널려 있다.

또한 하비키노시의 외곽을 흐르는 개천을 건너면 고정전산(高井田山) 횡혈고분(橫穴古墳)이 있다. 바로 여기서 출토된 청동다리미(靑銅火熨斗)는, 무령왕릉에서 출토된 것과 비교하면 그 크기나 형태 등에서 놀랄 만큼 완전히 동일하다. 누가 봐도 같은 사람의 손에서 만들어졌다고 믿을 정도이다.

게다가, 하비키노시의 중심부에 있는 비조호신사(飛鳥戸神社：아스카베진쟈)는 아스카의 조상신을 모신 곳으로 곤지왕(昆支王：백제 개로왕의 동생)＝일본에서는 곤기왕・琨伎王으로 통함＝을 주신(主神)으로 하고 있다. 말하자면 이곳은 과거 곤지왕이 다스렸던 땅이었던 것이다. 요컨대 고야산의 그늘 아래 아스카 문화를 이룩한 수많은 백제인들이 이 일대에 터를 잡고, 집단으로 거주했던 부정할 수 없는 흔적들이 지금까지 남아 있는 것이다.

사마(斯麻), 즉 무령왕이 신사년(辛巳年：501년)에 40세의 나이로 백제의 제25대왕으로 즉위하기까지는, 그 역시 이곳에서 젊은 시절을 보냈을 것이다.

그런데 소진철 박사의 견해(『금석문으로 본 백제무령왕의 세계』)에 따르면, 서기 462년(일본서기 기년으로는 461년)에 그가 각라도에서 탄생하고, 502년 백제로 환국(還國)하기 전까지 「도군(嶋君)(=사마군)」의 신분으로 「왜국」에 있었다는 사실은, 왜왕의 지위에 있었다는 것으로 해석된다고 하였다. 또, 이 시대의 「군(君)」이란 것은 『예기(禮記)』에도 나와 있듯이, 대왕의 「侯」(후)였던 것으로 보아야 한다고 지적했다.

「軍君(군군)」(=곤지왕)이나 「嶋(=斯麻)君」은 그런 대표적인 인물이다. 그리고 <무열기> 7년(505년)에 당시 백제왕이었던 사마왕이 태자인 「사아군(斯我君)」을 왜국에 보내 천황을 섬기게 했다는 이야기와 그 후에 사아군이 자식을 두어 「법사군(法師君)」이라 했는데, 그가 곧 「왜군(倭君)의 선조」였다고 『일본서기』는 기술하고 있다. 하여간 이들은 모두 왜국과 깊은 관련을 가진 사람들이다.

소 박사는, 왜군의 선조라는 말은 곧 「왜왕의 선조」라는 말과도 같은 뜻으로, 이들 모두가 백제왕의 후왕(侯王)으로 「왜」에 보내져 그 땅에 있었던 것으로 보아야 한다고 설명하고 있다.

이 점과 관련하여 우리의 주목을 끄는 것이 백제 고유의 「담로(擔魯)」 체제이다. 『양서(梁書)』<백제전>에는 당시 백제의 통치체제인 이 「담로」에 관해서 다음과 같이 서술하고 있다.

號所治城曰固麻, 謂邑曰擔魯, 始中國之言郡縣也. 有國有二十二擔魯, 皆以子弟宗族 分據之

(나스리는 곳의 성을 이름히여 「고까」라 하고, 읍을 일컬어 「담로」라 하는데, 중국말의 군현에서 비롯했다. 그 나라는 「22담로」가 있어 모두 자제종족으로써 이를 나누어 다스린다.)

이와 같이, 백제는 일찍부터 신개척지에 자제종족을 파견하여 「담로」라는 통치체제에 따라 그곳을 다스렸다.

고사기나 일본서기의 여러 곳에 백제왕이 그의 골족(骨族)을 왜국에 파견했다고 한 사실(史實)들도 이러한 성격과 무관하지 않다.

무령왕릉에서 나온 금동제 신발과 똑같은 것이 일본에서도 출토되고 있다는 사실 등을 이런 관점에서 검토해볼 필요가 있다.

백제식 고분의 비교적 이른 시기의 모양을 본 딴 것으로, 규슈의 다마나(玉名)군(郡)에 있는 <에다(江田)·후나야마(船山)고분>은 국왕급의 화려하고 풍부한 부장품, 그리고 75자의 명문이 은(銀)으로 상감(象嵌)된 칼의 출토로 유명한 고분이다. 특히 관모(冠帽) 모양의 금동제 관과 금귀고리, 그리고 금빛으로 찬란히 빛나는 금동제 신발 등은 한국에 연원을 둔 것임은 두말할 여지가 없는 것이다. 금귀고리는 남한의 여러 고분들에서 출토된 것과 동일한 형태인데, 특히 무령왕릉 출토의 심엽형(心葉形) 금귀고리와 똑 같다. 이것은 무덤의 축조 연대와 관련시켜 볼 때 매우 시사하는 바가 크다.

금동관모는 전라남도 나주의 반남면 신촌리 9호분에서 나온 관이나 경주의 천마총의 것과 똑같은 물품이다. 또 금동신발은 무령왕릉의 그 것과도 같고, 또 1986년에 발굴된 전라북도 익산군 웅포면 입점리(笠店里)의 백제고분에서 금동관모와 함께 출토된 금동신발과도 완전히 같다. 심지어 밑바닥에 9개의 못(釘)이 있는 것까지도 동일하여, 그 제작 솜씨가 같은 장인(匠人)의 것으로 추정된다.

더욱이, 이 지역의 명칭인 「다마나(玉名)」는, 백제의 통치체제의 특징으로 보면 지방군현에 해당하는 「담로」와 같은 의미이다.

고대어에서, 「나, 노, 로, 라」등의 음을 표기한 차용한자들은 서로 대체(代替) 가능한 글자로서, 모두 「地方」이나 「土地」및 광의의 「邑」혹은 「國」을 뜻했다.

따라서 <담나>의 일본식 발음인 <다마나>와 <담로>는 같은 뜻이

므로, 이는 백제의 군현 명칭이었던 「담로」의 음사(音寫)로 볼 수 있다. 이 점, 『양서(梁書)』<백제전>에 언급된 바와 같이, 다스리는 곳의 성(=都城)을 「固麻(고마)」라고 했다는 점과 관련해볼 때, 한지(韓地) 백제의 도읍지는 「熊津(웅진)」(고마느르, 또는 구마나리)이었듯이, 규슈의 다마나(玉名)가 熊本(웅본)(=구마모토·くまもと)에 속해 있는 점까지 유사하다.

담로체제의 명칭에서 뿐만 아니라, 백제식 횡혈고분에서 출토된 유물까지 동일하여, 고대에 비후(肥後·히고)지방은 이곳의 북부지대는 물론이고, '히고'의 남부지역까지도 백제와 밀접한 관련을 지녔다고 볼 수 있다. 즉, 히고 남부지역에는 아직도 백제 지명들이 그대로 남아 있다. 특히, 아시기타(葦北·위북) 고을의 구다라키(百濟來)촌이 대표적이다.

구다라키는 「久多良木·くだらき」라고도 쓰는데, 한자표기는 어떻든 간에 마을 이름이 한국의 백제에서 나왔다는 것만은 틀림없다. 이 마을은 일본 고대 역사상 유명한 니치라(日羅·일라)가 거주했던 곳이기도 하다.

『일본서기』<민달기(敏達紀)> 12년(583년) 7월조에, 천황은 임나부흥을 도모하기 위해 『지금 백제에 있는 히(ひ=火·肥) 땅의 위북국조(葦北國造：아시기타노 쿠니노 미야쓰코)인 아리사등(阿利斯登：아리시토)의 아들 달솔(達率·백제의 官等名) 일라(日羅·니치라)가 현명하고 용기가 있어, 짐이 그 사람과 계획하려고 한다』하고 조칙을 내려, 길비해부직우도(吉備海部直羽嶋：키비노이미노 아타히하시마)와 기국조압승(紀國造押勝：키노쿠니노 미야쓰코 오시카쓰)을 백제에 보내 일라(日羅)를 불렀다는 기사가 있다.

백제는 그 시절 한국 땅에만 있었던 것이 아니라, 당시 비후(肥後：히고) 땅의 일라(니치라)가 살던 곳도 역시 백제 영역이었음을 이 기록은 잘 증명해주고 있다.

『일본지명대사전』에도 니치라가 살던 마을 안에는 구다라키(百濟來) 지장당(地藏堂)이 있고, 이는 니치라가 만들어 안치한 것이라고 전하고 있다.

요컨대 히고 땅에서도 고대엔 지역에 따라 여러 계통의 소집단들이 나뉘어 있었던 것으로 보인다. 고분의 분포를 종합해 보면, 북부 히고는 기쿠치가와(菊池川 : 국지천) 유역 일대인 다마나(玉名)군·기쿠치군 등을 포괄하는 하나의 정치문화권이 여기에 해당된다고 볼 수 있다. 중부 히고는 시라가와(白川) 이남 지역으로, 우토반도(宇土半島) 및 야쓰시로(八代) 일대가 하나의 문화권이라고 볼 수 있다. 이밖에도 남부 히고는 구마카와(球磨川) 유역을 중심으로 하여 구마군과 아시기타(葦北)군 등이 여기에 해당된다.

그런데 일본 학자들은 이른바 '고마키미(肥君)'의 본거지를 바로 이 구마천(球磨川) 하류 야쓰시로평야(八代平野) 일대로 비정하는 것 같다.

놀라운 것은, 「구마천(球磨川)」의 한국어 음이 백제의 도성이었던 「웅진(熊津)」과 똑같이 「구마나리」라는 점이다. 왕릉급의 백제식 무덤에서 출토되는 금동제 신발이나 부장품들은, 당시 백제의 군현이었던 「담로」 체제와 관련하여 우리에게 매우 중대한 의미를 암시한다고 볼 수 있다.

말하자면, 백제인들의 발길이 가 닿은 곳은 이른바 「금동신발의 영역」이라고 불러도 좋을 만큼 백제인들에 의해 다스려졌던 곳이기도 하다.

이로써 우리는 무령왕릉의 발굴을 통하여 한·일 고대사의 한 결락(缺落) 부분을 복원해 볼 수 있었다. 동시에, 사마왕은 출생에서 죽음에 이르기까지 일본 땅과 밀접한 관련을 맺고 있었던 것은 이제 누구도 부인할 수 없는 확실한 사실(史實)임을 깨달을 수 있다.

쟁점 ▶
『송서(宋書)』의 倭王(왜왕) 「무(武)」는 武寧王이었나?

5세기 중국 사서에 기록되어 있는, 이른바 「왜오왕(倭五王)」의 존재는 일본 고대사를 논함에 있어 필수불가결의 사항이다. 그럼에도 불구하고, 그 정확한 실체 파악 면에서는 아직도 오리무중을 더듬듯이 명쾌하지 못한 데가 있다.

말하자면 「수수께끼의 5세기」라고 하는 일본 고대사의 결락(缺落) 부분을 규명하는 데에 이들 왜(倭) 5왕의 정체를 밝히는 일은 사가(史家)들에게는 실로 중대한 소임(所任)에 해당한다.

이른바 <왜5왕>에 대한 기록이 생생하게 전하고 있을 뿐 아니라, 왜왕 무(武)가 송제(宋帝)에게 봉정(奉呈)한 상표문(上表文)까지 있기 때문에, 이 사실은 합리적인 판단과 정당한 해석으로 접근할 자세만 되어 있다면 어렵지 않게 규명할 수 있는 문제인 것이다.

그런데도, 종래 일본 학계에서는 도저히 성립이 불가능한 천황계(系)의 웅략(雄略)의 휘(諱)가 대박뢰유무(大泊瀨幼武)라는 점에서 「武」라는 글자의 사용이 「倭王武(왜왕무)」와 일치된다는 설을 내세워, 「天皇(천황)」은 바로 「倭王(왜왕)」과 같은 존재라고 주장하고 있는 것이다.

그러나, 「천황」과 「왜왕」은 전혀 그 계보를 달리하고 있는 다른 실체로서, 왜왕 「무(武)」가 남기고 간 상표문은 이러한 사실을 여실히 증명해주고 있다.

그와 같은 주장 밑에, 소진철 박사는 일찍이 왜왕 「武」는 다름 아닌 백제 무령왕(武寧王), 즉 사마(斯麻)왕이었다고 지적하여, 우리의 지대한 관심을 끈 획기적인 논문을 발표했다.

왜왕 무가 송제에게 올린 상표문을 바탕으로 그렇게 주장한 그의 글을 여기 인용해 보기로 한다.

「武」는 백제와 고구려의 대회전(大會戰)이 있었던(475년) 어느 날 자신의 「부형(父兄)」은 「갑자기 서거했다」(奄喪父兄)고 하며, 그로 인해 백제지원군의 출동은 중단되었다고 한다.

이러한 사실 하나만 보더라도, 『일본서기』에 적혀 있는 웅략의 천황 계로서는 이에 대한 해명이 불가능한 것이다. 왜냐하면, 웅략천황의 부왕(父王)인 「왜왕·濟」라고 하는 윤공천황은 서거한 지 이미 오래 전의 일로서, 이 사실과는 전혀 부합되지 않는다. 따라서 웅략천황을 중심으로 해서 이루어진, 다른 천황들의 왜왕에 대한 비정(比定: 비교해 가며 정함)은 자연히 그 근거를 상실하게 되는 것이다.

웅략천황과 왜왕 무는 전혀 다른 실체로서, 「무」의 부왕은 475년경 싸움터에서 「갑자기」 죽었으며, 그 부왕의 유지(遺志)는 다름 아닌 적＝고구려를 쳐 원수를 갚는 것이라고 하니(*주1), 그는 475년 겨울 아차성(阿且城)에서 비명에 쓰러진 백제 개로왕의 태자인 어린 「嶋(＝斯麻·사마)君」이 분명하다.(*주2) ―(『금석문으로 본 백제무령왕의 세계』pp.135~136)

주(註)

1) 무령왕은 백제왕에 즉위한 후, 20년이 지난 521년(普通2년), 양(梁)의 고조(高祖)에게 보낸, 한 상표문(上表文)에서 자신은 부왕의 유지에 따라, 「구려(句驪)」를 여러 차례 격파하고, 실지를 회복해 지금은 그들과 통호를 하고 있으며, 백제는 다시 강국이 되었다고 한다.

(累破句驪 今始與通好, 而百濟更爲彊國) ―『양서(梁書)』<백제전>.

2) 전술(前述)한 일본의 국보 우전팔번신사경의 명문(銘文)도, 사마왕이 백제로 환국하기 전, 왜왕의 지위에 있었을 때의 가능성을 시사한다고 소(蘇) 박사는 보고 있다. 사마가 이 경(鏡)을 만든 것은, 그가 502년

에 환국(『삼국사기』에는 501년으로 기록)한 뒤인 그 이듬해(계미년:503년)의 일인데, 이때 그는 「하내비직(河內費直)」을 「견(遣)」(=파견)하여 이것을 만들었다고 한다. 그런데 이 시대에 「왜」에서(특히 畿內에서) 「河內費直」과 같은 인물을 「遣」할 수 있는 직함은 오직 「왜왕」만이 가능한 것이라고 주석(註釋)하였다.

대략 이와 같은 설명으로 결론을 지은, 그 저서의 주요 논지들을 다시 종합, 정리하면 다음과 같은 주장으로 집약될 수 있다.

① 무령왕릉의 발굴 시에 나온 지석에는 「영동대장군 백제 사마왕」이라고 하는 글귀가 적혀 있어, 바로 이것은 백제왕국의 제25대 무령왕의 생애를 기록한 것임을 알 수가 있다.

② 특히, 왕의 타계를 기록한 사관(史官)은, 그 죽음을 「대왕」이나 「천자」의 죽음에만 쓸 수 있는 「붕(崩)」자로 표기하고 있어, 『일본서기』에 크게 왜곡되어 있는 「천황 붕(崩)」 「백제왕 훙(薨)」이라고만 적은 일방적 역사체계는 재고되어야 한다.

③ 왕릉의 지석(誌石)이 나옴으로써 우전팔번경의 명문이 말하는 「대왕년·계미년」이 무엇이며, 사마가 누구였는지를 알 수 있었다.

④ 『양서』<백제전>의 기록에 의하면, 백제는 「담로」라는 통치체제를 가지고 있었고, 왕은 자신의 자제종친을 「담로」라는 그 군현에 파견하여 다스리고 있었다. 이러한 관점에서, 개로왕의 아우 「軍君(=現伎王·昆支王)」이나 개로왕의 아들인 「嶋(=斯麻)君」 또 「斯我君」·「法師君」 등은 일찍이 백제왕의 「후왕(侯王)」이면서 동시에 「왜왕」이라고 하는 직함으로, 「倭」의 봉토(封土)에 군림한 사실을 말해주고 있다.

⑤ 백제왕과 왜왕의 이러한 관계는 『송서(宋書)』에 나오는 왜왕 무(武)의 상표문(上表文)에서도 엿볼 수가 있다. 『송서』에 의하면, 478년 왜

왕 무는 백제의 위급한 사정을 고하기 위해, 한 장의 상표문을 송(宋)의 순제(順帝)에게 보냈다고 하는데, 여기서 그는 백제 개로왕으로 보이는 인물을 자신의 「父」라고 부르고 있으며, 그 부친은 475년경에 「갑자기 서거했다(奄喪父兄)」고 주장하고 있다. 그런데 이러한 정황은 왜왕 무를 웅략천황으로 비정하고 있는 일본학계의 소위 「통설(通說)」로서는, 상상조차 할 수 없는 일이다.

⑥ 그러므로 왜왕 무가 말하는 「奄喪父兄」(엄상부형)은 다름 아닌 백제 개로왕과 그 왕자의 비참한 최후를 말하는 것으로 보아야 하며, 「武」는 바로 살해된 개로왕의 태자인 어린 사마군(嶋君)이 아니고서는 아예 이야기가 되지 않는 것이다.

⑦ 게다가 왜왕 무는 그 상표문에서 자신의 「부왕과 형의 유지(遺志)=(申父兄之志)」라고 하면서, 그것은 적(敵) 고구려를 무찔러 빼앗긴 강토를 다시 찾는 것이라고 하였다. 이처럼 그의 마음 속 깊이 고구려에 대한 증오와 원한을 갚는 일이 부형의 유지라고 했다면, 그가 곧 개로왕의 아들 무령왕의 총각시절인 사마군(斯麻君)이 아니고서는, 그 어떤 누구도 여기에 해당한다고는 생각할 수 없는 일이다.

이때 그의 나이 16~17세 되는 총각의 몸이었으니, 사마군은 그로부터 20여년을 「倭王 武」로 재위한 것으로 보인다.

⑧ 『송서』에 의하면, 478년(昇明二年) 순제는 「왜왕 무」가 자청(自請)한 「영동(寧東)대장군 왜국왕」을 제수(除授 : 천거에 의하지 않고 임금이 직접 임명하는 것)했다고 하고, 그 이듬해인 479년에는 남제(南齊)의 고제(高帝)가 「진동(鎭東)대장군 왜국왕」을, 그리고 20년후인 502년(天監元年)에는 양 무제(武帝)가 「정동(征東)장군 왜국왕」을 각각 「武」에게 승작제수(昇爵除授 : 작위를 높여 임명)하였다고 한다.

이와 같은 관작의 제수를 통해서 볼 때, 「무」의 왜왕위(倭王位)는 적어도 20년은 지속되었던 셈이다. 이 사실은 『삼국사기』와 『일본서기』에 기록된 사마왕의 백제왕 즉위와 시기상으로도 잘 부합되는 것이다. 두 사서(史書) 간에는 1년이라는 시차는 있으나, 사마왕은 501년, 또는 502년 「왜」에서 환국해 백제의 제25대 왕위에 올랐던 것으로 설명된다.

⑨ 왕에 즉위하자마자 곧바로 부왕의 유지를 받들어 고구려를 여러 차례 격파하는 등 20여년간 백제중흥을 위해 진력한 사마왕은, 계미년(523년) 5월, 62세로 붕(崩)한 뒤에 그 업적에 걸맞게 「무령왕(武寧王)」이란 시호를 갖게 된다.

시호는 원칙적으로 사후에 붙여지는 것이긴 하나, 생전의 업적이나 공덕을 따져 제정하는 것임을 감안할 때, 『삼국사기』의 기술대로 「그는 키가 8척이고 미목(眉目)이 그림과 같고, 성품이 인자하고 관후(寬厚)하여 민심이 귀부(歸附: 스스로 와서 복종함)하였다.」는 것으로 보아, 「무령」은 잘 어울리는 시호이다.

특히, 「무(武)」자 다음에 「寧」(영·녕·령)자를 결합한 것은, 왕이 60세의 환갑을 맞이하는 521년 양 무제로부터 제수된 최후의 관작이었던 「寧東·대장군 백제 사마왕」의 머릿글자에서 따온 것으로 볼 수 있다.

제9장

백제계 부여씨의 천황가(天皇家) 편입과 불교의 융성

- 흠명(欽明)
- 추고(推古)
- 서명(舒明)
- 황극(皇極)[＝제명(濟明)]

제29대 천국배개광정(天國排開廣庭) — (欽明·흠명)天皇

● 天　國　排　開　廣　庭
　하늘　나라　믈리티　프러　넙　뜰
　(현대어→「하늘 날아 멀리 틔어 푸르 넓드륵」)
　<창공을 날아오르니(＝天皇位에 오르니),
　멀리 트인 하늘이 푸르고 널찍함>

　천국배개광정천황(天國排開廣庭天皇：아메쿠니 오시하라키 히로니와노 스메라미코토·あめくにおしはらきひろにはのすめらみこと), 즉「欽明(흠명)」(킨메이·きんめい)천황은 남대적(계체)천황의 적자(嫡子)이다.

　『일본서기』<계체기> 원년(507년)에, 천황은 대반금촌대련의 상주(上奏)를 받아들여, 「짐이 아들이 없는 것을 대련이 근심하여 성심을 보이고, 국가에 대하여 세세로 충성을 다하였다. 어찌 짐의 세대에 한할 것인가. 예의를 갖추어 수백향 황녀를 맞아들여라」하는 조칙을 내리고, 마침내 수백향 황녀를 황후로 세웠다. 그리고, 그 황후와의 사이에서 드디어 한 아들을 낳게 되었다. 이 아들이 천국배개광정존, 즉 후일의 흠명천황이다.

　그런데 <계체기> 원년 3월조에 의하면, 흠명천황의 이름 속에 있는「개(開)」자는 따로 음훈 읽기 방식을 곁들여 놓았다. 즉, 「開, 此云 波羅企」라 하였다.

　종래의 일본식 독법으로는「はらき(하라키)」였다. 현대일본어「開き」[ひらき·히라키：개시(開始), 열림, 벌어짐]이라는 말이, 여기 이「開」의

「此云 波羅企」에서 유래된 것이 아닐까 하는 생각이 든다.

요컨대, 「開」의 일본고대어인 <はらき>(하라키)에서 오늘날의 <ひらき>(히라키)로 전음(轉音)되었던 것으로 추정해 볼 수도 있다. 그러나 이를 한국어로 읽으면 다음과 같다.

「開(프러), 此云 波羅企(이를 <푸르기>라 한다)」

어째서 이렇게 읽혀지는가? 「開(개)」의 훈에는 「열(啓·闢也)·베플(張也)·비롯홀(始也)·필(=필:開花)·플(프러:解也)」등이 있다.

이 가운데서 「프러」(현대어는 '풀어')의 의미로 해독되는 용례로, 가령 「개미(開眉)」는 「마음의 근심을 풀다」즉, 안심의 뜻이요, 「개금(開襟)」은 <옷깃을 풀다>, 혹은 <옷섶을 열다>라는 뜻으로, 전의(轉意)하여 <속마음(胸襟)을 터놓다>의 의미가 되었다. 이밖에, 「開放(개방)」은 「解放(해방)」과도 통한다.

그런데 이 「開」의 한국어 훈인 「프러」(현대어, '풀어')의 음은, 「靑」의 훈인 「프르」(현대어, '푸르')와 동음이다. 「靑」에는 「프르(-다)」(=푸르다) 외에 또 달리 「프른(-다)」(=파랗다) 혹은 「프라흐(-다)」(=파라하다, 즉 파랗다) 등의 유사어들이 있다.

따라서 「波羅企」의 한국어 음은 「파라기」(=「파랗기·靑」)의 고어인 「프른기」로 읽으라는 의미였던 것이다.

그러므로 「開」의 훈을 「波羅企」로 읽는다는 것은, 그 훈의 소릿값인 「프르」(=현대어, '풀어':解也)와 「靑」(프르=현대어, '푸르')의 훈 읽기가 동일하다는 의미와 다름없다. 이처럼 양자대응에서 교묘하게 일치됨을 발견할 수 있다.

이와 같은 단서에 따라 「開」(푸르)의 자리에, 「波羅企」(파랑기)를 대체하여 「天國排開(=波羅企)廣庭」을 다시 해독하면 다음과 같다.

● 天　國　排　波羅企　廣　庭
　하눌　나라　믈리티　ᄑᆞᄅ기　넙　뜰
　(현대어→「하늘 날아, 멀리 틔어 파랑기 넓드륵함」)

「하늘을 날아 높이 솟아오르니, 멀리 트인 창공이 파랗게 넓직해.」
와 같은 의미로서, 이는 천황위에 오르니, 천하 다스림에 있어서 막힘없
이 열린 세계를 지향해 맘껏 포부를 펼쳐보고자 했던 비유적 표현이다.

　그런데 『고사기』에서는 그 이름이 「天國押波流岐廣庭」으로 표기되어
있다. 그렇다면 이것은 또 어떻게 읽혀지는가를 보자.

● 天　國　押波　流　岐　廣　庭　〈고사기〉
　하눌　나라　눌리　파　흐르　기　넙　뜰
　(현대어→「하늘 날아, 누리(세상) 파아랗기 넓드륵」)

「하늘을 날아 높이 솟아오르니, 세상이 파아랗게 넓직해」와 같은
의미로서, 『일본서기』의 그것과 대동소이하다.

　다만 여기 이 『記』의 「波流岐(파류기)」를, 『紀』에서는 「波羅企(파라
기)」로 바꾸어 표기했을 뿐, 그 의미는 같다. 그 이유는 각각 「파(波) · 흐
르(流) · 기(岐)」(파흐라기=파랑기)와 「파(波) · 라(羅) · 기(企)」(ᄑᆞᄅ기=파
랑기)로 읽지만, 둘다 「靑」의 뜻이기 때문.

　결국, 흠명천황의 즉위는 마치 「비가 멎고 하늘이 푸르게 활짝 갬」의

의미와도 같은 국가적 경사임을 비유한 이름이었던 것으로 해석된다.

아마 이로 인해서, 『일본서기』에는 굳이 그 이름 속에 「開」자를 넣어 「波羅企」로 읽도록 단서를 붙였던 것 같다. 옛 글에도 「開霽(개제)」라는 말이 있다. 그 말의 용례를 보면, 「秋雨忽開霽, 乾坤變淸涼」(가을비가 홀연히 멎어 하늘이 활짝 개이니, 천하가 맑고 시원하게 변했다)라고 하였다.

이로써 흠명천황의 이름은 「開天(개천)」의 의미로 요약되고, 「흠명(欽明)」이라는 시호 역시 「밝음을 공경함」의 뜻이므로 상호 일치한다.

끝으로, 한 가지 덧붙인다. 즉, 천황시호인 「흠명」의 「흠(欽)」자는 고대한국어의 훈독이 「고마」였다.

옛날 아동을 위한 한문학습서인 『신증유합(新增類合)』(하권)에, 「고마 흠: 欽」이라 나오고, 「고마ᄒ다」라는 동사는 「높이다, 공경하다」의 뜻이었다. 무엇보다 중요한 것은, 이 「고마」가 백제와 관련된 명칭이란 점이다.

사마왕 시대의 백제 수도 「熊津(웅진)」이 「고마ᄂᄅ」(혹은, 구마나리)였고, 「肥君(こまきみ: 고마키미)」라는 성씨(姓氏: かばね·카바네)가 역시 백제계였다는 점과도 무관하지 않다.

이런 사실과 연관해 보면, 흠명천황의 어머니 수백향(手白香) 황후는 백제계였던 것이 분명하다. 한 걸음 나아가, 사마왕의 딸이라고 보는 견해도 전혀 근거 없는 주장은 아닌 셈이다. 만약 사실이라고 보면 천황가의 계보에는 이때부터 비로소 백제계 부여씨(扶餘氏)의 혈통이 스며드는 중대한 변화가 일어난 것으로 해석될 수 있다.

지금까지 살펴본 바에 의하면 주로 갈성부(葛城部)를 근거지로 한 백제계 목씨의 딸들을 황후로 맞아들인 경우가 많았다. 그로 인해 목씨 세력이 대거 조정의 중신직(重臣職)을 맡아 세도를 누렸던 것이다.

　그런데 이제 비로소 흠명천황의 등극과 함께 세력판도에 변화가 일어나기 시작한 것이다. 왜국 내 백제인들의 지원을 받은 남대적(계체)천황이 흉측 무도한 무열천황을 제거하고 황위에 올랐다. 그 뒤, 계체의 적자로 태어난 흠명천황의 등장에 의해 그 이름의 의미처럼 새롭게 「開天」했다고 볼 수 있다.

　이 점, 돌이켜 보면 부여(扶餘＝夫餘)국 출신의 왜왕이었을 가능성이 많은 응신천황이 「開國」한 난파조정(難波朝廷)의 황통은 서기 530년까지, 간혹 신라계와 교착(交錯)하면서 응신계 부여씨에 의해 계승돼 왔다. 그러한즉, 이제 바야흐로 흠명천황의 등극으로 인해 북부여씨의 황통이 마침내 백제계 부여씨로 바뀌어 감을 예고한 사단(事端)이었던 것으로 추리된다.

제30대 풍어식취옥희(豊御食炊屋姫)—(推古·추고)天皇

　● 豊　御　食　炊　屋　姫
　넉넉히　뫼실　밥　불때　짓　키
　(현대어→「넉넉히 메(祭祀米) 쓸 밥, 불 때 짓기」)

　풍어식취옥희천황(豊御食炊屋姫天皇: 도요미케카시키야 히메노 스메라미코토·とよみけかしきやひめのすめらみこと), 즉 「推古(추고)」(스이코·するこ)천황의 이름은 위에서 본 것처럼 **「신령께 바치는 메에 쓸 밥, 넉넉히 불을 때 짓기」**라는 의미다.

　흔히 제사 때에 조상의 영전이나 신위 앞에 올리는 밥을 한국어 음으로는 「메」라고 하는데, 이 말의 어원은 「미(米)」의 상고음(上古音)인 「메」에서 유래했다. 이 <메(米)>가 <메>로 단음화하여, <제사밥>이란 의미로 현재까지 남아서 사용되고 있다.

재미있는 것은 일본어의 「こめ(米)·고메」가 한국어의 이 「메」와는 어떤 관련이 있지 않을까? 혹, 신에게 올리는 신성한 쌀의 뜻인 「御米(어미)」가 일본어의 「こめ」로 되어, 보통명사화한 것으로 추정해 볼 수도 있다.

『고사기』의 표기는 다음과 같다.

●豊　　御　　食　　炊　　屋　　比　　賣　　<고사기>
넉넉히　뫼실　밥　불때　짓(집)　비　매
(현대어→「넉넉히 메(祭祀米) 쓸 밥, 불 때 지피매」)

결국 『일본서기』와 똑같은 의미로 풀이된다.

단지, 마지막 글자인 「屋姬」와 「屋比賣」의 대비에서 조금 표기가 달라졌을 뿐, 해독된 뜻은 궁극적으로 동일함을 알 수 있다. 즉, **「메에 쓸 밥, 불을 때 짓기」**와 **「메에 쓸 밥, 불을 때 지피매」**라고 하는 미묘한 해석상의 차이가 발견될 따름이다.

[「지피매」란 말은, 「아궁이나 화덕에 땔나무를 넣어 불을 피우매」의 뜻] 그렇다면, 추고여황(推古女皇)은 무슨 이유로 이와 같은 이름을 얻게 되었을까? 그 해답은 <추고기(推古紀)>15년(607년) 2월조에 나와 있다.

춘2월 무자(9일), 천황이 조(詔)하여, 『짐은 들었다. 옛적에 우리 황조인 천황들이 세상을 다스릴 때, 천지에 공구(恐懼)하여 두텁게 신기(神

祇: 하늘의 신과 토지의 신. 즉, 천신지기)를 공경하였다. 두루 산천을 제사 지내고, 하늘과 땅에 마음을 통하셨다. 이로써 음양이 서로 열려 화목하고 조화가 함께 순조로웠다. 지금 짐의 세(世)에 있어서도, 신기에 제사 지내는 것을 게을리 할 수 있는가. 여러 신하들은 마음을 다하여 마땅히 신기를 배(拜)하라』고 하였다. 갑오(15일), 황태자와 대신은 백료를 거느리고 신기에 제사지냈다.

이런 기사를 보건대, 추고천황은 천신지기에 제사 지내는 행사를 거국적인 차원에서 실시했던 것으로 보인다.

「推古(추고)」라는 시호도 「옛것을 기리고 장려함」이란 뜻이다. 실제로 추고천황시대의 가장 큰 특징으로 꼽을 수 있는 것도 대대적인 불사(佛事)의 거행이었음을 『일본서기』는 잘 전하고 있다.

흠명천황 13년(552년)에, 백제의 성왕(聖王=聖明王)이 처음으로 불교를 일본 땅에 전해준 이래, 이른바 <피의 불교전쟁>을 대대적으로 치른 뒤 불교 옹호론자인 소아씨(蘇我氏)의 승리로 끝나, 불교는 이 땅에 튼튼한 뿌리를 내리게 된 것이었다. 그리하여 추고시대에 이르러 비로소 불교는 융성해졌다. 천황의 조칙으로 황태자 및 대신들로 하여금 임금과 어버이의 은혜를 갚기 위하여 다투어 불사(佛舍)를 지었는데, 이것을 「절(寺)」이라고 처음 일컫게 된다.

이 시대에 들어와서 수많은 한반도의 승려들이 일본으로 건너오게 된다. 서기 594년, 고구려의 승려 혜자(慧慈)가 귀화하여 황태자(성덕태자)의 스승이 되었다. 또 이 해, 백제의 승 혜총(慧聰)이 왔다. 이 두 승이 불교를 포교하여, 아울러 불법(佛法)의 동량(棟梁)이 되었다. 소아마자(蘇我馬子: 소가노 우마코)대신의 주도(主導) 아래 법흥사가 준공된 것도 이 무렵(596년: 推古4년 11월)이었다.

『부상기(扶桑記)』에는 법흥사의 준공식 광경을 다음과 같이 기술하고 있다.

「建法興寺 立刹柱日 大臣并百濟人 皆着百濟服 觀者悉悅」
(법흥사를 건립함에 사찰의 기둥을 세우는 날, 대신과 아울러 백제인들이 모두 백제의 복식을 차려입었는데, 보는 자들이 다 기뻐했다.)

그 법흥사의 초대 사사(寺司·데라노 츠카사 : 절을 맡은 책임자)로 소아마자대신의 아들 선덕신(善德臣 : 젠토코노 오미)을 임명하였다. 같은 날, 혜자·혜총의 두 스님이 처음으로 법흥사에 들었다.

또, 추고 10년(602년) 10월, 백제의 승 관륵대사(觀勒大師)가 일본으로 건너왔다. 역본(曆本)과 천문지리서(天文地理書), 둔갑방술서(遁甲方術書) 등을 가져와 제자들을 가르쳤다.

그런데 지금으로부터 불과 20여년 전의 일로서, 고대의 수도였던 아스카의 한 고분 석실에서 사신도(四神圖)의 청룡 백호와 함께 정교하게 그려진 성숙도(星宿圖 : 별자리 그림)의 발견으로 일본 고고학계가 떠들썩했었다.

그런데 바로 이를 일본에 전래한 분으로서 백제의 관륵대사가 한창 각광을 받았다. 또, 7세기 무렵의 목간(木簡) 5천점이 아스카의 옛 못(舊池)에서 발굴됐다.

그 중에 「觀勒(관륵)」이라고 적힌 이름이 보여, 이를 해독하면 그가 일본문화에 기여한 내용에 대한 재평가가 이루어질 전망이다. 이밖에도 고구려의 승 담징(曇徵)과 법정(法定)이 일본에 건너온 것도 추고천황 시대였다(610년 : 추고 18년 3월).

법륭사의 벽화를 그린 것으로 유명한 담징은 일본 땅에서는 처음으로 종이의 제조와 수력(水力)의 맷돌을 만들었다고 기록돼 있다. 즉, 스스로 채색과 지묵(紙墨)을 만들어 사용했던 인물이었던 것이다.

추고천황시대에 기억될 만한, 또 한 사람만 더 소개하자면 백제인 안작조(鞍作鳥)가 있다. 그는 천황의 명으로 장육불상(丈六佛像)을 만들었던 조불공(造佛工)이었다. 원흥사(元興寺)의 금당에 모실 거대한 장육의 동불상(銅佛像)이 금당의 문보다 높아 들여놓을 수 없게 되었을 때, 그의 기지(奇智)로 문을 부수지 않고 그 불상을 앉혔던 사람이다.

● 鞍 作 鳥
　안　짓　새
　(현대어→「앉히세」)

이것이 그 이름의 의미다. 완성된 동상을 금당 안에 모실 수가 없게 되자 여러 공인들이 상의하여 금당의 문을 일단 부수고 들여놓자고 이구동성으로 얘기했다. 그러나 안작조는 조용히 궁리한 뒤끝에 간단히 해결책을 찾아냈다. 즉, 그 불상을 옆으로 눕혀 문안으로 들여놓은 다음, 손쉽게 앉힐 수가 있었던 것이다.

어쨌든 추고천황 때는 이처럼 신불(神佛)을 공경하고 정성스레 받들어 모셨던 특징을 지녔다.

그러나 정치적으로는 전왕(前王)인 숭준(崇峻)천황을 시해한 소아마자대신이 전횡하고 있었다. 소아마자대신은 그의 누이 견염원(堅鹽媛·키타시히메:흠명천황의 5妃 중 한 사람)이 낳은 민달(敏達)천황의 미망인이었던 풍어식취옥희(豊御食炊屋姬=추고)천황을 형식적인 황위에 올려 세웠다.

그리고는 뒤에서 그가 좌지우지하였으니, 조정과 천하는 완전히 백제 목씨의 손아귀에 들어가 있었다.

따라서 소위 불교전쟁에서 승리한 뒤부터는 소아씨족의 천지가 된 셈이었다.

제34대 식장족일광액(息長足日廣額) ─ (舒明·서명)天皇

● 息 長 足 日 廣 額
식 키 족 히 너븐 니마
(현대어→「씻기 좋게 넓은 이마」)

식장족일광액천황(息長足日廣額天皇: 오시나가타라시히 히로누카노 스메라미코토·おしながたらしひひろぬかのすめらみこと) 즉 「舒明(서명)」(죠메이·じょめい)천황의 재위기간은 13년간이었다. 결코 짧다고만 할 수 없는 그 세월동안 『일본서기』의 <서명기>는 매우 간략하고, 전체 분량도 짧다. 그러면서도 특별히 눈에 띄는 것은 다른 천황기록에 비해 유난스레 온천행락 기사들로 채워져 있는 점이다.

예를 들면;

① 「3년 9월, 정사삭 을해(13일), 진국(津國)의 유간온탕(有間溫湯: 아리마노유)=神戸市兵庫區 有馬溫泉]에 갔다. 12월 병무삭 무오(13일), 천황이 온천에서 돌아왔다.」

이 3년 조(條)의 기사 내용으로 보면, 서명천황은 온천 휴양지에서 무려 3개월이나 머물다 돌아온 것이다.

② 「10년 10월, 천황은 유간온탕궁(有間溫湯宮)에 행차하였다. 11년 춘 정월 을사삭 임자(8일), 천황이 탄 거가(車駕)가 온천에서 돌아왔다. 을묘 (11일), 뒤늦게 신상(新嘗: 햇곡식을 조상의 사당에 올리고 음식을 맛보는 예 식)을 행하였다. 생각하건대 아마 유간온천에 가느라고 신상을 거른 듯 싶다.」

위의 두 기사(=10년의 10월과 11년의 춘정월)에 의하면, 천황은 온천행 각에 나섰다가 이듬해 정월에 돌아온 것으로 돼 있다. 역시 3개월 남짓 휴양지에서 시간을 보냈다는 내용이다. 돌아오자마자 신상을 뒤늦게 행 하였는데, 오죽하면 사가(史家)가 이를 두고, 「온천에 놀러가 있느라고 신상마저 걸렀던 것일까」라는 약간 유감이 섞인 글귀를 기사 속에 첨부 해 놓기까지 했다.

③ 「11년 12월, 을사삭 임오(14일), 천황은 이예온탕궁(伊豫溫湯宮=[松 山市 道後溫泉]에 행차하였다. 12년 4월 정묘삭 임오(16일), 천황이 이예(伊豫· 이요)에서 돌아와, 구판궁(廐坂宮: 우마야사카노 미야)에 거처하였다.」

이번에는 무려 4개월간 온천에 머물렀던 셈이다.

바로 이와 같은 서명천황의 특징을 빗대어 **「씻기 좋게 넓은 이마」**라 는 이름을 붙였던 것으로 짐작된다. 그리고 시호인 「舒明(서명)」은 「밝 음 또는 광명을 펴다」라는 뜻이 되는데, 여기에 적합한 내용이 <서명 기>의 다음과 같은 기사이다.

이는 천황의 즉위 당시의 사건으로, 여러 신하가 전촌(田村: 다무라)황 자(=서명천황)를 황위에 추대하며 「마땅히 황통을 이으셔, 억조에 광림 하소서(宜纂皇綜, 光臨億兆)」라고 했던 것을 상기할 필요가 있다.

이것은 그에 대한 기대의 발현으로서 온 백성에게 밝은 빛을 내려주 소서, 하고 열망했던 내용이다. 실제 그의 치세에 백제대사(百濟大寺)를 건립하기도 하고, 많은 학문승들이 자주 당(唐)에 유학을 떠나기도 했다. 이런 점에서 불교가 융성해지고 불은(佛恩)에 의한 만민교화를 통하여 「밝음을 펼친(舒明)」천황이란 뜻은 잘 어울린다.

특히 서명천황의 등극은 성덕태자의 불력(佛力) 때문이라 여기고, 태자의 은덕을 기리기 위해 천황의 재위 11년째에 백제천(百濟川) 곁에 터를 잡아 백제대사(百濟大寺)와 구중탑(九重塔:통칭 백제대탑)을 지었다. 이것을 태자의 원찰(原刹)로 삼고, 바로 그 이웃에 백제대궁(百濟大宮)을 건립했다.

불교를 국교로 하여 제정(祭政)으로 나라를 통치하려 했던 서명천황의 권력 의지가 이런 일련의 행위를 통해 구현되었다고 볼 수 있다. 일본 최고의 국가사원(國家寺院)인 백제대사의 그 구중탑지(九重塔址)가 발견되어, 한 때 일본 국내의 신문들이 떠들썩했던 적이 있다.

보도에 의하면, 기단(基壇) 한 변의 가로·세로가 30미터로서, 탑심(塔心)도 발견됐으며 그만한 규모의 기단에 세워졌다면 높이가 90미터쯤 되는 거대한 탑이었을 것으로 추정하기도 했다. 이 정도의 규모라면, 현존하는 탑으로서는 중국에서 제일 높다는 서안(西安)의 대안탑(大雁塔)보다 26미터가 더 높고, 법륭사 오중탑의 4배 정도에 이른다고 한다.

이것은 한국에서 신라 선덕여왕 14년(645년)에 당시의 수도 경주에 건립되었던 최고의 목조건축물인 황룡사 구층탑의 규모(높이 80미터, 한 변의 길이 22.2미터의 正方形 기단)보다 더 높고 크다.

고려시대(1238년) 몽골군의 침입으로 불타버린 황룡사 구층탑의 유지(遺址)가 발굴되어 실측한 결과 이처럼 엄청난 규모였음에도 불구하고, 이것은 일본의 백제대탑에는 못 미치는 셈이다.

이로써 짐작컨대 백제대탑이야말로 동양최대이면서, 한편으로 고대 일본에 지대한 영향을 끼친 백제의 높고 큰 후광의 규모를 어림짐작해

볼 수 있는 물증이기도 한 것이다.

재위 13년(서기645년)에 천황이 숨을 거둔 곳도 백제궁(百濟宮)에서였다. 선대의 윤공천황이 타계했을 때, 신라의 조문사(弔問使)들이 건너와 경(京)에 이르기까지 대곡(大哭)하며 굉장한 장의행렬을 이루었듯이, 서명천황의 붕어(崩御: 대왕이 세상을 떠남) 소식을 듣고 이번에는 백제국에서 조사(弔使)를 보내왔다. 이것은 서명천황과 백제와의 밀접한 관계 때문이겠지만, 이래저래 당시의 왜국과 한반도와의 교린(交隣)은 그 이면에 시사(示峻)하는 바가 매우 크다.

제35대 및 37대
천풍재중일족희(天豊財重日足姬) — (皇極＝齊明·황극＝제명)天皇

●天 豊 財 重 日 足 姬
   하늘 넉넉홀 재 거듭 히 족 키
   (현대어 → 「天位가 넉넉할 때 거듭(＝두 번) 해 좋기」)

『일본서기』 원문에 의하면, 황극(＝제명)천황의 휘(諱: 돌아가신 높은 어른의 이름)인 「天豊財重日足姬」(일본식 독법으로는, 아메도요타카라 이카시히 다라시히메노 미코토·あめとよたからいかしひたらしひめのみこと)를 읽을 때 「重日」(중일)을 「이가지비(伊柯之比)」의 뜻으로 해석해야 한다는 단서([重日, 此云伊柯之比])가 붙어 있다.

「重日(거듭 희), 이를 伊(이) 柯(가) 之(지) 比(살오니)라 한다.」

서명천황의 황비 보황녀(寶皇女: 타카라노 히메미코)는 남편의 사후, 천위(天位)를 이어 황극천황으로 등극했다. 그러나 재위 4년에 황위를 효덕천황에게 내주었다가, 효덕의 사후에 제명천황으로 다시 위(位)를 잇게 되는 우여곡절을 겪으며 두 번이나(거듭) 황좌(皇座)에 앉았던 것이다.

『일본서기』 41인의 천황 가운데 이처럼 두 번이나 황위에 오르는 경우는 전무후무한 사례로, 역사상 드문 여걸이었음에 틀림없다.

바로 이 사실을 두고 「重日」(거듭 해)라 하였고, 또 이를 「이가지비(伊柯之比)」(이 가지 살오니=이 가지 살려내)라 한 것이다. 이에 따라, 「이가지비」를 「重日」에 대체하여 그 이름을 해석하면 다음과 같이 된다.

● 天　豊　財　伊　柯　之　比　足　姫
　하늘　넉넉홀　재　이　가　지　살오니　쪽　키
　(현대어→「天位가 넉넉할 때, 이 가지(柯之＝枝) 살려내 좋기」)

재위기간 불과 4년 만에 퇴위한 황극천황이 또다시 제명천황으로 등극하게 된 사실을 비유한 것이 「**이 가지(枝) 살려내**」라는 의미였음은 쉽게 짐작된다.

제10장

양위(讓位)인가, 찬탈(簒奪)인가 ―피를 피로써 씻는 황위쟁탈전
　　● 효덕(孝德)　　● 천지(天智)
　　● 천무(天武)　　● 지통(持統)

・**탐색**
　　천무기(天武紀)의 특징
　　쟁점 ▶
　　천무천황의 계보는 신라계인가?

제36대 천만풍일(天萬豊日) — (孝德·효덕)天皇

● 天　萬　豊　日

하늘　일만　넉넉　히

(현대어→「하는 일마다 넉넉해」)

천만풍일천황(天萬豊日天皇 : 아메요로즈 토요히노 스메라미코토·あめよろづとよひのすめらみこと), 즉 「孝德(효덕)」 천황의 특징에 관해서『일본서기』는 다음과 같이 말하고 있다.

「사람됨이 부드럽고 어질어 학자를 좋아하였다. 귀천을 가리지 않고 자주 은칙을 내렸다.」(爲人柔仁好儒. 不擇貴賤, 頻降恩勅.)라고 한 것처럼 은혜와 덕을 크게 쌓은 천황이란 뜻이다.

「천만풍일(天萬豊日)」은 그런 연유로 붙여진 휘(諱)라고 볼 수 있다.

일본 고대사에서 황극여제(女帝)의 재위 4년에 갑자기 천만풍일천황(효덕)으로 양위(讓位)한 사건은 일종의 미스터리이다. 그 사건의 배경은 백제계통의 소아대신의 권력이 극에 달했던 무렵이다. 소아씨 일족에 의한 국정의 전횡과 횡포는 황극조(皇極朝)에 와서 최고조에 달했다.

소아대신 하이(蝦夷 : 에미시)는 몰래 그 아들 소아입록(蘇我入鹿 : 소가노 이루카)에게 자관(紫官=12품계의 관위·冠位에도 없는 특별지위)을 주어, 대신(大臣)의 지위와 비슷하게 우대했다. 이 무렵 입록(이루카)의 위세는 가히 하늘을 찌를 듯했다. 그리하여 천황을 제쳐두고 국정을 멋대로 전횡하며 무례한 행동이 많았던 소아씨 부자(父子)에 대한 사람들의 원성이 매우 높았다.

특히 입록의 위세는 그 아비 이상이었다. 심지어 사직(社稷)을 엿보며 천황을 폐하고, 소아씨의 혈통을 받은 고인대형(古人大兄 : 후루히토노 오호에)황자를 천황으로 세우려고 했다.

그는 먼저 성덕태자의 아들인 상궁왕(上宮王 · 카미쓰미야노 미코)인 산배대형왕(山背大兄王 · 야마시로노 오호에노 미코)을 제거할 음모를 꾸몄다. (황극 2년 10월조)

황극 2년(643년) 11월에 마침내 입록은 군사를 풀어 거사하게 된다. 이때 몸을 피해 다니다가 반구사(斑鳩寺＝법륭사)에 숨어들었던 산배왕은 거기서 자결했다.

이 일로 인해 여러 사람들의 원한이 더욱 깊어졌다. 드디어, 소아씨에 반대하는 세력이 집결하여 입록을 제거할 계획을 세운다.

중대형(中大兄 · 나카노 오호에) 황자(＝뒷날의 천지천황)는 중신겸자련(中臣鎌子連 · 나카토미노 카마코노 무라지 : 一名 중신겸족 · 中臣鎌足)과 은밀히 모의하였다. 그리고 중신겸자련의 천거로 소아창산전마려(蘇我倉山田麻呂 · 소가노 쿠라노야마다노 마로)와도 내통하며 좌백련자마려(佐伯連子麻呂 · 사헤키노 무라지 코마로), 갈성치견양련강전(葛城稚犬養連網田 · 가즈라키노 와카이누카히노 무라지 아미타) 등이 여기에 참여케 된다.

입록을 주살할 밀모를 꾸미고 이를 실행에 옮긴 때가 황극 4년(645년) 6월 12일이었다.

천황이 참석하고 백관이 모인 대극전(大極殿)에서 삼한(三韓)이 올린 진조(進調 : 예물을 바치는 일 따위)의 표(表 : 보고할 요항을 순서에 따라 보기 쉽게 기록하여 올리는 글)를 창산전마려가 낭독하게 되고 관례에 따라 식을 거행하였다.

표문의 낭독이 끝날 무렵, 중대형의 신호로 재촉을 받은 자마려(子麻呂 · 코마로)와 대기하고 있던 일행들이 불의에 급습하여 입록의 머리, 어

깨, 다리를 베었다. 어좌(御座) 아래로 굴러 떨어진 입록이 황극여황에게
도움을 구했다.

그러나 중대형황자가 땅바닥에 엎디어,

『소아안작(蘇我鞍作·소가노 쿠라쓰쿠리=이루카·入鹿의 또 다른 이름)은
천손(天孫=天宗)들을 모두 멸하고, 황위를 엿보고 있습니다. 어찌 천손
을 안작(=입록)으로 대신할 수 있습니까?』하고 아뢰니, 여황은 자리를
뜨고, 그 틈에 입록을 참살해버렸다. 나중 입록의 아비 소아하이(蘇我蝦
夷·소가노 에미시)대신도 죽임을 당하여, 이로써 소아씨는 멸망하였다.

그런데 바로 이틀 뒤인 경술(14일)에 황극천황은 경황자(輕皇子=효덕
천황)에게 갑자기 황위를 양위(讓位: 임금의 자리를 사양하고 순순히 물려
줌)하게 된다.

바로 이 부분이 『일본서기』상의 일대 수수께끼다.

황위를 양위한 공식적 기록으로서는 최초의 예가 된 이 사건은 의혹
에 싸여 있다. 소아씨족의 몰락이, 어째서 재위기간 불과 4년 만에 황극
천황의 폐위(廢位)로까지 급작스레 비약될 수 있는지 의문투성이다.

천황은 엄연히 생존해 있고, 국정을 문란케 하며 권력을 전횡하던 소
아씨 부자도 중대형 등에 의해 이미 제거된 다음인데 말이다. 이 점이
매우 이상하다.

경황자, 즉 효덕천황은, 황극천황의 동모제(同母弟: 같은 어머니한테서
태어난 남동생)였다고 『일본서기』에는 기록돼 있다. 그럼에도 불구하고,
갑자기 황위를 양보한다는 것도 의심스럽고, 또한 직계황통을 젖혀두고
외척인 효덕이 계승케 되었다는 것도 석연찮다. 더욱 의심스런 것은 다
음과 같은 기사다.

「皇極 4년(645년) 6월 庚戌(14일), 天豊財重日足姬天皇(=皇極)이 中
大兄에게 皇位를 전하려고 생각하여, 조(詔)하여 말하기를, 운운.」＜효

덕천황 즉위전기>

　기사는 이처럼 불투명하게 끝나고 있다. 요컨대, 황극천황은 소아씨 일족을 주살하는데 앞장섰던 중대형에게 황위를 물려주고자 그를 불러 조(詔: 임금의 명령)하였다고 했으나 구체적인 내용을 밝히지 않고, 「조왈(詔曰), 운운(云云).」과 같이 애매모호하게 기술함으로써『일본서기』상의 의혹을 감추고 있는 것이다.

　구체적인 사례로, 「천풍재중일족희(황극)천황은 새수(璽綬: 왕권의 상징물)를 내주며 황위를 선양(禪讓: 겸손하게 양보)하였다. 그리고 말하기를,『아아, 그대 경황자(효덕)여,』운운.」(『策曰, 咨 爾輕皇子, 云云.』)의 기사가 그렇다.

　정작 중요한 대목은 감추고 덮어버리는 기술방식으로 처리되어 있는 것이다.

　다시 말해, 황극여제는 어쩔 수 없이 황위를 넘겨주는 절차를 따르며 탄식하고, 안타까운 듯 「그대, 경황자여,……」라고 한번 부르고는, 그만이다. 그 다음에 이어져야 할 말을 모두 생략할 의도로 「云云(운운).」으로써 끝내고 있다.

　「云云」이란 것은, 본디 인용된 글이나 말을 중도에서 끊어 생략할 때 <이러저러하다고 말함>의 뜻으로 쓰는 용어인 것이다. 그렇기 때문에, 정작 중요한 사항은 그 「云云」에 해당하는 양위 사건의 감춰진 전말이나 진상일 터인데, 이러한 기술방식으로 인해 끝내 의혹 속에 묻어버리고 만 것이다.

　우리의 입장은, 이 양위사건이 실은 황위찬탈이었을 것이라는 대담한 가설을 설정해 봐도 무리가 없다고 생각한다. 그 근거는, 효덕천황의 즉위 직후부터 펼쳐지는 그 다음의 일련의 사건들 때문이다.

고인대형(후루히토노 오호에)황자는 스스로 찼던 칼을 풀어 땅에 던지고 사인(舍人 : 왕족이나 귀족의 시중꾼)들에게도 명하여 무장해제를 시킨다음, 불도를 닦아 천황을 돕겠다고 맹세한다. 그리고는 그대로 길야산(吉野山 : 요시노야마)에 가서 법흥사에 들어 수염과 머리를 깎고 가사를 입는다. 그러나 이와 같은 행위가 진심에서 우러난 것은 아니었다.

9월에 고인황자가 모반하자 그 무리 중에 길비입신수(吉備笠臣垂·키비노 카사노 오미 시다루)가 중대형에게 자수함으로써 군사를 보내 고인대형과 그 아들을 쳐 죽임으로써 모반 계획이 좌절되고 있다(황극 4년＝효덕 大化원년·서기645년 9월조).

효덕천황은 퇴위한 황극천황을 황조모존(皇祖母尊)이라 높여 부르고, 중대형을 황태자로 삼고 군신을 소집하여 금후로 충성할 것을 맹세시킨다.

이미 세력판도가 결정되자 중신겸자련은 내신(內臣) 벼슬을 받아 효덕에게 충성을 다할 마음을 가졌다. 이 중신겸자련은 약 240년 전에 윤공천황이 신라계를 우대하여 정한 등원부(藤原部·후지하라베＝大和國 高市郡 大原村) 출신이었음은 주목을 요한다.

기내지방에서는 원래 「大倭」(대외)와 「大和」(대화)로 구분하여 사용하였다.

'대왜'는 백제계 목씨(木氏＝蘇我氏 : 소가씨족)의 본거지인 갈성부(葛城部)를 가리키고, '대화'는 신라계 등원(藤原 : 후지하라)씨의 발상지인 등원부를 말한다. 그 등원지방이 통칭 대화국(大和國)으로 바뀐 것 같다.

따라서 「일본」이란 국호제정 이전에 사용한 「大和」(야마토·ヤマト)라는 명칭은 대화개신(大化改新) 때 제정된 것으로 추정되며, 그 지역이 효덕조(孝德朝)의 근거지였다.

그런데 공교롭게 신라에서도 진덕여왕(제28대)의 즉위 원년(647년) 7

월에 연호를 「太和」(태화)로 고쳐 사용하기 시작했다. 바로 그 해(647년: 『일본서기』大化 3년조(條)의 기사)에 신라의 상신(上臣) 김춘추(뒷날의 태종무열왕)가 효덕조 왜국에 사신으로 다녀갔다는 것은 신라와 효덕조 사이에 예사롭지 않은 관련성이 있음을 암시한 대목이다.

어쨌든, 효덕천황은 중신겸자련을 재상으로 삼아 신라의 제도를 모방해 지금까지의 제도를 개편하게 되는데, 이를 나중 「대화개신(大化改新)」이라 부른다.

황극 4년(645년)을 고쳐, 대화원년(大化元年)으로 삼은 그 해 6월부터 9월까지 사자(使者)를 사방의 나라에 보내 각종 무기를 거두어들이고 다스리게 함으로써 무력도발에 대한 사전 정비작업을 실시한다. 호적을 편성하고, 12월에 도읍을 옮긴다.

황극천황 재위시의 수도는 명일향(明日香·아스카=奈良縣 高市郡 明日香村)의 천원궁(川原宮)이었으나, 이후 효덕천황은 난파장병풍기(難波長柄豊碕: 나니와노 나가라노 도요사키)로 도읍을 삼았다.

대화2년(646년) 정월 1일, 마침내 개신(改新)의 조(詔)가 선포된다. 이른바 「대화개신」이다. 이때 전황(前皇) 시대의 모든 소유를 몰수하되, 자발적으로 헌상토록 하였다. 이와 같은 대개혁을 진행시켜 가는 과정을 통해 기존 세력을 와해시킨다. 동시에, 지금까지 지속돼오던 토호 중심의 지방분권을 지양(止揚)하고, 왕조중심의 중앙집권제를 강력히 추진하는 것이다.

이 모든 상황을 미루어 짐작컨대, 효덕천황의 황위 찬탈은 상당히 근거 있는 가설로 받아들여질 수 있다. 이 점을 더욱 강하게 뒷받침하는 것은 중대형황자(뒷날의 천지천황)의 행동이다. 그는 스스로 사인(舍人)을 보내어 천황께 아뢰기를 요청하고 기존의 소유를 헌상했는데, 바로 그 전날 효덕천황은 다음과 같이 선언한 바가 있다.

『마땅히 관사(官司)의 곳곳에 있는 둔전(屯田) 및 길비도황조모(吉備嶋
皇祖母=황극천황의 모)가 소유한 각지의 대도(貸稻: 토지 소유자가 백성에
게 땅을 대여하여 짓는 농사)를 폐지한다. 그 둔전은 군신(群臣) 및 반조(伴
造: 토모노 미야쓰코)들에게 나누어 주겠다.』

이러한 선언은 어딘가 이상하다. 즉, 효덕천황은 황극천황의 동모제
(同母弟)라고 『일본서기』에는 기술되어 있는 만큼, 길비도황조모가 황
극의 어머니라면 곧 효덕에게도 친모가 되는 것이다. 그런데도 불구하
고 효덕은 그 친모 소유의 각지의 대도(貸稻)를 파(罷)하고, 그 둔전을
몰수하여 군신 및 반조들에게 나누어 주었다는 것도 여전히 의문으로
남는다.

『일본서기』 편찬자가 소위 「만세일계」의 황통으로 기술한 까닭에, 이
처럼 곳곳이 의혹투성이로 되었다. 여기서 우리는 이런 의혹으로부터
과감히 「발상의 전환」을 시도하여, 효덕천황이 황극천황과는 계통이 다
른 신흥세력이 아니었을까 하고 생각한다.

말하자면, 황극천황 재위 때 소아씨와 중대형황자를 주축으로 한 세
력다툼의 와중에, 효덕은 기회를 틈타 급기야 일어나서 이들을 진압해
버리고 황위를 찬탈한 또 하나의 세력이었을 것으로 추정하는 것이다.

이러한 추정을 가능케 하는 결정적 근거로, 효덕천황이 붕어한 뒤의
사건들을 추적해 보면 쉽게 알 수 있다. 효덕의 사후, 황위는 다시 제명
여제(齊明女帝=황극)에게로 넘어갔는데, 이 역시 부자연스런 황위 계승
이다. 왜 당연히 황태자로 책봉된 중대형황자가 즉위하지 않았는지도
의문이지만, 효덕천황의 직계인 유간(有間·아리마)황자는 왜 즉위할 수
없었던 것일까. 이에 대해 일본서기는 아무런 언급도 없으므로, 황위 계
승 문제가 여전히 의혹에 감싸인 채 설득력을 잃고 있다.

더구나 효덕천황의 아들인 유간황자가 나중 모반을 기도하였다가 교

살(絞殺)당하게 된 것과 연관해 보면, 애초에 효덕천황의 등극은 결코 단순히 넘겨버릴 수 없는 석연찮은 양위 사건이었다고 말할 수 있다.

따라서 이 사건은 당시의 일본 천황가(家)가 백제계와 관련된 황극조에서 신라계와 긴밀히 연관되어 있던 효덕조로 잠시 이양(移讓)되었다가, 다시 제명천황의 백제계로 권력이동이 이루어졌다고 해석되는 것이다. 특히 이 점, 「황극(皇極)」이란 시호 속에 황위가 극에서 극으로 다시 이어진다는 내용을 담았던 것으로 풀이된다.

제38대 천명개별(天命開別) ― (天智·천지)天皇

●天　　命　　開　　別
　하눌　시기　열　눈홀
　(현대어→「하나(一)를 세게 열고 나눌」)
　=즉, 一國을 강제로 兩分할

천명개별천황(天命開別天皇 : 아메미코토 히라카스와케노 스메라미코토 · あめみことひらかすわけのすめらみこと), 즉 「天智(천지)」(텐치 · てんち)천황은 그 이미니 제명(齊明)천황이 타계 후, 황태자의 몸으로 공석이 된 황위에 오르지 않은 채 소복칭제(素服稱制 : 즉위하지 않고 정무를 수행)하였다.

『일본서기』에 그렇게 기록함으로써 모후(母后)의 뜻을 이어, 백제 수호의 과업이 급선무였기 때문인 것으로 느껴지기도 한다. 또는, 상중(喪中)이었기 때문이라고 짐작할 수도 있다.

그것이 즉위 의식을 보류할 수밖에 없었던 당위성일까. 뚜렷한 명분이 제시되지 않아 잘 알 수는 없다. 그러나 아무래도 그런 이유 때문만은 아닌, 당시의 조정 내부에 어떤 미묘한 여건이 작용하고 있었던 것으로 보인다.

그 첫째 이유는, 천지가 천황의 직무를 대행한 지 7년 춘정월(혹본·或本에 6년 歲次 3월)에 즉위하였다고 나오는데, 정식으로 제위(帝位)에 오르는 데 소요된 시간이 너무 길다.

둘째는, 나당(羅唐) 연합군에 패망한 백제계 망명인사들을 대거 근강국(近江國·아후미노 쿠니)에 이주시켜 두었다가, 이들에게 무더기로 벼슬을 내리고 우대정책을 펴더니, 마침내 천지 6년(666년) 3월에는 근강(近江)에의 천도(遷都)를 단행하기까지 했다. 당시 천하의 백성은 천도를 원하지 않고 이를 풍자하여 간(諫)하는 자가 많았다고 기록하고 있다(遷都于近江. 是時, 天下百姓, 不願遷都, 諷諫者多).

요컨대, 소복칭제(素服稱制)하던 황태자는 비조(飛鳥·아스카)의 기존 세력들로부터 천하를 양분(兩分)한다고 비판을 받아 가면서까지 천도를 단행했던 것이다.

그리하여, 대거 도왜(渡倭)한 망명 백제세력을 업고 근강조(近江朝)를 건립한 다음, 비로소 천황에 즉위하는 것이다. 이로써 근강의 대진궁(大津宮)을 중심으로 새로운 조정이 열린 반면, 그 이전의 왜의 경(京)이었던 비조(아스카)의 구세력은 저절로 약화되는 분할정책을 꾀함으로써 교묘히 힘의 균형을 무너뜨린 셈이었다.

이를 통해 천운이 자기에게 기울어지도록 지혜를 발휘했던 것이며, 「天智」(천지)라는 시호는 여기서 유래한 듯하다.

또한 그 과정을 단적으로 표현하여 **「하나(一)를 세계 열고 나눔」**, 즉 **「일국(一國)을 강제로 양분할」**과 같은 천황 휘(諱)의 내력이 된 듯싶다.

이것은 차용한자 본래의 의미만으로도 천명(天命), 즉 하늘의 명으로 새 조정을 열어[開] 세력의 판도를 신구(新舊)로 나누었던[別] 천황이었던 것이다.

제39대 천정중원영진인(天渟中原瀛眞人) ― (天武 · 천무)天皇

●天　渟　中　原　瀛　眞　人
　하늘　들괴　서리　벌　큰바다　진　사롬
　(현대어→「하나(一)를 멀게 해스리, 불끈 받아 쥔 사람」) 즉, <第一位 (＝천황위)를 사양했다가 불끈(＝손아귀에 힘껏) 받아 쥔 사람>

천정중원영진인천황(天渟中原瀛眞人天皇: 아마노 누나하라 오키노마히토노 스메라미코토 · あまのぬなはらおきのまひとのすめらみこと), 즉 「天武(천무)」(텐무 · てんむ)천황의 이름에 암시되어 있는 이와 같은 뜻은 『일본서기』본문의 내용과도 잘 부합한다.

따라서 이 풀이의 타당성을 뒷받침해 주는 『일본서기』 속의 기사를 간단히 요약, 소개함으로써 이해를 돕고자 한다.

천지천황의 재위 10년째인 10월, 천황이 와병하여 고통이 심해졌다. 그러자 후계 문제로 동궁(東宮: 大海人皇子 · 오호시아마노 미코＝천무)을 불러, 대전(大殿)에 들게 하였다. 이때 천무가 취한 행동과 그 뒤 임신(壬申)의 난을 일으켜 대권을 받아 쥔 일련의 사건들은 그 이름 속에 함축된 의미와 일치한다.

구체적 사례를 들어보겠다.

천지천황의 명으로 소하신안마려(蘇賀臣安麻侶·소가노오미 야스마로)가 대해인황자(천무)를 부르러 갔을 때 전부터 그에게 호의를 갖고 있던 안마려는 은밀하게 『유의(留意)해 대답하십시오』라고 말하였다. 이상한 낌새를 느낀 천무는 무슨 숨은 음모가 있는 것을 알아차리고, 천지천황의 앞에 나가 의심하고 경계하며 신중히 처신하였다.

이때 천지는 그에게 후사를 맡기려 한다며, 칙(勅)하여 황위를 내리려 했다. 그러나 천무는 안마려의 귀띔도 있고 해서 이를 굳이 사양하고는, 『원컨대, 황후(倭姬王)에게 천하를 맡기십시오, 그리고 대우(大友·오호토모)황자를 저군(儲君:다음 임금될 사람, 즉 태자)으로 하십시오. 나는 오늘부터 출가하여 폐하를 위해 불사(佛事)에만 전념하며, 공덕을 쌓겠습니다.』라고 대답한다.

천황은 이를 허락하였다. 천무는 그날로 머리와 수염을 깎고 사문(沙門)이 되었다. 승려의 법복을 입고(천지 10년 조에, 천황이 가사·袈裟를 보내준 것으로 나옴), 사유(私有)의 무기를 모아서 남김없이 모두 관사(官司)에 납입하였다. 그리고는 천황을 뵈옵고, 지금부터 불도를 수행하겠다고 말하고는 곧 길야(吉野·요시노)에 들어갔다.

그러나 천무의 속셈은 달랐다. 길야궁에 은신한 천무는 「짐이 양위하고 둔세(遁世:세상을 피해 숨음)하는 까닭은 혼자서 병을 다스리고 몸을 온전히 하여, 길이 백년(평생)을 마치는 것이었다. 그런데 지금 부득이 화(禍)를 입게 되었다. 어찌 가만히 앉아 몸을 망칠 것인가」라고 한 대목, 또 「지금 듣건대, 근강조정의 신들이 짐을 망치려고 한다.……여러 군사를 일으켜 속히 불파도(不破道·후하노미치)를 막아라. 짐은 지금 길을 떠날 것이다」하고 선언한 뒤, 마침내 임신(壬申)의 대란을 일으키는 과정에서도 이 사건의 은폐된 본질이 잘 드러나고 있다.

천무가 군세를 일으켜 행동을 개시하던 도중에 손수 점을 쳐, 「천하가 양분될 징조다. 그러나 짐이 마지막에는 천하를 얻을 것이다」(天下兩分之祥也. 然朕遂得天下歟)라고 말한 대목과 관련하여, 천무천황의 별칭인 「대해인(大海人)」의 의미도 자연스럽게 밝혀진다.

● 大　　海　　人
키　　바롤　　사룸
(현대어→「크게 바랄 사람」)

「크게 바랄 사람」이란 의미가 무엇인지는 명약관화하다. 이것은 <크게 천하를 얻기를 바란 사람>이었다는 뜻이다. 요컨대 천무는 처음부터 천황의 위(位)를 소망하고 있었던 자라는 의미와 다름없다.

또 한 가지, 『일본서기』 본문에는 천무천황의 이름인 「天渟中原瀛眞人(천정중원영진인)」 가운데 「渟中」(정중)의 두 자는 특별히 읽는 방법을 따로 명기하고 있으므로 이에 따라 다시 검토되어야 한다.

즉, 「渟中, 此云農難」(정중, 이는 '농난'이라 이른다)와 같은 단서가 그것이다(쉽게 말하면 「渟中＝農難」이다).

「農難」(농난)에 대한 종래의 일본식 독음은 「ヌナ・누나」였다. 그러나 이것은 어차피 음훈 읽기 방식에 불과하다. 「ヌナ」가 무슨 뜻인지 전혀 알 수 없으므로, 「渟中」과의 양자대응에서 의미가 일치하는지의 여부도 알 수 없다.

그러나 이를 한국어의 음과 훈으로 해독해 보면 다음과 같다.

> ● 淳 中,　　　此云　　　農 難
> (믈괴 서리)　　이를　　(플뷔 난)이라고 한다.

이것의 현대어 풀이는 「<믈괴서리>(＝멀게 해스리), 이를 <플뷔 난>(＝풀어삐놓은)이라 한다」와 같이 되어, 양자대응에서 전자의 「멀어지게 함」(즉, 사양함)이란 뜻과 「풀어놓음」(즉, 손아귀에 쥔 것을 내놓음＝解放)의 뜻이 부합되는 것이다.

이에 따라 다시 천무천황의 이름은 「天農難(＝淳中)原瀛眞人」으로 읽을 수도 있다는 뜻이다. 간단히 말해서, 「淳中(정중)」대신에 「農難(농난)」을 대입시켜 읽어보라는 것이다. 과연 어떤 의미인가를 보자.

> ● 天　　農　　難　　原　　瀛　　眞　　人
> 하늘　플뷔　난　　벌　큰바다　진　사롬
> (현대어→「하나(一)를 풀어버려 놔, 불끈 받아 쥔 사람」)

「제일위(第一位＝천황위)를 풀어놔버렸다가 불끈 받아 쥔 사람」이란 뜻이 된다. 이로써 결과적으로, 양자가 동일한 의미였음을 알 수 있다.

『일본서기』에는 천지와 천무를 형제지간으로 기술하였고, 또 황위 계승에서도 천지 다음에 곧바로 천무에게로 이어진 것처럼 꾸며놓았다.

그러나 명치3년(明治3년 : 1867년)에 여러 사서를 종합하여, 대우황자(大友皇子·오호토모노 미코)가 천황위에 있었다 하여 홍문(弘文)천황이라

추시(追諡: 추후에 시호를 내림)했다고 한다.

　이런 점들을 고려할 때, 천지와 천무는 그 혈통계보가 달랐던 것으로 짐작된다. 계보만 달랐던 게 아니라, 천지의 입장에서 본 천무는 경계해야 할 대상으로 비쳤던 것이 확실하다. 그렇게 파악될 때 그동안 석연하지 못했던 내용들이 비로소 이해 가능해지는 것이다.

　즉, 천지가 와병(臥病) 중에 천무를 침소로 불러들여 황위를 물려주고 대업을 맡기고자 한 것은 진심이 아니었다. 어디까지나 천무의 야심 혹은 그 속셈을 떠보려고 했던 것으로 해석함이 순리적이다.

　그래야만 이 때 안마려가 몰래 천무에게 「말을 조심하십시오」라고, 귀띔을 해준 연유가 이해되고, 그래서 이 갑작스런 천지천황의 부름에 뭔가 숨겨진 음모가 있는 것을 눈치 챈 천무가 신중히 처신했다는 대목도 이해되는 것이다.

　결국, 천무는 이 때 천지의 제안을 함정이라 생각하여 칭병(稱病)하고 자기로서는 사직을 보존할 수 없다고 극구 사양했던 것이다. 그리고 전혀 야심이 없다는 것을 보여줌으로써 천지로 하여금 의심과 경계를 풀어줄 목적으로 자진해서 무장해제하고 그날로 출가, 법복을 입었다.

　마침내 안심하게 된 천지는 순순히 그를 놓아준 셈이었다. 구사일생으로 살아난 천무는 그 길로 도망치듯 바삐 움직여 저녁 무렵엔 도궁(嶋宮＝지금의 奈良縣 高市郡 明日香村)에 도착하였다. 이를 가리켜 어떤 사람이 「범에게 날개를 달아 놓아주었다(或曰, 虎着翼放之).」라고 말한 외미가 무엇인가는 그 다음에 벌어지는 일련의 연속되는 사건들과 결부시켜 보면 자명해진다.

　결국, 천지천황이 두 달 만에 죽자(천지10년 10월), 천무는 그 기회를 틈타 전격적으로 거병하여 근강왕조를 격파한다. 이것이 소위 임신의 난이다.

앞서 천지가 도읍을 기존의 왜경(倭京=飛鳥)에서 근강으로 옮긴 때부터 이미 천하를 양분하는 징조였던 것인데, 이 임신의 난은 예정된 천하양분의 사실을 다시금 확인케 해준 사건에 다름없었다.

좌우간, 이런 점들을 종합하면 천무천황의 이름 속에 감춰진 의미가 자연스레 이해된다. 즉, 「하나(一)를 멀리 한 다음, 불끈 켠 사람」 혹은 「하나(一)를 풀어놨다가 불끈 켠 사람」이란 뜻이 된다.

사건의 전말을 보더라도, 처음엔 황위를 사양함으로써(그것이 본의에서든 아니든) 큰 행운 하나를 스스로 풀어놔 버린(혹은, 멀리한) 셈이었다. 그런데 그것이 도리어 전화위복이 되어 마침내 거사에 성공함으로써 양분된 천하의 패권을 송두리째 거머쥐었던 것이다. 따라서 「天武」란 시호는 이처럼 무력으로 쿠데타에 성공한 때문에 붙여진 것으로 해석된다.

이어서 근강조의 잔여세력(주로 백제계통)을 제거한 천무천황은, 세력의 중심권을 다시 비조지방으로 옮겨와 궁실(宮室)을 강본궁(岡本宮·오카모토노미야)의 남쪽에 지으니, 이것이 비조정어원궁(飛鳥淨御原宮·아스카노 키요미하라노미야)이다. 그런 다음에 천무는 드디어 천황에 즉위한다.

이러한 과정을 통해서 보건대, 천무천황은 원래 백제계가 아니었던 것으로 파악함이 옳을 듯하다.

• 탐색
천무기(天武紀)의 특징

임신의 난을 일으켜 근강왕조를 격파한 천무천황이 맨 먼저 행한 것은, 고시(高市·다케치노)황자에 명하여, 근강조정의 여러 신하의 죄상을 선포케 하는 일이었다. 그리하여 중죄를 지은 8명을 극형에 처하고 나머지는 유형에 처했는데, 이들은 주로 전부터 조정에 봉사하던 백제계였다. 그 대표적 존재인 백제계의 소아신적형(蘇我臣赤兄·소가노오미 아카에) 등의 숙청이었다.

실로 근강조정은 기존의 백제계 세력, 혹은 멸망한 백제의 유민들로 가득 차 있었다. 이후 임신의 난의 여러 유공자들에게 은칙을 내리는 이른바 논공행상을 실시함으로써 천지조정을 지탱해온 백제계의 세력을 일단 제거한 것이다. 이것이 우선 첫 번째 특징으로 손꼽힌다.

그 두 번째 특징으로는, 흠명천황 13년(552년)에 백제의 성왕(聖王·『일본서기』에는 성명왕·聖明王으로 나옴)이 불교를 전래한 이래로 역대 천황들이 불교를 현양(顯揚: 세상에 높이 드러냄)하고 승니(僧尼=남자 스님과 비구니)를 공경하며, 또 불법을 숭상해 왔었다.

거기 비해, 천무조에 이르러서는 사자(使者)를 시켜 여러 나라에 보내어 불경(佛經) 일체를 구하게 하거나, 궁궐에서 강설(講說)케 하는 등, 여느 천황 때보다 불교의 융성을 꾀하는 일에 더 적극적이었다. 비조사(飛鳥寺)에서 크게 재회(齋會)를 열어 모든 불경[一切經]을 읽게 하였다. 또, 천황이 몸소 절의 남문에 나가 삼보(三寶)를 배례하는 등, 남녀와 장유를 불문하고 원하는 데 따라 출가(出家)하기를 허락하였고, 심지어 친왕(親王), 제왕(諸王) 및 군경(群卿)들에게 한 사람마다 출가하기를 명하기도 했다.

처음으로 승니를 청하여 궁중에 안거하게 한 일이라든지, 또 빈번하게 궁중에서 불경을 강설토록 한 일 따위를 들 수 있다. 황후(=지통·持統皇后)가 병이 났을 때는 황후를 위해 약사사(藥師寺)를 세우고 100인의 승(僧)을 출가시킨 일도 있다. 그러자 황후의 병이 완쾌되었다고 적고 있다.

천황이 병이 났을 때도 역시 또 100인을 승으로 출가시킨다. 이 외에도 기회 있을 때마다 행실이 좋은 자를 가려 출가시킴으로써 승니가 되게 하였다. 이처럼 불교에 관련된 기사들이 천무 재위연간에 상당수 보이는 것이 특징이다.

이 중 두드러진 점 몇 가지만 열거하면 다음과 같다.

① 모든 식봉(食封)이 있는 절의 유래를 고려하여 재조정케 하고 여러 절의 이름을 정하는 일

② 모든 승니는 언제나 절에 거주하고, 삼보(三寶)를 수호하도록 한 것

③ 비조사의 경우에 한하여 항시 관치(官治 : 관가에서 돌봄)하도록 하고, 모든 절은 나라의 큰 절 두셋만 관사가 다스리고, 그 외는 관치를 금하되, 다만 그 식봉이 있는 절은 30년을 한도로 하여 연수(年數)가 차면 그만두도록 명함.

④ 여러 절에서 불경을 강설하도록 권장함.

⑤ 승정(僧正), 승도(僧都), 율사(律師)를 임명하고, 이들로 하여금 승니를 통솔하기를 법과 같이 하기를 명함.

⑥ 제국(諸國)에 조(詔)하기를, 집집마다 불사(佛舍)를 만들어, 불상 및 경(經)을 놓고 예배 공양하기를 명함.

[특히 천무 14년(685년)조의 이 기사는 매우 흥미롭다. 아마 오늘날까지 일본의 각 가정에서 소위 도코노마(とこのま · 床間)에 작은 불상을 얹어놓는다거나 카미다나(かみだな · 神棚 : 신을 모신 선반이나 시렁 형태)를 설치하게 된 유래가 여기서 비롯된 것인지도 모른다.]

⑦ 여러 왕과 신하들이 천황을 위하여 관세음상을 만들고 관세음경을 대관대사(大官大寺)에서 강설케 하였다.

⑧ 승니를 우대하였고 가난한 승니에게는 자주 굵은 비단, 솜, 피륙 및 옷 따위를 주어 은혜를 베풀었으나, 귀화해온 백제의 승니 및 속인 남녀들에게는 오히려 황량하고 살벌한 신개지(新開地)인 무장국(武藏國 ·

무사시노 쿠니)에 모두 안치하는 등, 박대하였다.

지금까지 주로 기내지방에 안치하였던 백제인에 대해 우대정책의 변화로 볼 수 있는 이런 처분은 천무조의 성격을 시사하는, 새로운 한 단서이기도 하다.

그 세 번째 특징은, 신라의 골품제도(=양친 모두가 왕족인 경우 성골, 부모의 한 쪽이 왕족이면 진골로 구분하여 차등을 두는 제도)와 비슷한 형태로 품골(品骨)의 차를 강조하여 녹을 내리거나 관존민비의 풍속을 강조하였다. 이는, 앞서 신라계로 보이는 효덕천황이 단행한 <대화개신>과 동일한 범주에 속하는 내정개혁을 실시한 것으로 볼 수 있다. 이른바 율령(律令)의 제정과 국가적 수사(修史: 역사를 엮고 가다듬음) 사업의 시초 등이 그 대표적인 것이다. 몇 가지 단적인 예를 지적하면 다음과 같다.

(1) 정월의 의식 때에는 여러 왕, 제신(諸臣) 및 백료(百僚)는 형제 이상의 웃어른 및 자기 성씨의 장(長)을 제외하고, 이밖에는 절을 하지 말라. 여러 왕은, 자기 어미라도 왕의 성이 아니면 절을 하자 말라. 제신은 출자(出自)가 낮은 어미에겐 절을 하지 말라. 정월의 의식 때가 아니라도, 이에 준하라. 만일 범하는 자가 있으면 사건에 따라 벌을 내린다.

(2) 금식(禁式: 금지의 법규) 92조의 제정: 천황 이하 서민에 이르기까지, 여러 의복에 착용하는 금, 은, 주옥, 자(紫), 금(錦), 수(繡), 능(綾), 및 전욕(氈褥: 털로 짠 담요), 관(冠), 대(帶), 아울러 각양각색의 종류를 쓰는 데 각각 차(差)가 있게 함.

(3) 제씨(諸氏)의 사람들은 각기 적당한 자를 씨족장으로 정하여 관사에 신고하고, 또 그 일족이 많은 자는 나누어 각 씨족장을 정하여 신고한 후 관사의 판결을 받되, 자기 일족이 아닌 자를 억지로 끌어들여서는 안 된다고 한 것 등등이다.

이렇게 사성(賜姓: 성씨를 내림)을 통한 계급편성 같은 것이 대대적으로 행해지게 된다.

그 네 번째 특징은, <천무기>의 내용 중에서 신라와의 너무나 빈번한 교섭관계를 들 수 있다. 이것은 매우 이상한 현상으로, 천무천황이 즉위하기 전까지 일본은 백제에 구원군을 보내어 신라와 대적한 원수관계였다.

또한, 일본은 그 전투에서 나당연합군에게 패전한 것이다. 사실이 이러한데, 어째서 신라는 일본에 자주 사신을 파견하고 천무조정은 또 이들을 극진히 환대하거나 답사(答使)를 보내는 등, 급속한 선린우호 관계를 유지한 것일까? 꽤 많은 지면을 할애하여 신라사(使)의 일본 내에서의 활동을 <천무기>는 자세히 적고 있다. 이에 대해 한국의 고대사 연구가인 문정창 씨는 천무천황이 신라계였기 때문이라고 그의 연구서에서 주장하였다.

쟁점 ▶
천무천황의 계보는 신라계인가?

천무천황을 신라계로 볼 수 있는 근거는 상당히 많다.

우선 고구려, 백제, 신라 삼국의 쟁패전(爭覇戰)에서 백제를 도왔던 제명(齊明) 및 천지천황 시대의 일본과는 적대적이었던 신라가 천무천황 즉위 후로는 오히려 빈번하게 왕래하게 된다. 이것은 매우 이상한 일이다.

더욱이 당나라와 8년간을 싸워 당을 물리치고 당당히 통일신라의 기반을 굳건히 한 문무왕이 천무조의 일본에 세조(歲調)를 바칠 리는 만무한 것이다. 그런데도 자주 송사(送史)를 통해 선물을 보내거나 천무조정에서는 이들에게 극진한 향응을 베풀었던 일이 수다하다.

　물론 일본에서도 이에 답하여 신라에 사신을 자주 보내는 등 양국 간의 친교가 더욱 돈독해진 사례를 『일본서기』는 자세히 적고 있는데, 모두 20회 가량의 왕래가 있다. 사례별로 중요한 것만 발췌해 보기로 한다.

신라인이 천무조정에 파견(派遣)된 경우

　① 천무원년(672년) [이 해는 임신의 난으로 천무가 패권을 잡는데 성공, 궁실을 새로 짓고 이를 비조정어궁(飛鳥淨御宮)이라 하였다. 천황은 이곳으로 옮겨 거처하였다.] 11월 (24일), 신라의 객(客) 김압실(金押實) 등에게 축자(筑紫·츠쿠시)에서 향응하였다. 그날로 녹(祿)을 주었는데 각각 차이가 있었다. 12월 (15일), 배 한 척을 신라의 객에게 주었다. (26일), 김압실 일행이 일을 마치고 돌아갔다.

　② 2년(673년) 6월 (15일), 신라가 한아찬(韓阿湌·관등명) 김승원(承元), 아찬 김기산(祇山), 대사(大舍) 상설(霜雪) 등을 보내 선황(＝천지천황)의 상(喪)을 조(弔)하였다. 송사(送使)인 귀간(貴干·지방관의 제4위) 보(寶)와 진모(眞毛)가 승원과 살유(薩儒) 일행을 축자까지 보내왔다. (24일), 귀간 보 등에게 축자에서 향응을 베풀었다. 녹을 주었는데 각각 차가 있었다.

　8월(25일), 천무천황의 등극을 축하하는 사신 김승원 등 중객(中客) 이상 27명을 경(京)에 불렀다. 이때 축자의 대재(大宰:통치자)에게 명하여, 탐라(耽羅)의 사신은 이 국가적 행사에 참석하지 못하도록 조(詔)를 내렸다. 내용인즉, 「천황이 새로이 천하를 평정하여 처음으로 즉위하였다. 이 때문에 오직 축하하러 오는 사신 외에는 부르지 아니 하였다. … 또, 요즈음 차가운 파도가 높고 험하다. 오래 머무르게 하면 도리어 그대들의 근심이 될 것이니, 빨리 돌아가라」고 하고는 축자에서 귀국시켰다.

　▷ [탐라는 지금의 제주도로서 과거 백제국에 속했는데, 이들을 박대

한 반면, 신라 사자들에겐 후히 대접하는 것으로도 천무천황의 계보가 신라계였음이 은연중 암시된 대목이다.]

9월 (28일). 난파(難波:나니와)에서 김승원 일행에게 향응을 베풀었다. 여러 가지 악기를 연주했다. 물건을 내려주었는데 각각 차가 있었다. 11월 (1일), 김승원 등이 일을 마치고 돌아갔다. (21일), 고구려의 한자(邯子)와 신라의 살유 등에게 축자의 대군(大郡)에서 향응을 베풀었다. 녹을 주되 각각 차가 있었다.

▷ [천황의 등극을 축하하러 왔던 신라 사신들은 6월 15일에 와서 11월 21일에 귀국했으니, 5개월 남짓 일본에 장기체류했던 셈이다.]

③ 이들 신라계 일행이 일본에 와 있던 무렵인 천무 2년(673년) 8월 (20일)에, 고구려가 상부(上部) 위두대형(位頭大兄·관등명) 한자와 전부대형(前部大兄) 석간(碩干) 등을 보내 조공하였다. 신라는 이들 고구려 사신을 일본까지 안내하기 위해 한내말(韓奈末) 김이익(利益)을 보내 축자까지 데려가게 했다는 기사가 있다.

▷ [이 연대에 고구려는 이미 멸망하고 없어진 지 13년째 되므로, 이 기사는 이상하다. 일본 측 학자 중에는 668년의 고구려 멸망 후, 신라에 의해 고구려 유민들이 옹호한 안승(安勝:고구려의 귀족)을 왕으로 삼아, 670년에 신라영역 내에 고구려를 재건, 이후 일본에 조공시켰다고 해석하는 이도 있다. 그런 고로, 신라가 고구려 사신을 축자까지 배로 안내케 했다는 것인데, 신라영역 내의 고구려 재건 이후 일본에의 조공 운운하는 것은 무엇을 근거로 한 것인지 명확하지 않다. 다만, 『삼국사기』(권7) <신라본기 제7> 문무왕조에는 고구려 유민의 부흥운동에 대해 추리해볼 수 있는 대목이 있으므로 소개한다.]

「신라 문무왕 10년(670년) 3월에, 이찬 설오유(薛烏儒)가 고구려의 태대형(太大兄·관등명) 고연무(高延武)와 더불어 각각 정병 1만 명을 거느리고 압록강을 건너 옥골(屋骨)에 이르렀는데, 말갈병이 먼저 개돈양(皆敦壤)에 와서 이들을 기다리고 있었다. 4월 4일에 그들과 싸워 크게 승리하고 적을 참획한 수는 헤아릴 수 없이 많았다. 그런데 당나라의 군사가 계속하여 쳐들어오므로 아군은 백성(白城)으로 물러서서 적을 막았다.

6월에, 고구려의 수림성(水臨城) 사람인 대형(大兄·관등명) 모잠(牟岑)이 그 유민을 모아 궁모성(窮牟城)으로부터 패하(浿河)의 남쪽 지방에 이르러 당나라의 관리와 승려 법안(法安)을 죽이고, 신라로 향하여 서해의 사치도(史治島)에 이르렀다.

여기서 고구려 대신 연정토(淵淨土)의 아들인 안승을 보고, 그를 한성(＝경기도 광주)으로 맞아들여 왕으로 받들어 삼고, 소형(小兄·관등명) 다식(多式) 등을 신라의 문무왕에게 파견하여 이렇게 애원하게 되었다. 『멸망한 국가를 일으키고 끊어진 세대를 잇는 것은 천하의 공의(公義)이므로, 오직 대국(大國：신라를 지칭)에 이를 바랄 따름입니다. 우리나라의 선왕(＝고구려 말왕인 보장왕)은 왕도(王道)를 잃고 멸망했습니다만, 지금 신들은 본국의 귀족 안승을 맞아 임금으로 받들어 삼았사오니, 원컨대 번병(藩屏：제후의 나라)이 되어 영세(永世)로 충성을 다하겠나이다.』

그렇게 말하므로, 문무왕은 이들을 나라의 서쪽에 있는 금마저(金馬渚＝전라북도 익산)에 거처하게 하였다. ―『삼국사기』」

▷ [이런 기사로 보아, 신라 영역 내에 고구려의 재건은 타당성 있는 이야기인 것 같으나, 그 고구려가 신라의 안내를 받아 일본에 조공했다는 설은 근거부족으로 명확하지 않다.]

④ 4년(675년) 정월(1일), 신라의 사정(仕丁)들이 약(藥)과 진기한 물건을 바쳤다. (2일), 황자 이하 백료의 여러 사람이 배례하였다. 이 달, 신라가 왕자 충원(忠元)과 대관급찬 김비소(比蘇), 대감내말 김천충(天沖), 제감대마(第監大麻) 박무마(武摩) 및 김낙수(洛水) 등을 보내 조를 올렸다.

송사(送使)인 내말 김풍나(風那) 및 김효복(孝福)이 왕자 충원을 축자까지 보냈다. 3월(14일), 김풍나 등에게 축자에서 향응하고, 귀환하였다.

또 이달, 신라가 급찬 박근수(謹修)와 대내말(大奈末) 김미하(美賀)를 보내 조를 올렸다. 4월, 이 달에 신라왕자 충원이 난파에 왔다. 7월(25일) 충원이 배례를 마치고 귀국하였다. 난파에서 출발했다. (28일), 신라와 고구려 두 나라의 조공사에게 축자에서 향응을 베풀었다. 녹을 주었는데 차가 있었다.

▷ [신라왕자 충원 일행이 일본에 와서 체류한 기간은 만 7개월에 해당한다.]

⑤ 5년(676년) 11월(3일), 신라가 사찬 김청평을 보내 일본의 국정을 청문하였다(新羅遣金淸平請政). 아울러 급찬 김호유(好儒)와 제감대사 김흠길(欽吉) 등을 보내 조(詔)를 올렸다. 그 송사인 내말 피진나(被珍那)와 부사인 내말 호복(好福)은 김청평 등을 축자까지 따라왔다. 11월(23일), 고구려가 후부주부(後部主簿) 아우(阿于)와 부사 전부대형(前部大兄) 덕부(德富)를 보내 조공했는데, 때문에 신라는 대내말 김양원(楊原)을 시켜 고구려의 사신을 축자로 보냈다.

6년(677년), 이 해 신라의 사신 김청평 및 이하 객13인을 경(京)으로 불렀다.

4월(14일), 송사 피진나 등에게 축자에서 향응을 베풀고, 이들은 귀환했다.

5월(7일), 신라인 아찬 박자파(刺破)와 종자 3인, 승 3인이 혈록도(血鹿嶋=五島列島)에 표착하였다. 8월(27일), 김청평이 귀국할 때 표착한 박자파 등을 청평에게 딸려 본국에 돌려보냈다.

▷ [김청평 일행은 일본에 건너와 무려 10개월간을 장기체류한 셈이다.]

⑥ 7년(678년), 이 해, 신라의 송사인 내말 가량정산(加良井山)과 내말 김홍세(紅世)가 축자에 와서 「신라왕이 급찬 김소물(消勿)과 대내말 김세세(世世)를 보내 금년의 조를 올립니다. 따라서 신(臣) 정산(井山)을 파견하여 김소물 일행을 보내게 하셨습니다. 그런데 같이 해상에서 폭풍을 만나 헤어져 간 곳을 모릅니다」라고 보고하였다. 소물 등은 결국 오지 않았다. 8년(679년) 정월(5일), 신라의 송사 가량정산과 홍세 등이 경(京)에 왔다.

⑦ 8년(679년) 2월, 신라가 내말 감물군(甘勿郡)을 보내, 고구려의 상부대상(上部大相) 환부(桓父) 등을 축자까지 안내해 왔다.

⑧ 8년(679년) 10월(17일), 신라가 아찬 김항나(項那)와 사찬 살누생(薩累生)을 보내 조공하였다. 조공물은 금, 은, 철, 정(鼎), 금(錦), 견(絹), 포(布), 말, 개, 노새, 낙타 따위 10여종이었다. 천황, 황후, 태자에 금, 은, 도(刀), 기(旗) 따위를 바쳤는데, 각각 다수였다.

9년(680년) 4월(25일), 신라의 사신 김항나 등에게 축자에서 향응을 베풀었다. 녹을 주었는데 각각 차가 있었다.

6월(5일), 신라의 객 항나 등이 귀국하였다.

▷ [신라의 사신 김항나 일행이 일본에 와서 체류한 기간은 약 8개월 가량]

⑨ 그보다 앞서 동년(680년) 5월(13일)에, 고구려가 남부대사 묘문(卯問)과 서부대형 준덕(俊德) 등을 보내 조공했는데, 신라는 내내말 고나(考那)를 보내, 고구려의 사신 묘문과 준덕 등을 축자에 보내왔다.

⑩ 동년(680년) 11월(24일), 신라가 사찬 김약필(若弼)과 대내말 김원승(原升)을 보내 조공을 올렸다. 언어를 배울 사람 3인이 약필을 따라왔다. 10년(681년) 6월(5일), 신라의 객 약필에게 축자에서 향응을 베풀었다. 녹

을 주었는데 각각 차가 있었다.

8월(20일), 약필이 귀국하였다.

▷ [신라 사신 김약필 일행의 일본 체류기간은 9개월 남짓이나 된다.]

⑪ 10년(681년) 10월(20일) 신라가 김충평(忠平)과 김일세(壹世)(이하 관등명은 생략)를 보내 조를 올렸다. 금, 은, 동, 철, 금(錦), 견(絹), 녹피(鹿皮), 세포(細布)의 종류가 각각 많이 있었다. 따로 천황, 황후, 태자에 바치는 금, 은, 하금(霞錦), 번(幡), 피(皮)의 종류가 각각 많이 있었다.

이 달, 또 신라의 사자가 와서, 국왕(신라 문무왕)의 훙(薨: 세상 떠남)을 알렸다.

12월(10일), 소금하(小錦下) 하변신자수(河辺臣子首)를 축자에 보내, 신라의 손님인 충평에게 향응을 베풀었다.

2월(12일), 김충평이 귀국하였다.

▷ [신라 사신 김충평 일행이 축자에 도착했을 때, 일본조정에서는 영접사(迎接使)를 직접 축자까지 보내 향응을 베풀어 환대하고, 일을 끝내고 해가 바뀐 이듬해 정월, 귀국하기 직전에 축자에서 또다시 향응을 베풀 만큼 극진히 대접했음을 알 수 있다.]

⑫ 12년(683년) 11월(13일), 신라가 김주산(主山)과 김장지(長志)를 보내 조공을 올렸다.

13년(684년) 2월(24일), 김주산에게 축자에서 향응하였다. 3월(23일), 김주산이 귀국하였다.

▷ [신라 사신 김주산 일행의 일본 체류기간은 약 5개월 가까이 된다.]

⑬ 13년(684년) 12월(6일), 대당(大唐)의 학생 토사숙녜생(土師宿禰甥), 백저사보연(白猪史寶然), 및 百濟役(나당연합군과의 백강 전투) 때 대당에

포로로 붙잡혔던 저사련자수(猪使連子首), 축자삼택련득허(築紫三宅連得許)가 신라를 거쳐 귀국하였다. 신라는 김물유(物儒)를 보내, 그들을 축자까지 데려가게 했다.

14년(685년) 3월(14일), 김물유에게 축자에서 향응하고, 김물유는 귀국하였다. 표착한 신라인 7명은 물유에 딸려서 돌려보냈다.

▷ [이 기사를 통해 당시 일본의 당나라 유학생들은 대개 신라의 배를 이용하여 왕래했음을 짐작케 하는 대목이다. 그리고 이들을 안내해 온 김물유는 3개월 남짓 일본에 체류했던 셈이다.]

⑭ 14년(685년) 4월(17일), 신라인 김주산이 귀국하였다.

▷ [이 기사는 명백한 오류이다. 앞서 천무 12년(683년) 11월에 김주산 일행이 일본에 왔다가 이듬해 13년(684년) 3월(23일) 축자에서 이미 귀국한 것으로 되어 있는데 이제 1년이 더 지난 천무 14년(685년) 4월 (17일)조에 그가 귀국했다고 적고 있으니, 어느 쪽이 진실인지 알 수 없다.]

⑮ 14년(685년) 11월(27일), 신라가 김지상(智祥)과 김건훈(健勳)을 보내 국정을 청문했다. 조공을 올렸다. 주조(朱鳥)원년(686년) 춘정월, 이달, 신라의 김지상에게 향응을 베풀기 위해, 정광사(淨廣肆) 천내왕(川內王), 직광사(直廣肆) 대반숙녜안마려(大伴宿禰安麻呂), 직대사(直大肆) 등원조신대도(藤原朝臣大嶋), 직광사 수적조신충마려(穗積朝臣蟲麻呂) 등을 축자에 보냈다.

4월(13일), 신라의 객들에게 향응하기 위하여, 천원사(川原寺)의 기락(伎樂=舞人, 樂人, 악기, 의상 등)을 축자에 운반하였다.

(19일), 신라가 바친 물건이 축자에 왔다(각종 진기한 물건들을 열거하고 있으나 생략함).

(29일), 김지상 등에게 축자에서 향응을 베풀고 녹을 주었는데 각각

차가 있었다. 축자에서 귀국함.

▷ [신라 사신 김지상 일행을 맞이하는 천무조정의 태도는 눈여겨 볼 만하다. 이를 끝으로 천무천황은 그 해 9월에 세상을 떠난다.]

일본 견사(遣使)가 신라로 간 경우

① 천무4년(675년), 7월(7일). 소금상(小錦上) 대반련국마려(大伴連國麻呂)를 대사(大使)로 하고, 소금상 삼택사입석(三宅四入石)을 부사(副使)로 하여 신라에 보냈다.

5년(676년) 2월, 이달에 대반련국마려 등이 신라에서 돌아왔다.

▷ [천무조정의 사신이 신라에 와서 체류한 기간은 약 8개월 가까이 된다.]

② 5년(676년), 10월(10일), 대을상(大乙上) 물부련마려(物部連麻呂)를 대사로 하고 대을중 산배직백족(山背直百足)을 소사(小使)로 하여 신라에 보냈다.

6년(677년) 2월(1일), 물부련마려가 신라에서 돌아왔다.

▷ [이번에도 약 4개월가량 체류한 셈이다.]

③ 8년(679년), 9월(16일), 신라에 보낸 사신들이 돌아와 배례하였다. (보낸 시기는 미상)

④ 10년(681년) 9월(3일), 고구려와 신라에 보냈던 사신들이 같이 돌아와 배조(拜朝)하였다(보낸 시기 미상).

⑤ 13년(684년) 4월(20일), 소금하 고향신마려(高向臣麻呂)를 대사로 하고, 소산하(小山下) 도노신우감(都努臣牛甘)을 소사로 하여 신라에 보냈다.

14년(685년) 4월(26일), 고향조신마려(高向朝臣麻呂), 도노조신우동(都努朝臣牛銅)들이 신라에서 돌아왔다. 학문승인 관상(觀常), 영관(靈觀)이 따라왔다. 신라왕의 헌물은 말 2필, 개 3마리, 앵무새 2마리, 까치 2마리 및 각종의 물건이 있었다.

▷ [천무조정의 사신은 신라에 가서 무려 1년 남짓 체류하다 귀국한 셈이다.]

이상, 사례별로 열거한 바와 같이, 신라와 천무조정과의 왕래 및 교류가 이처럼 소상하게 기술되어 있다. 그러나 여기서 우리에게 강한 의문을 불러일으키는 점들을 발견할 수 있다.

양국 간의 친선교류 및 왕래가 빈번한 이 시기는 주로 삼국(고구려, 백제, 신라)의 쟁패전에서 승리한 문무왕 통치의 통일신라 때였다. 백제에 구원군을 보냈던 일본은 사실상 패전국이었고, 신라는 이후 한반도에 진출해 있던 당(唐)과의 8년 전투에서 당의 세력을 완전히 물리치고 강력한 세력을 구축한 때였다.

그러한 신라의 문무왕이 패전국 일본에게 자주 사신을 보내 조공, 혹은 세조(歲詔)를 바친다는 것은 상식적으로도 전혀 납득할 수 없는 일이다. 승자가 패자에게 조물(調物)이나 조공을 바친 것은 여기 이 기록 외에는 인류 역사상 유례가 없는 일이다. 이 점은 참으로 이상하지 않은가?

더욱이, 신라는 멸망한 고구려의 유민들을 금마저(金馬渚=지금의 전북 익산)에 거주토록 선처를 베풀었다. 그리고 신라 영역 내의 그 고구려 사신들까지 일본에 조공할 수 있도록 안내 역할을 맡은 송사(送使)를 보내 자주 축자(츠쿠시)까지 인도했다는 식이다. 그와 같은 기술이 과연 상식적으로 믿을 수 있는 이야기일까?

또, 신라의 사신들이 일본에 가져간 조공물은 세세한 품목까지 낱낱이 열거되어 있을 뿐만 아니라, 사신들의 방문 목적이나 동기가 분명하다. 그 반면, 일본 측에서 신라에 보낸 사신들의 경우, 그 목적이나 동기 따위를 전혀 알 수 없이 불투명하게 처리해 놓았다. 상호 방문시의 체류 기간도 길면 1년, 아무리 짧아도 수개월씩이나 되는데 뚜렷한 목적이나 동기가 없었을 리가 만무하다.

그런데 유독 일본 측 사신은 그 점에서 애매모호하게 되어 있는 것이 다. 이것은 의도적으로 숨기고 싶은 무엇이 있었기에, 훗날 『일본서기』 편찬자들이 이를 감추고 약술(略述)해버렸던 반증이 아닐까.

이런 갖가지 의문들은, 그러나 만약 천무천황이 신라계였다는 가정 하에 살펴보면 의외로 쉽게 해결된다. 즉, 천무5년(676년)의 11월조에 있는 「新羅遺沙湌金淸平請政」(신라가 사찬 김청평을 보내 청정하였다)라는 기사와, 또 천무천황이 세상을 떠나기 직전인 14년(685년) 11월조에 있 는 「新羅遺波珍湌金智祥 大阿湌金健勳請政」(신라가 파진찬 김지상과 대아 찬 김건훈을 보내 청정하였다)는 기사는 우리의 주목을 요한다. 왜냐하면, 「청정(請政)」은 「국가의 정무를 보고받다」로 해석할 수 있기 때문이다.

일반적으로 「請政(청정)」의 <請>자는 「구(求), 문(問), 고(告), 소(召), 수(受)」등, 다의적인 뜻글자로서, 여기서 말하는 '청정'은 신라사신이 천 무조정으로부터 정무에 관한 보고를 받는다는 의미인 것이다.

어쨌든 사실 여부에 관해서는 이 「請政(청정)」에 대한 올바른 해석이 내려져야 하므로, 이는 마땅히 하나의 쟁점이 될 수 있는 부분이다. 그 리고 천무천황이 신라계였다는 또 하나의 방증(傍證)으로 보이는 대목 이 있다.

천무천황의 사망 직후 일본조정에서는 이 사실을 신라에 통보하고 신라는 사절단을 보내 애도를 표한다. 그런데 신라 사신들은 상복을 입 고 삼배삼곡(三拜三哭)하였다.

『일본서기』 전체를 통틀어 신라사신이 역대 일본천황의 죽음에 대해

삼배삼곡한 사례는 윤공과 천무, 두 천황에게 한해서라는 점도 시사하
는 바 크다.

제40대 고천원광야희(高天原廣野姬)—(持統·지통)天皇

●高 天 原 廣 野 姬
　빗슬 하늘 벌 넙 드르 키
　(현대어→「빛살 환할 벌 넓득히」
　=즉, 광명천하를 도모해 통치권 확대하기)

고천원광야희천황(高天原廣野姬天皇 : 다카마노하라 히로노히메노 스메라
미코토·たかまのはらひろのひめのすめらみこと), 즉「持統(지통)」(지토·ぢ
とぅ)천황은 천지천황의 제2녀로서, 천무천황의 정비(正妃)였다.

한마디로 지통조(持統朝)는 매우 복잡한 성격을 가진 왕조였다고 말
할 수 있다.

황후 자신은, 조정에 봉사하던 백제계의 대신 소아산전석천마려(蘇我
山田石川麻呂·소가노 야마다노 이시카와노 마로)의 딸 원지낭(遠智娘·오치
노 이라쓰메)을 어머니로, 역시 백제계였던 천지천황을 아버지로 하여
태어났다. 그러나 그녀는 신라계 천무천황의 정비가 되면서부터 이미
복잡한 양상을 띠게 된 셈이었다.

말하자면 그런 지통은 남편 대해인(大海人·오호시아마)황자, 즉 훗날
의 천무천황이 근강조정의 천지천황에게 추격당해 길야(吉野·요시노)로
도망갈 때부터 반려자가 되어, 현실적으로는 천무의 신라계에 속하였다.

그러나 혈통은 백제계의 여인으로, 기구한 운명의 와중을 헤쳐나간 삶을 살았다.

길야궁으로 도피하여 간신히 목숨을 건진 천무가 일으킨 <임신의 대란>에 의해 실권을 잡으면서 백제계 근강조는 불과 5년 만에 자취를 감추고 만다. 그 후, 황후(지통)는 시종 천황을 보좌하여 천하를 안정시키는 일에 적극적이었고, 모시고 있는 동안에도 정사를 도왔다.

천무천황이 죽자 황태자의 위에 있던 아들 초벽황자존(草壁皇子尊·쿠사카베노 미코노 미코토)에게 황위를 계승시키지 않고 스스로 <임조칭제: 臨朝稱制>=(즉위하지 않고 조정의 정사를 맡아 보는 것)=하였다. 이것은 마치 제명천황의 사후에 천지가 칭제한 것과 유사한 것이다.

이에 반발한 대진(大津·오호쓰)황자=지통의 언니 대전(大田·오호타) 황녀비와 천무천황 사이에서 태어난 아들=의 세력이 반란을 일으킨다. 이로써 새로운 황위계승전이 벌어진다. 그 결과, 지통은 대진황자의 난을 진압하면서 천무조정을 받들었던 기존의 신라계 세력을 제거하였다. 그때, 신라 사문(沙門: 승려)인 행심(行心) 등 주요 모반자들을 유배, 또는 가람(伽藍)에 유폐시키거나 용서의 처분을 내리는 등, 숙청을 주도하였다.

그러나 이런 정변이 있기에 앞서서, 천무8년(679년) 5월(6일), 천황이 황후 및 초벽황자존, 대진황자, 고시(高市)황자, 하도(河嶋)황자, 인벽(忍壁)황자, 지기(芝基)황자 등을 데리고 길야궁에 행차했을 때 뜰에서 조(詔)를 내려, 후일 이와 같은 혈족간의 싸움이 없기를 맹세하도록 한 일이 있었다.

이에 모두 다짐하여, 『천신지기(天神地祇) 및 천황을 두고 맹세하건대, 우리 형제, 장유(長幼) 10여 왕들은 모두다 각각 이복(異腹)에서 나왔지만, 동복(同腹)이나 이복을 가리지 않고, 다 천황의 칙(勅)에 따라 서로

도와 거역함이 없을 것입니다. 만일, 금후에 맹세한 것처럼 하지 않으면 신명(身命)이 망하고 자손이 끊어질 것이므로 잊지 않겠습니다. 결코 과실을 저지르지 않을 것입니다.』라고 굳게 언약한 바가 있다.

이때 천황은 기뻐하여, 『짐의 아들들이여, 서로 이복으로 태어났으나, 지금은 같은 배에서 나온 것처럼 귀여워하리라』고 말하고, 옷깃을 열어 여섯 황자를 안고는 『만일 이 맹세에 어긋남이 있으면, 곧 짐의 몸을 망치게 될 것이다』하고 당부했는데, 이때 황후(=지통)가 맹세한 것도 천황과 같았다.

그러나 이 맹세를 먼저 어긴 것은 지통이었다.

천황 사후에, 「대진황자가 모반하려 했다. 이에 속은 관리나 사인(舍人)은 부득이했으므로 연루된 자는 다 용서한다. 지금 대진황자는 이미 죽었다」고 조(詔)하였다. 그러나 이 모반은 지통여제가 대진황자를 제거하려고 꾸민 것이라고 보는 설이 있는데, 그렇게 봄이 오히려 타당할 듯하다.

어쨌든, 천무천황을 위하여 무차(無遮)대회=국왕이 시주(施主)가 되고, 승속, 귀천, 상하의 구별 없이 공양 보시(布施)하는 법회=를 열었다. 천무천황이 신라계였다는 근거는 <천무기>에도 잘 나타나 있지만, 무차대회를 연 직후 지통은 신라에 사신들을 보내 천황의 상(喪)을 부고(訃告)케 한 일로써도 짐작된다. 또, 국기(國忌)의 재(齋)를 경사(京師=首都)의 여러 절에서 열었다.

이 무렵, 신라에서 왕자 김상림(霜林), 급찬 김살모(薩慕) 및 김인술(仁述), 대사(大舍) 소양신(蘇陽臣), 학문승 지융(智隆) 등이 왔다. 일행이 축자에 이르렀을 때, 축자대재가 천무천황이 붕한 것을 김상림 등에게 고하자, 바로 그날, 상림 일행은 모두 상복을 입고 동쪽을 향해 세 번 절하고, 세 번 곡하였다.

『일본서기』를 통틀어 40여명의 역대천황 가운데 천황의 부고를 받은 신라사자가 곡을 발한 것은 역시 신라계였던 윤공천황과 천무천황 뿐이었던 점도 이 사실을 뒷받침해준다. 김상림 일행은 나중 경(京)에 이르러, 빈궁(殯宮)에 가서 다시 세 번 곡하였다고 적고 있다.

이후, 일본 내에 거주하던 신라인, 또는 본토에서 패망한 고구려와 백제계 사람들이 투화(投化)해 오자 지통천황은 그들에게 전지(田地)와 식량을 주어 생업이 안정되게 배려하였다.

<지통기>의 뚜렷한 특징의 하나는, 이처럼 반대세력에 대한 선무(宣撫)와 함께 죄인에 대한 사면과 용서, 공과에 따른 엄격한 상벌, 불행한 자와 가난하여 자활하지 못하는 자와 노약자(=鰥寡孤獨·빈과고독)들에 대한 시혜, 위계(位階)의 재조정, 공경백료(公卿百寮)들에 대한 잦은 향응과 연회 및 양식과 의복의 하사, 또는 식봉(食封)의 증가를 통하여 황권의 기반을 견고하게 다짐으로써 천하를 순응케 한 점이었다.

또 하나의 특징으로, 백제계 지통여황은 신라계 천무의 정사를 완전히 뜯어고쳐 황통을 다시 생부(生父)인 천지천황의 백제계로 환원시켜 유지했던 점이다.

「持統」이란 시호는 바로 이것을 의미한다.

지통은 임조칭제(臨朝稱制)한 뒤로, 부계(父系)를 이은 초벽(草壁·쿠사카베)태자가 강궁(岡宮·오카노미야)에서 2년 7개월간 왕조를 연 것을 무시하고 끝내 이를 인정하지 않았다. 태자가 비록 천무와 지통 자신의 소생인 친자임에도 불구하고, 천무천황의 사후엔 신라계 초벽황자와 백제계인 어머니 지통황후의 양파로 갈려, 본격적인 권력쟁탈전이 벌어지는 것도 이 때문이다.

요컨대 황통을 백제계로 유지하여 천지천황의 혈통으로 환원하려는 황후의 목적 달성은 문자 그대로 「持統(지통)」이란 시호에 걸맞다.

이처럼 모자간의 치열한 암투에서 결국 황후가 승리하고, 초벽황자가 재위 3년 4월에 죽자, 지통은 임조칭제한 지 4년째인 정월에 비로소 황위에 오를 수 있었다.

어쨌든 지통천황에 의해 실권을 상실했던 초벽왕은, 그 왕조의 정통성을 인정하지 않으려 했던 지통의 반대로 천황의 시호도 얻지 못했다.

이로 인해, 그보다 58년이나 지난 뒤에 와서야 효겸(孝鎌)천황이 비로소 초벽왕에게 「岡宮御天皇(강궁어천황)」의 시호를 내려줌으로써 일종의 명예회복을 위한 복권이 단행되었다.

그러므로 『일본서기』 속의 황위계보에서도 천무조 다음에 지통조로 이어져 기술된 것은 이런 이유 때문이다.

한마디로 요약하면, 초벽황자와 지통 사이, 즉 모자간에 벌어졌던 황위 싸움은 지통의 승리로 끝났다. 이로써 대화국(大和國)의 백제계가 재등용되는 영광을 누린다.

따라서 이 백제계 여황이 행하는 정책은 당연히 백제계 일반을 우대하고, 신라계와 고구려계의 사람들을 견제하거나 멀리하는 정책을 펴는 것이다.

이로써 지통천황 치세의 두드러진 또 하나의 특징은, 신라인과 고구려인이 멀리 동북지방이나 육오(陸奧)지방으로 강제 이주되는 사건이다. 그 반면, 백제인 일반은 대개 기내(畿內)지방에 안주하는 편의를 제공받는다. 말하자면 대화국(大和國) 안에 이주해 있던 백제왕족 일반의 계보를 세우고, 또 그들의 지배적 우위를 확보시키는 정책을 펴나가는 것이다.

이러한 정책의 강도를 점점 더하여 지통여황은 재위 6년째인 5월 15일 축자대재술(築紫大宰率·츠쿠시노 오호미코토모치노 카미), 하내왕(河內王·카후치노 오호키미) 등에 조칙을 내려, 『대당(大唐)의 대사(大使) 곽무종(郭務悰)이 천지천황(=지통의 부친)을 위해 만든 아미타상(阿彌陀像)을 올려라』하고 명하는 것이다.

20년 전이었던 천무원년(673년), 대당대사 곽무종이 여황(지통천황)의 생부인 천지천황이 죽은 지 3년 만에 조상(弔喪)한 적이 있었다. 그때 천지의 명복을 빌기 위해 축자에서 제조한 아미타상을 경(京)으로 옮겨와 정성스레 제사를 지내는 등, 천무천황에 의해 한동안 실추되었던 백제계에로의 황통을 명실공히 복원했던 의미에 다름없는 것이다.

특히 지통천황의 이름 속에 들어 있는 <고천원·高天原>이란 것은 황실의 원조(遠祖)가 일본열도로 이주해 오기 전의 고국을 가리킨 전설 속의 나라이다. 바로 그 황조(皇祖)의 고국을 이름 속에 사용한 것은, 황실계보에의 정통성을 잇는다는 의미를 담는 것이다.

따라서 「持統(지통)」이란 것은 「황통을 지킨다」는 뜻으로 해석될 뿐 아니라, 이로 인해 백제계 부여씨의 황통을 유지하게 됨을 요약한 시호였다.

이렇게 됨으로써 백제계 황통은 천지(天智) → 지통(持統) → 원명(元明) → 원정(元正) → 효겸(孝鎌) → 환무(桓武·칸무) → 차아(嵯峨·사가) 등의 천황으로 이어져, 소위 「만세일계」로 되는 것이다.

그리하여, 천황의 긴 이름인 「高天原廣野姬(고천원광야희)」(=빛살 환할 벌 넓다랗게), 즉 「광명천하를 도모해 통치권 확대하기」라는 의미는, 다름 아니라 이처럼 백제계 부여씨의 황통을 영원히 확대해 가고자 했다는 뜻이다.(*) —(本文終結)

■ 부록(附錄)

I. 해독의 근거 및 漢字의 해례(解例)

– 본문에 제시한 모든 人名에 대한 주석(註釋)

(제1부) 神武에서 應神까지

제1대 新日本磐余彦天皇 – (神武)
신 일본 반 여 언 천황   신무

● 神(示 +申)   日   本   磐   余   彦 <일본서기>
　뵈 놋슬펴   히 불휘 버텅 여 클
　(현대어→보이나 살펴 새 벌(=새 땅) 퍼뜩 엮을)

漢字의 解例

■ [日]=訓은 「히」(현대어는 '해') ■ [本]=訓은 「불휘」(현대어는 '뿌리')
이상 二字 합쳐 「히불휘」의 음을 빌려 「싀부리=새 벌(新原)」에 전
용.(제1법칙) 즉, <새 땅>의 뜻으로 해석. 「히」(日)는 일본어에서 「히」로
바뀌었는데, 한국어의 「히」와 「싀」는 경우에 따라 같은 뜻이었다.

■ [磐]=訓借의 소리값 「버텅」[너럭바위, 섬돌, 다듬잇돌(砧) 등의 古
語의 音을 빌려, 類似音인 「퍼뜩」(재빨리, 얼른)의 의미에 전용(제1법칙)

■ [余]=音借 「여」. 다른 뜻은 없고 음만 빌림(제3법칙)

■ [彦]=訓借 「크~클」(碩也)의 음을 빌림(제1법칙)

● 神(示 +申)   倭   伊   波   禮   毘   古 <고사기>
　뵈 놋슬펴   빙돌 다믄 믌결 예 도올 고
　(현대어→뵈나(보이나)살펴 빙 돌다만 물결에 돌고)

漢字의 解例

■ [神=(示+申)의 破字해독 : 示(뵈~보이)+申(늦술 펴)⇒訓借의 소리값 「뵈늦술펴」(옛 한글)의 音을 빌려, 이것과 同音인 「뵈나 살펴」(='보이나 살펴')의 의미에 轉用(鄕札의 原理, 제1법칙)

「示」라는 漢字의 用例에 따른 옛 한글 새김의 표기와 그 音價를 알수 있는 문헌으로 『龍飛御天歌』(한글 창제의 試用으로 지은 최초의 宮中音樂의 歌辭인 敍事詩. 1445년 완성)의 예를 들 수 있다.

※형이 디여 뵈니 : 兄隆而示(용비어천가·36장)(=형이 거꾸러져서 보이니) ※ᄆᆞ롤 채뎌 뵈시니 : 策馬而示(용비어천가·36장)(=말을 채찍질하여 보이시니)

「申」이라는 한자의 훈은 「늦술-펴~늧술-펴」(현대어로는, 「낯살-펴」). 그 뜻은 <얼굴의 살갗(주름살)을 펴다>, 즉 <마음이 확 풀리고 和平한 모양>으로 한문의 「容舒」또는 「伸伸=申申」의 의미. 요컨대 「申」은 「皺面(추면 : 낯이 쭈글쭈글 주름잡힌 얼굴)」의 反意語다. 『論語』의 <術而>에도, 孔子가 燕나라에 居處할 때의 얼굴 표정(낯살)에 관하여 다음과 같이 표현한 예가 있다. ※「子之燕居申申如也」]

■ [倭=訓借의 소리값 「빙 돌」(廻遠의 뜻을 지닌 釋讀字)(제2법칙)

「倭」라는 한자는, 그 훈을 「빙 돌다(廻遠)」로 새길 때는 그 漢字의 讀音을 「위」wi로 읽는다. 『詩經』에도, 「周道倭遲」(주나라 도로는 빙 둘러서 더디다)와 같은 용례가 있다.

결국 중국 측에서 고대일본을 「倭國」(왜국) 외에 또한 「委國」(위국)이라고도 일컬었던 것은, 하카다(博多)灣의 志賀島(시가노시마)에서 出土된 「金印」(後漢의 光武帝가 建武中元二年(서기57년)에 奴國王에게 금인을 下賜했다는 기록이 『後漢書』에 나옴)의 경우에 입증된 바도 있듯이, 그 금인에는

「漢委奴國王」(한위노국왕)이란 글귀가 새겨져 있고, 이것은 '倭'(왜)를 '委'(위)와 같은 음으로 읽었기 때문으로 추측된다.

■ [伊]＝訓借의 소리값 「다믄」(唯,惟)의 音만 빌려, 「～(한)다만」(종속적 연결어미 : 앞의 말을 是認하면서 뒷말에 연결)의 의미인 「～다만」('～다마는'의 준꼴)에 轉用(※伊는, 唯나 惟나 只와 同)(제1법칙)

■ [波]＝훈독 「믌결」(옛 한글. 현대어로는 '물결')(제2법칙)

■ [禮＝]＝음차 「례～예」(제3법칙)

■ [毘]＝훈차의 소리값 「도올」(옛 한글. 현대어로는 '도울')의 음만 빌려, 같은 음인 「도올(迂廻, 또는 廻遠)」의 의미에 전용(※ 毘는, 助나 輔와 同)(제1법칙)

■ [古]＝음차 「고」(제3법칙)

제2대 神淳名川耳天皇－(綏靖)
<small>신 정 명 천 이   수 정</small>

● 神(示＋申)　淳　名　川　耳

　뵈 놏슐펴　믈괴　일훔　나리　귀

　(현대어→보이나 살펴 멀게 이름 날리기)

漢字의 解例

■ [淳]：淳의 古訓＝「믈-괴」('물-고이다'라는 의미의 古語)로 읽고, 이것이 「멀게」와 類似音인 점을 활용하여 「멀리」(遠)의 뜻으로 해석

■ [名]：名의 古訓＝「일훔」(현대어는 '이름')

■ [川]：川의 古訓＝「나리」(현대어는 '내')

■ [耳]：耳의 訓＝「귀」이므로, 二字 합쳐 「川耳」를 「나리귀」로 읽고,

「날리기」(振, 揚), 즉 입신양명의 뜻으로 해독 [「耳」의 古音은 「ᅀᅵ」(zi)였으나, 「ᅀ」(영어의 z음가)의 자음이 16세기 이후 없어지면서 현재음인 「이」로 됨.]

제3대 磯城津彦玉手看天皇 — (安寧)

● 磯　城　津　彦　玉　手　看
　　낛터　잣　진　언　구슬　손　본
　　(현대어 → 넋 떠 잦히는 것을 손본)

漢字의 解例

■ [磯] : 磯의 古訓 = 「낛터」(현대어는 '낚시터')로 읽고, 「넉 떠」로 해독 그 뜻은, 「넋 떠(넋이 나가)」. 혼의 古訓은 「넉」(현대어는 '넋') [넉 혼 : 魂 (訓蒙字會·中 35)의 用例가 있다.]

■ [城] : 城의 古訓 = 「잣」 [잣 셩 : 城(訓蒙字會·中8) 잣뫼 : 城山(龍飛御天歌 1:52)의 用例가 있다.] ■ [津] : 津의 音 = 「진」 ■ [彦] : 彦의 音 = 「언」 이상 「城津彦」 三字 연속하여 「잣진언」으로 읽고, 「잦히는」(머리를 뒤로 기울이는)으로 해독

■ [玉] : 玉의 訓 = 「구슬」로 읽고, 「거슬」(~것을)의 類似音으로 해독

■ [手] : 手의 訓 = 「손」 ■ [看] : 看의 訓 = 「본」(돌보다, 看護의 뜻) 즉, 二字 연속하여 「손본」으로 읽고, 「病 또는 缺陷이 있을 때 잘 손질하여 보살핌」의 의미가 된다.

제4대 大日本彦耜友天皇 −(懿德)

● 大　日　本　彦　耜　友
　　한　날　믿　언　잠개눌　벗

(현대어 → 「하눌믿은 잠개 날 봤」 → 천하는 잠깨 나를 봤)

漢字의 解例

■ [大日本彦] : 大의 古訓＝「한」(현대어는 '큰') [大雨는 한비, 大路는 한길, 大田은 한밭, 등의 용례가 있다.] 日의 訓＝「날」, 本의 古訓＝「믿」(현대어는 '밑')

그래서 「大日本」을 三字 연속하여 「한날믿」으로 읽고, 「하눌믿」(현대어는 '하늘 밑'으로 해독) [天曰漢捺 : 天은 漢捺이라 한다(鷄林類事 : 宋나라 書狀官인 孫穆이 高麗에 使臣으로 왔을 때, 약 360항목의 高麗語를 적어 편찬한 책(편찬연대는 대략 1102~1103년)과 같은 用例가 있다.]

따라서 「大日本」이란 것은 「하늘 밑」, 즉 「天下」의 의미를 달리 表記한 方式에 해당한다. 彦의 音＝「언」으로 읽고, 「은」(助詞, '~은')으로 해독

이상, 「大日本彦」＝「天下는」의 뜻이 된다.

■ [耜] : 耜(사)의 古訓＝「잠개눌」(현대어는 '쟁기날' : 밭갈이할 때 소가 끄는 쟁기의 날(刃)로서 '보습'이라고도 한다)로 읽고, 「잠깨 날」(잠깨 나를)의 類似音으로 해독 [농기구 연장인 쟁기, 또는 兵器 등의 古語는 「잠개, 잠기, 장기, 장그」등으로 다양하게 쓰인 用例가 있다.]

■ [友] : 友의 訓＝「벋 → 벗」으로 읽고, 「봤 → 봤」(보았)의 유사음으로 해독

제5대 觀松彦香殖稻天皇—(孝昭)

● 觀 松 彦 香 殖 稻
　볼 솔 언 곳고ᄉ 심 우케

(현대어→볼 소나무는 꼿꼿 세워 심게)

漢字의 解例

■ [觀]: 觀의 訓=「볼」 ■ [松]: 松의 訓=「솔」 ■ [彦]: 彦의 音=「언」
이상 「觀松彦」三字 연속하여 「볼 솔언」으로 읽고, 「볼 솔은」(볼 소나무는)의 의미로 해석

■ [香]: 香의 古訓=「곳고ᄉ」로 읽고, 「꼿꼿 서」(直立)로 해독

[香의 古訓에는 「곳고ᄉ-」(語根은 '곳곳-'), 「옷고ᄉ-」(語根은 '옷곳-'), 「곳다온」 등이 있다(현대어는; 고소하다, 향기롭다, 꽃다운).

※香稻는 '곳고ᄉ 벼'(杜甫詩諺解6 : 10), 또는 '옷고ᄉ 벼'(杜甫詩諺解7 : 37)로 읽었던 用例가 있고, 字解에서는 '곳다온 香'(訓蒙字會·下10)으로 풀이되어 있다.]

■ [殖]: 殖의 訓=「심」(植과 同)(뿌리를 땅에 묻다, 즉 「심다」의 '심-')

■ [稻]: 稻의 古訓=「우케」(벼, 나락) [우케爲未春稻: 우케라는 것은 아직 방아 찧지 않은 벼이다(訓民正音 解例, 用字例), ※반만 저즌 곳다온 우케를 딘놋다(=반쯤 젖은 꽃다운 우케를 찧는다): 半濕稻香秔(杜甫詩諺解 12 : 28)]

이상 「殖稻」二字 연속하여 「심우케」라 읽고, 「심게」(두루낮춤말의 命令形)로 해독

제6대 日本足彦國押人天皇―(孝安)

● 日　本　足　彦　國　押　人
　히　불휘　주　언　나라　누를　사름
　(현대어→새 땅 주은 나라 누를 사람)

漢字의 解例

■ [足]：足의 古音=「죡」 또는 「주」이지만, 여기서는 「주」를 취함. [足의 음을 「주」라고 읽을 때는 '더하다(添物益也)'의 의미로 해석할 경우에 해당함. 예를 들면 <足恭>은 한국에서는 <주공>으로 읽고, 그 뜻은 <度에 넘은 공경>, <지나친 존경>] ■ [押]：押의 訓=「누를」

제7대 大日本根子彦太瓊天皇―(孝靈)

● 大　日　本　根　子　彦　太　瓊
　한　날　믿　불휘　삐　언　콩　구슬
　(현대어→「하늘믿 브리시은 큰 굿을」)
　=즉, <천하를 圖謀하신(=부리션) 큰 굿을(벌인)>

漢字의 解例

■ 大日本=「한날믿」=하늘믿(古語)→하늘 밑(現代語), 즉 「天下」(前註)

■ 根의 古訓=「불휘」(현대어는 '뿌리')

■ 子의 古訓=「삐」(현대어는 '씨') [ㅂ른미 디어든 숨삐롤 수습ᄒ고(바람이 지거든 솔씨를 거둬들이고)：風落收松子(杜甫詩諺解10：92)의 용례로 보아 「松子」의 훈독은 「솔삐」 즉, 松=솔, 子=삐]

■ **彦**의 音=「언」

이상, 「根子彦」三字 연속하여 「불휘삐언」으로 읽고, 유사음인 「브리시언」(부리션:使役의 뜻을 가진 古語)로 해독

■ **太**의 訓=「콩(大豆), 큰(大, 泰와 通用)」

■ **瓊**의 訓=「구슬」(玉也)로 읽고, 동음인 「굿을」로 해독

이상, 「太瓊」을 연속하여 「콩구슬, 큰구슬」로 읽고, 동음인 「큰 굿을」의 뜻으로 의미 전용하여 해독

第8대 大日本根子彦國牽^견天皇─(孝元)

● 大 日 本 根 子 彦 國 牽
　 한 날 및 불휘 삐 언 나라 그을

　(현대어→「하늘밑 브리션 나라 그을」→천하 부리션 나라 이끌)

漢字의 解例

■ **大日本**=하늘 밑=天下(前註). ■ **根子彦**=부리션=役事하신(前註)

■ **國**의 訓=나라 ■ **牽**의 古訓=「그을」(현대어는 '끌')로서, 뜻은 '이끌'(引障也). [믈로 느려가매 비 그우믈 잇비 아니ᄒ리로다(=물로 내려가며 배 끌어당김을 가쁘게(힘써) 아니 할 것이다):下水不勞牽(杜甫詩諺解)의 用例가 있다.]

第9대 稚日本根子彦大日日天皇─(開化)

● 稚 日 本 根 子 彦 大 日 日
　 어린 히 불휘 불휘 삐 언 한 히 히

(현대어→「어린(愚·幼) 새 벌 브리시언 환해해」)

=즉, 愚昧한 새 땅 부리시어 환히 밝아져

漢字의 解例

■ 稚의 訓=「어린」(愚也·幼也)로 읽고, 「어리석은」(愚昧·未開)로 해독 [<어리다>란 말은 古語에서 '어리석다(愚)'와 '어리다(幼)'의 2가지 뜻으로 쓰이던 단어였다. 지금은 <어리다(幼)>의 뜻으로만 限定됨.]

■ 日本의 古訓=「히불휘」(=새부리=새 벌, 새 땅)(前註)

■ 根의 古訓=「불휘」(현대어, '뿌리'), ■ 子의 古訓=「삐」(현대어, '씨')

■ 彦의 音=「언」

이상, 「根子彦」연속하여 「불휘삐언」으로 읽고, 「브리션」(使役하신) (前註)

■ 大의 古訓=「한」(前註)

■ 日의 古訓=「히」

그러므로 「大日日」연속하여 「한히히」로 읽고, 「환해해」(환하게 밝다)의 類似音으로 해독

제10대 御間城入彦五十瓊殖天皇—(崇神)

● 御　　間　　城　　入　　彦　　五　　十　　瓊　　殖

　거느니 서리 잣　들　언　다숫　시　구슬　블리

(현대어→「거느리서리(=건너스리) 잣들언 다숫시 굿을 벌리」)

=즉, (바다를) 건너와서는 城에 들어 溫和하게 굿을 벌인

漢字의 解例

■ 御의 古訓=「거느니」로 읽고, 유사음인 「거느리」('건너'의 古語)로 해독

[고어에서 <거느니다>는 <거느리다>(御也, 統也)=統率의 뜻이고, <거느리다>는 <건너다>(濟也, 渡也)의 뜻이었다. ※옛날 兒童의 漢字學習書의 소중한 자료 중 하나였던 「訓蒙字會」(1527년 崔世珍 編纂)의 下卷 (주로 漢字에 音과 訓을 달고 해설한 부분의 卷) 제32항에는, 「거느릴(건널) 제:濟」의 用例가 있다.]

■ 間의 古訓=「서리」(현대어는 '사이')로 읽고, 유사음인 「~스리」('~을 하고스리', 즉 '~을 하고나서'의 방언)으로 해독

[한국에서 「間」의 古訓은 「스이, 서리, 슷」의 3종류였다. 이 중에서, '間'을 「서리」로 읽은 用例에는 다음과 같은 것이 있다.※「무덤 서리옛 이롤 호야(=무덤 사이에의 일을 하여): 爲墓間之事(內訓3:12)」]

이상, 「御間」을 연속하여 「거느니서리」로 읽고, 「건느서리」(건너스리= '건너고서는'의 方言)의 類似音으로 해독

■ 城의 古訓=「잣」(前註), ■ 入의 訓=「들」('안으로 들다'의 뜻)

■ 彦의 音=「언」(前註)

이상, 「城入彦」을 연속하여 「잣들언」으로 읽고, 「잣들어」(城에 들어) 로 해독

■ 五의 古訓=「다슷」(현대어, '다섯')

■ 十의 音=「십」또는 「시」(十月=시월, 十王=시왕)

이상, 「五十」을 연속하여 「다슷시」로 읽고, 「다스시」(='따뜻이, 온화하게'의 古語)로 해독

■ 瓊의 訓=「구슬」로 읽고, 「굿을」(神祇를 숭상하는 巫俗的 行爲)

■ 殖의 古訓=「블리」(현대어, '불리': 增加也)로 읽고, 「벌일」(展肆, 陳也)의 類似音으로 해독

이상, 「瓊殖」을 연속하여 「구슬블리」로 읽고서, 「굿을 벌이」의 의미로 해독

다음은 古事記의 경우

● 御　間　木　入　日　子　印　惠
　거느니 서리 나모 들 히 삿기 인 혜
　(현대어→「거느니서리(＝건너스리) 나모드르히 삭 끼인네)」
　＝즉, 건너와서는 남의 들(他의 領土)에 거침없이 끼어들었네

그러나 或本에는 숭신천황의 이름이 「御眞木入日子印惠」로 나온다. 요컨대 「間」 대신에 「眞」으로 표기된 것도 있다. 이 경우에는 다음과 같이 읽혀진다.

● 御　眞　木　入　日　子　印　惠
　거느니 바롤 나모 들 히 삿기 인 혜
　(현대어→건너 바다 남의 들에 싹 끼었네)
즉, 「御眞」은 「거느니바롤」로 읽고, 「거느리 바롤」('건너 바다'의 고어)와 같은 의미가 된다. 眞의 古訓은 「바롤」(現代語 '바를'＝正)인데, 이것이 「바롤」(海의 古語, 현대어는 '바다')와는 同音이다. [바르래(＝바롤애) 비 업거늘：海無舟矣(龍飛御天歌20章)의 用例가 있다.] 그 以下의 해석은 같다.

漢字의 解例

■ **御間**＝「거느니서리」로 읽고, 「건너서리」(現代語, '건너서는')의 類似音으로 해독. 즉, 「건너와서는」(前註)
　■ **木**의 訓＝「나모」, 　■ **入**의 訓＝「들」,

■ 日의 古訓=「히」이므로, 「木入日」을 연속하여 「나모들히」로 읽고, 「남의 드르히」(他의 野에)로 해독

즉, 「나모」의 音은 「ㄴ미」(現代語는 '남의'=他의)라는 말의 方言. 「들히」의 音은 「드르히」(野에)의 縮約形이다.

특히 「野」의 古訓=「드르」(現代語는 '들')라는 단어는 古語에서 본래 <ㅎ> 添用語이므로 處格形으로 활용될 때는 반드시 <ㅎ>이 첨가되었다. 예를 들면, 「드르에」(現代語, '들에')가 아니라, 「드르헤」였다. [드르헤 용이 싸호아(=들에 용이 싸워) : 龍鬪野中(龍飛御天歌69장)의 用例가 있다.]

■ 子의 古訓=「삿기」(現代語, '새끼') [ᄀ룸 우흿 져비 삿기 짐즛 오ᄆᆞᆯ ᄌᆞ조 ᄒᆞᄂ다(=江 위에 제비 새끼 짐짓 옴을 자주 한다) : 江上燕子故來頻(杜甫詩諺解10 : 8)의 用例가 있다.]

■ 印의 音=「인」,

■ 惠의 音=「혜」이므로, 「子印惠」를 연속하여 「삿기인혜」로 읽고, 「삭끼인네」(거침없이 끼어들었네)로 해독

제11대 活目入彦五十狹茅天皇—(垂仁)

● 活 目 入 彦 五 十 狹 茅
　 살 눈 들 언 다숫 시 좁 씌

(현대어→「살 눈들어 다숫시 좁 뜨이」→살짝 눈들어 따뜻이 좁게 떠)

漢字의 解例

■ 活의 訓=「살」 ■ 目의 訓=「눈」 ■ 入의 訓=「들」 ■ 彦의 音=「언」 「活目入彦」四字 연속하여 「살 눈 들언」으로 읽고, 類似音 「살 눈 들어」

(살짝 눈을 들어)로 해독

- 五의 古訓=「다슷」(현대어는 '다섯')
- 十의 音=「십, 시」(十月=시월, 十王廳=시왕청 : 冥府也)

「五十」을 연속하여 「다슷시」로 읽고, 유사음인 「다스시」(현대어는 '따뜻이', '따스히')로 해독

- 狹의 訓=「좁」 ■ 茅의 古訓=「쯰」(현대어는 '띠' : 풀이름)

「狹茅」를 연속하여 「좁쯰」로 읽고, 「좁뜨이」(현대어는 '좁게 떠)로 해독

다음은 『古事記』의 경우

● 伊　久　米　伊　理　毘　毘　古　伊　左　知
　　이　구　메　이　고티　비　비　고　이　좌　지

　(현대어→「익으매 이 고티(=고치), 비비 꼬이잣지」)

　=즉, 夙成^{숙성} 해지매 이 누에고치, 비비 꼬여졌지

漢字의 解例

- 伊의 音=「이」 ■ 久의 音=「구」 ■ 米의 上古音=「메」(현재는 '미')

따라서 「伊久米」의 음을 연속하여 「이구메」로 읽고, 「익으매」로 해독. 그 뜻은 「成熟하매, 夙成하매」

[쌀(현대어는 '쌀')을 뜻하는 漢字 「米」의 上古音 「메」에서 유래한 「메」라는 말은 祭祀床에 올리는 밥, 즉 鬼神에게 정성스레 바치는 쌀로 지은 「젯밥」의 뜻으로 현재까지도 사용되고 있다. 재미있는 것은 일본어의 「こめ(米)・고메」가 한국어의 이 「메」와 어떤 관련이 있는 것일까. 혹, 신에게 올리는 신성한 쌀의 뜻인 「御米」가 일본어의 「こめ」로 되어 普通名詞化한 것은 아닐까.]

■ 伊의 音=「이」(前註)

■ 理의 古訓=「고티」(改也. 현대어는 '고치') [「修理」(손보아 고치다)의 用例가 있다.]로 읽고, 同音인 「고티」(현대어는 '고치': 繭(누에고치)= 蠶房)으로 해독. 이상, 「伊理」는 「이 고티」(현대어는 '이 고치': 此繭)

■ 「毘毘古伊左知」는 모두 音으로 「비비고이좌지」로 읽고, 「비비꼬이졌지」의 類似音으로 해독. 그 뜻은 「비비 꼬여 주름졌지」

● 五 十 日 足 彦
　다슷 시 히 주 언
　(현대어→따뜻이 해준)

● 石 田 君
　돌 반 군
　(현대어→「돌봤군」 즉, 「보살폈군」의 意味)

漢字의 解例

■ 五의 古訓=「다슷」(현대어는 '다섯')(前註)

■ 十의 音=「십, 시」(前註)

「五十」을 연속하여 「다슷시」로 읽고, 「다스시」(현대어는 ' 따뜻이')로 해독

■ 日의 古訓=「히」(현대어는 '해')(前註). ■ 足의 古音=「족, 주」(前註)

■ 彦의 音=「언」

「日足彦」이를 三字 연속하여 「히주언」으로 읽고, '해주은'(略하여 「해준」)

■ 石의 訓=「돌」 ■ 田의 古訓=「반」(현대어는 '밭') ■ 君의 音=「군」

이상, 「石田君」三字 연속하여 「돌밭군」으로 읽고, 유사음인 「돌봤군」(보
살폈군)으로 해독

제12대 大足彦忍代別天皇一(景行)

● 大 足 彦 忍 代 別
  한 쪽 언 츠마 골 논홀

(현대어→「한 쪽은 참아 갈라놀」=즉, 큰 쪽은 참고 갈라놓을)

漢字의 解例

■ **大**의 古訓=「한」(현대어는 '큰')(前註)

■ **足**의 古音=「쪽」(현재는 '족')

[발 쪽: 足(訓蒙字會·上29), 足曰潑 (鷄林類事)]

■ **彦**의 音=「언」

이상 「大足彦」三字 연속하여 「한쪽언」으로 읽고, 「한쪽은」(큰 쪽은)으
로 해독

■ **忍**의 古訓=「츠마」 (현대어는 '참아')

[ᄆᆞᅀᆞᆯ 슬허셔 늘근 사ᄅᆞᆷ 더브러 무루믈 츠마 ᄒᆞ디 못ᄒᆞ노니(=마음
을 슬퍼하여 늙은 사람과 더불어 묻기를 차마 하지 못하노니): 傷心不忍問耆
舊(杜甫詩諺解) ※츠몰 인: 忍(新增類合·下11) 등의 用例가 있다.

■ **代**의 古訓=「ᄀᆞᆯ」(현대어는 '갈')(갈다, 代身하다, 바뀌다)

[날과 밤과애 서르 ᄀᆞᆯ어늘(=날과 밤과는 서로 바뀌거늘): 日夜相代(楞
嚴經諺解10:82)=1462年刊本의 用例가 있다.]

■ **別**의 古訓=「논홀」 (현대어는 '나눌')

[別=分也=判也. ※논홀 분: 分(石峰千字文16, 訓蒙字會·34)]

이상, 「忍代別」을 연속하여 「ᄎᆞ마 ᄀᆞᆯ논홀」로 읽고, 「참아 갈라놀」(참고서 갈라놓을)로 해독

다음은 『古事記』의 경우

◉ 大(대) 帶(대) 日 子 游(유) 斯(사) 呂(려) 和 氣

한 ᄃᆡ ᄒᆡ 삿기 헤욤 사 려 셖 기

(현대어→「ᄒᆞᆫᄃᆡᄒᆡ 삿기 헤욤사려 섞기」→함께 해 먼저 마음 사려 섞기)

■ **大**의 古訓=「한」(前註). ■ **帶**의 古音=「ᄃᆡ」(현재는 '대') [씌 ᄃᆡ : 帶(訓蒙字會 · 中23)의 用例가 있다.]

■ **日**의 古訓=「ᄒᆡ」(현대어는 '해').

「大帶日」이를 모두 연속하여 「한ᄃᆡᄒᆡ」로 읽고, 「ᄒᆞᆫᄃᆡᄒᆡ」(현대어는 '한데 해' 혹은 '함께 해'=同也, 偕(해)也)의 뜻으로 해독 [손모골 자바 날마다 ᄒᆞᆫᄃᆡ ᄃᆞ니노라(=손목을 잡아 날마다 한데 다니노라) : 携(휴)手日同行(杜甫詩諺解9 : 11)]

■ **子**의 古訓=「삿기」(현대어는 '새끼')로 읽고, 동음인 「삿기」(먼저=先 · 前也)로 해독 [「삿기」라는 말 속에는 「시간적으로 앞섬」 혹은 「먼저」라는 의미가 있는데, 午正이 되기 전의 낮시간(오전10시~11시경)을 가리켜 「삿기낫」(古語)이라 한 用例가 있다. ※삿기낫 : 小晌午(朝鮮館譯語 상4). 일본어의 「さき(先 : 사키), お先に(오사키니 : 먼저)」와 같은 말들과의 연관성을 여기서 볼 수 있다.]

■ **游**의 古訓=「헤욤」(현대어는 '헤엄'=泳也) [헤욤 유 : 游(訓蒙字會 中21)]으로 읽고, 同音인 「헤욤」(생각, 헤아림, 마음 씀 : 思慮分別)으로 해독

[이 구든 실훈 만드미니 緣하야 혜윰과 모도와 니르와던 뜯과 긷디 아니하니라(=이 단단하고 실한 마음이므로, 이로 인해 혜아림과 모두어 일으키는 뜻과 같지 않다): 是堅實之心也 不同緣慮集起之義(圓覺修多羅了儀經諺解)]

■ 斯의 音=「사」 ■ 呂의 音=「려」

그래서 「斯呂」는 「사려」로 읽고, 「사리어」의 縮約形 「사려」(어떤 일에 적극적으로 臨하지 않고 살살 피하며 몸을 아낌)

이상, 「游斯呂」 三字를 연속하여 「혜윰사려」로 읽고, 동음의 「혜윰사려」(생각을 사려, 마음을 사려)로 해독

■ 和의 古訓=「셧」(현대어는 '섞'=交也) ■ 氣의 音=「기」, 연속하여 「和氣」는 「셧기」로 읽고, 「섯기」(현대어는 '섞기'=融化)로 해독 「섯기다(=셧이다)」(古語)라는 말은 「어울리다, 사귀다, 交戰하다」의 의미다.

제13대 稚足彦天皇—(成務)

● 稚 足 彦
　어리 발 언
　(현대어→「얼이 바른」, 즉, →情神이나 心地가 곧은)

漢字의 解例

■ 稚의 訓=「어리」(幼也)로 읽고, 同音인 「얼이」(情神이나 靈魂이)로 해독

■ 足의 訓=「발」 ■ 彦의 音=「언」

「足彦」을 二字 연속하여 「발언」으로 읽고, 「바른」(正直也)으로 해독

다음은 『古事記』의 경우

● 若　帶　日　子

　져믄　디　히　삿기

(현대어→「져믄 디 히 솟기」)

즉, →날 저문 데(=어두운 곳에) 해 뜨기)

漢字의 解例

■ 若의 古訓=「져믄」(=젊은, 현대어는 '젊은')으로 읽고, 同音인 「져믄」(현대어는 '저문')으로 해독

[마치 열다스신 져믄 겨지븨 허리 근도다(=마치 열다섯인 젊은 계집의 허리 같도다)_ 恰似十五兒女腰(杜甫詩諺解10 : 9). ※져믈 모 : 暮(訓蒙字會·上1)]

■ 帶의 古音=「디」(현재는 '대')로 읽고, 同音인 「디」(현대어는 '데'=處所也) [춤츠는 디 다시 고지 ᄋᆡ ᄀᆞ득ᄒᆞ야 쇼믈 보리니(=춤추는 곳에 다시 꽃이 얼굴에 가득하였음을 보리니)_ 舞處重看花滿面(杜甫詩諺解10 : 1)]

따라서 「若帶」를 二字 연속하여 「져믄 디」로 읽고, 동음인 「져믄 디」(현대어는 '저문 데')로 해독

■ 日의 古訓=「히」(前註)

■ 子의 古訓=「삿기」(前註)이므로, 「日子」를 연속하여 「히삿기」로 읽고, 「히 솟기」(해 뜨기)의 類似音으로 해독

제14대 足仲彦天皇―(仲哀)

● 足　仲　彦

　발　버굼　언

(현대어 → 밟었구면)

漢字의 解例

■ 足의 訓=「발」

■ 仲의 古訓=「버굼」(현대어는 ' 버금', '다음'=次也) [버구매(=버굼애) 각별히 펴샤(=그 다음 가는 것이므로 각별히 펴시어) : 其次別申(禪宗永嘉集 彥解)]

■ 彥의 音=「언」. 「足仲彥」을 三字 연속하여 「발버굼언」으로 읽고, 同音의 「밟었구면」으로 해독

다음은 『古事記』의 경우

● 帶　中　日　子
　　춘　서리　날　아돌
　　(현대어 → 찬서리 날아들)

漢字의 解例

■ 帶의 古訓=「춘」 (현대어는 '찬'=佩也) [춘칼^패(=찬 칼) : 佩刀(東國 新續三綱行實圖)]로 읽고, 同音의 「춘」(현대어는 '찬'=冷·寒也)으로 해독 [寒氷은 춘어르미오(月印釋普1 : 29)]

■ 中의 古訓=「서리」(현대어는 '사이', '가운데') [서리로셔 오라 : 中來(杜 甫詩諺解5 : 5)]로 읽고, 同音의 「서리(霜也)」 [서리 상 : 霜(訓蒙字會·上2)] 으로 해독. 이상, 「帶中」을 연속하여 「춘서리」로 읽고, 同音의 「춘서리」 (冷霜)로 해독

- 日의 訓=「날」
- 子의 古訓=「아둘」(현대어는 '아들')

그래서 「日字」 연속하여 「날아둘」로 읽고, 「날아들」(飛來)로 해독

氣長足姬尊—(神功皇后)

● 氣　長　足　　姬
　숨　긴　발　겨집

(현대어→발자취를 숨긴 계집)

漢字의 解例

- 氣의 訓=「숨」(息也)
- 長의 訓=「긴」. 그래서 「氣長」을 연속하여 「숨긴」으로 읽고, 同音의 「숨긴」(감춘)으로 해독
- 足의 訓=「발」
- 姬의 古訓=「겨집」 (현대어는 '계집'=女人)

다음은 「古事記」의 경우

● 息　長　帶　　比　　賣　<고사기>
　굿　긴　씌　살오니　폴

(현대어→「끊긴 띠, 살오늬팔」)

즉,→끊어진 하치마키(鉢卷き)와 살오늬(筈) 쥔 팔(腕·臂)

漢字의 解例

- 息의 古訓=「굿」(그치다(止), 끊어지다(斷, 絶), 쉬다(休)의 古語 [병혁

이 긋디 아니ᄒᆞ야 (=전쟁이 그치지 아니하여) : 兵革未息(杜甫詩諺解8:
22)]

- **長**의 訓=「긴」

- **帶**의 古訓=「ᄯᅴ」(현대어는 '띠')

그래서 「息長帶」를 연속하여 「긋긴ᄯᅴ」로 읽고, 同音의 「긋긴 ᄯᅴ」(현
대어는 '끊긴 띠')로 해독. 그 뜻은 「끊어진 머리띠(鉢卷き · 하치마키)」

- **比**의 古訓=「살오ᄂᆡ」(현대어는 '살오늬') [살오늬 괄 : 筈(訓蒙字會 · 中
29)]

- **賣**의 古訓=「ᄑᆞᆯ」(현대어는 '팔') [ᄑᆞᆯ 매 : 賣(訓蒙字會 · 下21), ᄑᆞᆯ 미 : 賣
(新增類合 · 下45)]로 읽고, 동음의 「ᄑᆞᆯ」(현대어는 '팔'=臂 · 腕也)로 해독
[ᄑᆞᆯ 비 : 臂(訓蒙字會上26, 新增類合上21)의 용례가 있다.]

그래서 연속하여 「살오ᄂᆡ ᄑᆞᆯ」로 읽고, 그 뜻은 「살오늬를 쥔 팔」

제15대 譽田天皇―(應神)

● 譽　田
　기리　받
(현대어→「기리(譽) 봤」) 즉, →禮讚하여 봤(=추켜올리봤)

이와 같은 응신천황의 이름은 또 자주 「譽田別」 天皇으로 기록되어
나오기도 한다. 그 경우에는 다음과 같이 읽혀진다.

● 譽　田　別
　기리　받　닫
(「기리 봤닷」→禮讚하여 봤다)

漢字의 解例

■ **譽**의 訓=「기리」(禮讚하다, 칭찬하다=추켜올리다) [기릴 예: 譽(訓蒙字會下29), 기릴 찬: 讚(訓蒙字會下32會)]

■ **田**의 訓=「받」(현대어는 '밭')으로 읽고, 「봤」(보았=視也)의 類似音으로 해독 ■ **別**의 古訓=「달」(현대어는 '따로') [나무닌 달 닐음 곧호니(=나머지는 따로 일컬음 같으니): 餘如別說(禪宗永嘉集諺解)]

이상, 「譽田別」을 연속하여 「기리받달」으로 읽고, 「기리 봤다」(예찬하여 봤다. 추켜올리봤다)로 해독

다음은 「古事記」의 경우

● 品 陀　和　氣

　몬 두듥 섟　기

(현대어→「먼 둔덕에 섰기」, 즉, →멀리 높은 언덕(陵) 위에 서 있기)

漢字의 解例

■ **品**의 古訓=「몬」(현대어는 '物件') [몬: 物(東言解)의 용례가 있다.]으로 읽고, 類似音인 「먼」(遠)으로 해독

■ **陀**의 古訓=「두듥」(현대어는 '두덕', '둔덕', '비탈')

[두듥 타: 陀, 두듥 파: 坡, 두듥 판: 阪, 두듥 릉: 陵(訓蒙字會·上3)]

■ **和**의 訓=「섟」(현대어는 '섞')(融化, 調和)

■ **氣**의 音=「기」그래서 「和氣」를 연속하여 「섟기」로 읽고, 同音의 「섯기」(현대어는 '섰기')

(제2부) 仁德에서 持統까지

제16대 大鷦鷯天皇―(仁德)

● 大　　鷦(焦+鳥)　鷯　　＜日本書紀＞
　　키　　모다　　새　　료

(현대어→「키 모다 새료」 즉, →＜크게 모두어 새로＞ 建國한 王朝)

漢字의 解例

■ 大의 訓＝「키」(현대어는 '크게') [「大」를 「키」로 읽은 用例＝「이런 시절에 키 아로미 갓가봉리라」(＝이런 시절에 크게 앎이 가까우리라) : 是時大悟近矣(夢山和尚法語錄諺解7)]

■ 鷦＝「焦+鳥」로 破字해독하되, 焦의 訓＝「모다」(현대어는 '모두어')

[石峰千字文, 新增類合 등 漢字學習書에 「集, 會, 合, 聚, 焦를 모두 「모둘」로 해석하고 있다. 「焦點」은 그와 같은 용례의 하나.]

■ 鳥의 訓＝「새」　■ 鷯의 音＝「료」

따라서 「焦+鳥鷯」를 연속하여 「모다 새료」로 읽고, 「모다 새로」(모두어 새로)의 類似音으로 해독

● 大　雀　＜古事紀＞
　　키　춈새

(현대어→「키(大) 춈(眞) 새(新)」(＝크게 참된 새것)

　＝즉, ＜거대해진, 참된 새로운 것(新王朝)＞

漢字의 解例

■ **大**의 訓＝키(前註)

■ **雀**의 訓＝「춤새」(현대어는 '참새')로 읽고, 同音의 「춤(眞)·새(新)」(참된 새것)으로 해독

[춤 진 : 眞(石峯千字文17. 新增類合 下18)]

[새와 새왜 니러나미라(＝새로운 것과 새로운 것이 일어남이라) : 新新而起(大方廣圓覺修多羅了義經諺解 上)]

제17대 去來穗別天皇―(履中)

● **去 來 穗 別**
　거　오　이삭　달

(현대어→「그으오 이삭 달」)(＝끄어와 이삭 따로)

즉, →끌어와 皇統을 繼承했으나, 이삭(穗)은 달라

漢字의 解例

■ **去**의 音＝「거」

■ **來**의 訓＝「오」, 이상, 「去來」를 연속하여 「거오」로 읽고, 유사음인 「그으오」(현대어는 '끄어오'＝끌어오)로 해독 [醴酒 둣는 짜해 옷기슬글 그으고(＝醴酒(단술)를 빚어 두는 땅에 옷기슭을 끌고) : 曳裾置醴地(杜甫詩諺解)와 같은 用例가 있다.]

■ **穗**의 訓＝「이삭」 [이삭 슈 : 穗(訓蒙字會下)]

■ **別**의 古訓＝「달」(현대어는 '따로') [나ᄆ닌 달 닐옴 ᄀᆮᄒ니(＝나머지는

따로 일컬음 같으니) : 餘如別說(禪宗永嘉集諺解 下68)】

● 伊 斐 穗 別
　이　클　이삭　달

(현대어→「이끌 이삭 달」→이끌어(皇統은 이었으나), 이삭은 따로)

漢字의 解例

- 伊의 音=「이」　　■ 斐의 訓=「클」(大也)
- 穗의 訓=「이삭」　■ 別의 古訓=「달」(현대어, '따로')

● 去 來 紗 別
　거　오　사　달

(현대어→「그으오사 달」→끌어와서 따로)

- 去의 音=「거」　■ 來의 訓=「오」　■ 紗의 音=「사」

따라서 「去來紗」三字를 연속하여 「거오사」로 읽고, 「그으오사」(현대
어는 '끄어오사')의 類似音으로 해독

● 伊 耶 本 和 氣
　이　야　불휘　셔　기

(현대어→「이아(=흔들어) 뿌리 썩기」)

즉, → 皇子들이 흔들어(內搖하여), 後嗣를 이을 뿌리가 썩음.

漢字의 解例

■ 伊의 音＝「이」■ 耶의 音＝「야」. 그래서 「伊耶」를 연속하여 「이야」로 읽고, 「이아」(현대어는 '흔들어')의 類似音으로 해독. [돌고지를 <u>이아면</u>(＝달구지를 흔들면) : 把搖車搖(初刊本朴通事諺解)上57]

■ 本의 古訓＝「불휘」(현대어는'뿌리')(根也)

■ 和의 古訓＝「셤」(현대어는 '섞')(融化, 調和)

■ 氣의 音＝「기」

「本和氣」를 연속하여 「불휘셤기」로 읽고, 동음인 「불휘 석기」(현대어는 '뿌리 썩기')로 해독 [서글(＝석을) 부: 腐(訓蒙字會, 新增類合)]

제18대 瑞齒別天皇一(反正)

● 瑞　齒　別
　서　치　달
(현대어→「스치닷」→스치듯)

漢字의 解例

■ 瑞의 音＝「서」■ 齒의 音＝「치」■ 別의 古訓＝「달」(현대어는 '따로')으로 읽고, 동음의 「닷」(현대어는 '듯')으로 해독 [변천과정은 닷→듯]

「瑞齒別」을 연속하여 「서치달」으로 읽고, 「스치닷」(현대어는 '스치듯')의 類似音으로 해독

● 水　齒　別
　수　치　달

漢字의 解例

■ **水**의 音=「수」 ■ **齒**의 音=「치」(前註) ■ **別**의 訓=「닫」(前註)

● 多　遲　　比　瑞　齒　別

　할　날호여　삷오뇌　서　치　닫

(현대어→「활 눌리여 삷오뇌를 스치듯」

→활을 날려 살오늬(矢筈)를 스치듯)

漢字의 解例

■ **多**의 古訓=「할」(현대어, '많을')로 읽고, 「활」(弓也)의 방언 「할」로
해독

　[多는 할씨라(訓民正音註解), 할 다: 多(石峰千字文24)]

　■ **遲**의 古訓=「날호여」(현대어는 '천천히')로 읽고, 「눌리여」(현대어는
'날리여')의 類似音으로 해독

　[빈 곬 아래로 날호여 도라오니: 威遲哀壑底(杜甫詩諺解1 : 17)]

　■ **比**의 古訓=「삷오뇌, 살오늬」(현대어는 '살오늬'=矢筈)

　■ **瑞齒別**의 訓=「서치닫」(前註)

제19대 雄朝津間稚子宿禰天皇—(允恭)

● 雄　朝　津　間　稚　子　宿　禰

　스나히 아춤 진 스이 어린 삿기 잘 녜

(현대어→「사내, 아쳐홈진(嫉妬받는) 사이 어린 자식 잘 내」)

=즉, 사내, (황후가) 猜忌, 嫉妬하는 사이 어린 자식 잘 생산해)

漢字의 解例

■ **雄**의 古訓=「ᄉ나히」(현대어는 '사내' 혹은 '수-(컷)'))

■ **朝**의 古訓=「아춤」(현대어는 '아침')

■ **津**의 音=「진」, 「朝津」을 연속하여 「아춤진」으로 읽고, 이의 類似音인 「아쳐홈진」(현대어는 '싫어함을 당하는' 즉, '嫉妬받거나 猜忌당하는')으로 해독

[아쳐ᄒ더라: 惡之(小學諺解)와 같은 用例가 있다.]

■ **間**의 古訓=「ᄉ이」(현대어는 '사이') ■ **稚**의 訓=「어린」

■ **子**의 古訓=「삿기」(현대어는 '새끼') ■ **宿**의 訓=「잘」(夜止)

■ **禰**의 古音=「녜」(현대어는 '니') 이상, 「宿禰」를 연속하여 「잘녜」로 읽고, 類似音인 「잘 내」(量産)로 해독. 그 뜻은 「잘 生産해」

● 男 淺 津 間 若 子 宿 禰
　ᄉ나히 열 진 ᄉ이 져믄 삿기 잘 녜
(현대어→「사내, 엿진(=엿보는) 사이 젊은 자식 잘 내」)
즉→사내, (눈치를) 엿보는 사이 젊은 자식 잘 생산해

漢字의 解例

■ **男**의 古訓=「ᄉ나히」(현대어는 '사내')

■ **淺**의 古訓=「열」(현대어는 '옅-')

[옅가온 여흘(=옅은 여울): 淺瀨(杜甫詩諺解)] ■ 津의 音=「진」(前註)

이상, 「淺津」을 연속하여 「열진」으로 읽고, 동음의 「엿진」(현대어는 '엿보는': 窺也)의 뜻으로 해독) [집압 논 무살미예 고기 엿는 白鷺ㅣ로다=(집 앞 무삶이한 곳(=논에 물대는 일을 한 곳)에 고기 엿보는 백로이로다

(古時調)】

　　■ 間의 古訓=「스이」(前註)　■ 若의 古訓=「져믄」(현대어는 '젊은')

　　■ 子의 古訓=「삿기」(前註)　■ 宿의 訓=「잘」　■ 禰의 古音=「녜」(前註)

제20대 穴穗天皇—(安康)

● 穴　穗

　　움　이삭

(현대어→「움이 싹」→움(萌芽)이 싹 돋아남)

漢字의 解例

　■ 穴의 訓=「움」(땅을 파고 위에 거적 따위를 얹은 흙구덩이)

[적도 안행 움: 赤島穴(龍飛御天歌5章)]으로 읽고, 同音인 「움」(萌, 芽, _앙秧, _줄茁)의 뜻으로 해독　■ 穗의 訓=「이삭」(前註)

　이상, 「穴穗」를 연속하여 「움이삭」으로 읽고, 同音인 「움이 싹」(새싹이 움트는)의 뜻으로 해독

제22대 大泊瀬幼武—(雄略)

● 大　泊　瀬　幼　武

　　큰　비대 여흘 져믄 닛

(현대어→「큰 뼈대 옇을 져므니」→몸속에 큰 뼈대 넣어 갖출 젊은이)

漢字의 解例

　■ 大의 訓=「큰」 [大의 訓讀은 「한·큰·키(크게)」의 3종류였다]

■ 泊의 古訓=「빈대」(현대어는 '배대-': 舟附岸)로 읽고, 「뼈대」(骨格)의 방언인 「쎄대」(현대어는 '뼈대')의 類似音으로 해독

■ 瀨의 古訓=「여흘」(현대어는 '여울')로 읽고, 「넣을」의 방언인 「옇을」(여흘)로 해독

■ 幼의 古訓=「져믄」(현대어는 '젊은' 혹은, '어린')

■ 武의 古訓=「닛」(현대어는 '잇': 繼也)

[『詩經』에 「下武惟周」의 용례가 있고, 이는 「下繼惟周」와 같은 뜻]

이상, 「幼武」를 연속하여, 「져믄닛」으로 읽고, 「져므니(져믄이)」(현대어는 '젊은이')의 類似音으로 해독

● 大 長 谷 若 建
　　큰 키 골 져믄 셔

(현대어 → 「큰 키, 꼴(形狀) 젊으셔」 → 큰 키에 형상(形狀)이 젊으시어)

漢字의 解例

■ 大의 訓=「큰」(前註)　■ 長의 訓=「키」(고어는 '킈': 身長也)

[훈 킈 큰 놈이: 一箇長大漢(朴通事諺解上)]

■ 谷의 訓=「골」로 읽고, 동음의 「꼴」(현대어는 '꼴': 形狀也)로 해독
[고리 (=골이) 뎓더디 그러호더 (=꼴이 떳떳이 그러하되): 狀固然(禪宗永嘉集諺解)]

■ 若의 古訓=「져믄」(前註)　■ 建의 古訓=「셔」(현대어는 '셔': 立也)

이상, 「谷若建」을 연속하여, 「골져믄셔」로 읽고, 「꼴 젊으셔」(현대어는 '꼴 젊으셔')의 類似音으로 해독

제23대 弘計天皇—(顯宗)

● 弘　　計

　너비　혜윰

(현대어→「넓게 헤아려 생각함」)

漢字의 解例

■ **弘**의 古訓=「너비」(현대어는 '널리', '넓게')

[衆生을 너비 濟渡ᄒ시ᄂ니 : 弘濟衆生(釋譜詳節 序文)]

■ **計**의 古訓=「혜윰」(현대어는 '셈', '생각')

[혜유미(=혜윰이) 업고(=없고) : 無計(初刊本杜甫詩諺解)]

● 田　疾　來

　반　딜　오

■ **田**의 古訓=「반」(현대어는 '밭')　■ **疾**의 古音=「딜」(현대어는 '질')

■ **來**의 訓=「오」. 이상, 「田疾來」를 연속하여 「반딜오」로 읽고, 「받들어」(奉也)의 類似音으로 해독. 만약, 現行音 그대로 읽더라도 「받질오」 즉, 「바치러」(奉仕)와 類似音으로서, 그 의미는 同一.

● 來　目　稚　子

　오　눈　져믄　아둘

(현대어→「오는 젊은 아들」)

■ **來**의 訓=「오」　■ **目**의 訓=「눈」　■ **稚**의 古訓=「져믄」(현대어, '젊은')

■ 子의 古訓=「아들」(현대어, '아들')

이상, 「來目稚子」의 뜻은, 「뒤늦게(혹은, 뜻밖에) 찾아오는 젊은 아들」

다음은 『古事記』에 表記된 弘計王의 諱

● 遠 祁 王 之 石 巢 別

　멀　기　님금　가　져울　새집　달

(현대어→「멀게 임금의 位를 가져올 새 집(=新皇室, 新皇統)을 따로」)

漢字의 解例

■ 遠의 訓=「멀」 ■ 祁의 音=「기」

「遠祁」는 연속하여 「멀기」(멀게)

■ 王의 古訓=「님금」(현대어는 '임금') ■ 之의 訓=「가」(往也)

■ 石의 古訓=「져울」(현대어는 '저울' : 衡也) [「石」의 훈은, 보통 「돌」이지만, 「져울」(저울)로 해석하는 경우도 있다. 즉 「百二十斤을 가리키는 저울」을 「石」이라 하였는데, 『詩經』에, 「關石和鈞」(鈞 : 三十斤)과 같은 用例가 있다.]

「王之石」을 연속하여, 「님금가져올」로 읽고, 「임금의 位를 가져올」로 해독

■ 巢의 訓=「새집」(鳥棲) ■ 別의 古訓=「달」(현대어는 '따로')

「巢別」을 연속하여, 「새집달」으로 읽고, 동음의 「새 집(新屋) 달」(새 집을 따로)의 뜻으로 해독

제24대 億計天皇―(仁賢)

● 億(人 +意)   計
　　ᄂᆞᆷ　ᄠᅳᆮ　혜윰
(현대어→「남의 뜻 헤아려 생각함」)

漢字의 解例

■ 億은 「人+意」로 각각 破字解讀하여, 人의 古訓=「ᄂᆞᆷ」(현대어는 '남': 他), 意의 古訓=「ᄠᅳᆮ」(현대어는 '뜻')으로 읽어, 「ᄂᆞᆷ ᄠᅳᆮ」(남의 뜻)으로 해독

■ 計의 古訓=「혜윰」(前註)

● 嶋　稚　子
　　섬　어리　아둘
(현대어→「숨어리 아들」)

■ 嶋의 古訓=「섬」(현대어는 '섬')　■ 稚의 訓=「어리」

■ 子의 古訓=「아둘」(현대어는 '아들')

이상, 「嶋稚子」를 연속하여 「섬어리아둘」로 읽고 「숨어리 아들」의 類似音으로 해독. 이는 결국, 「숨어버린 아들」이란 뜻으로 읽혀진다.

다음은 古事記의 例

● 意　富　祁
　　ᄠᅳᆮ　부　기
(현대어→「덧붙기」)

■ **意**의 古訓=「뜯」(현대어는 '뜻') ■ **富**의 音=「부」 ■ **祁**의 音=「기」

이상, 「意富祁」를 연속하여 「뜯부기」로 읽고, 類似音인 「덧붙기로」해독

제25대 小泊瀨稚鷦鷯天皇―(武烈)

● 小　泊　瀨　稚　鷦(焦+鳥)　鷯

　 져근　비대　여흘　져믄　타　새　료

(현대어→「적은 쪄대 옇을 졂은 탓으로」→작은 骨格에 졂은 탓으로)

漢字의 解例

■ **小**의 古訓=「져근」(현대어0는 '적은')

■ **泊**의 古訓=「비대」(현대어는 '배대' : 舟附岸)(前註)

■ **瀨**의 古訓=「여흘」(현대어는 '여울')(前註)

■ **鷦**는, 「焦」와 「鳥」로 각각 破字解讀하여, 焦의 訓=「타」(火燒黑)

[焦眉之急, 焦心 등의 用例]와 鳥의 訓=「새」

■ **鷯**의 音=「료」

이상, 「鷦鷯」는 「타새료」로 읽고, 「탓으로」의 類似音으로 해독

제26대 男大迹天皇―(繼體)

● 男　大　迹

　 ᄉ나히　한　ᄌ최

(현대어→「사내, 혼자 치(滿)」→사내, 혼자서 다 채우게)

漢字의 解例

■ **男**의 訓=「ᄉ나히」(현대어는 '사내')

■ **大**의 古訓=「한」 [大路는「한길」] ■ **迹**의 古訓=「ᄌ최」(현대어, '자취')

이상, 「大迹」을 연속하여, 「한ᄌ최」로 읽고, 동음의 「혼자 치」(혼자 다 채우게)로 해독 [「혼자」는 「혼자」의 고어. 「치」는 「채게, 모두 다」(滿)의 고어로, 다음과 같은 용례가 있다: 五音(=宮商角徵羽)을 치 몰라도 律呂를 찰ᄒ슬라(출ᄒ다=차리다, 갖추다)(古時調)]

● 袁　本　杼
　옷긴　믿　도토리

(현대어→「옷긴 밑 ᄃ토리」→옷자락이 긴 밑을 다투리)

漢字의 解例

■ **袁**의 訓=「옷긴」(衣長貌)　■ **本**의 古訓=「믿」(현대어는 '밑')

■ **杼**의 訓=「도토리」 [『莊子 · 山水』에 보이는 「杼栗」(도토리와 밤)의 用例처럼 「도토리」라는 뜻도 있다]로 읽고, 이의 類似音 「ᄃ토리」(현대어는 '다투리' : 競爭)의 뜻으로 해독

「袁本杼」를 연속하여, 「옷긴믿 도토리」로 읽고, 「옷긴 밑 다투리」로 해독

제29대 天國排開廣庭天皇—(欽明)

● 天　國　排　開　廣　庭
　하눌　나라　믈리티　프러　넙　뜰

(현대어→「하늘 날아 멀리 틔어 푸르 넓드륵」)

<창공을 날아오르니(=「천황위에 오르니」), 멀리 트인 하늘이 푸르고 널찍해>

漢字의 解例

■ 天의 古訓=「하눌」(현대어는 '하늘')

■ 國의 訓=「나라」

이상, 「天國」을 연속하여, 「하눌나라」로 읽고, 同音의 「하눌 눌아」(하늘을 날아: 飛天의 뜻으로 해독

■ 排의 古訓=「믈리티」(현대어는 '물리치': 排斥)로 읽고, 유사음 「멀리 틔」(현대어는 '멀리 틔어': 廣闊)로 해독

■ 開의 古訓=「플, 프러」(현대어는 '풀어': 解也) [開眉: 근심을 풀다, 안심하다. 開襟: 옷깃을 풀다. 轉意되어, 흉금을 터놓다]로 읽고, 同音의 「프러」(현대어는 '푸르': 靑也)로 해독)

■ 廣의 古訓=「넙」(현대어는 '넓')

■ 庭의 古訓=「뜰」(현대어는 '뜰'). 二字 합쳐, 「넙뜰」(현대어는 '넓뜰', 즉 '넓드륵히')로 해독

● 天　國　排　波　羅　企　廣　庭
　하눌　나라　믈리티　프　ᄅ　기　넙　뜰
（현대어→「하늘 날아, 멀리 틔어 파랗기 넓드륵함」)

漢字의 解例

■ 天國=「하눌 날아」(=飛天)(前註). ■ 排=「멀리 틔어」(前註).

■ 波의 音=「파」 ■ 羅의 音=「라」 ■ 企의 音=「기」

이상, 「波羅企」을 연속하여, 「파라기」로 읽고, 동음의 「프ᄅ기」(현대어는 '파랗기': 靑也)로 해독

■ 廣庭=「넙뜰(넓뜰)」(前註)

다음은 古事記의 경우

●天　國　押　波　流　岐　廣　庭
　하늘　나라　눌리　프　흐륵　기　넙　뜰
(현대어→「하늘 날아, 누리(世上) 파아랗기 넓드륵」)

漢字의 解例

■ **天國**=「하늘 날아」(前註).

■ **押**의 訓=「눌리」로 읽고, 「누리」(世也)의 類似音으로 해독

■ **波**의 音=「파」(前註). ■ **流**의 古訓=「흐륵」(현대어는 '흐르-')

■ **岐**의 音=「기」

이상, 「波流岐」를 연속하여, 「파흐륵기」로 읽고, 「파랗기」(靑也)의 유사음으로 해독 ■ **廣庭**=「넙뜰(넓뜰)」(前註).

제30대 豊御食炊屋姬天皇一(推古)

●豊　御　食　炊　屋　姬
　넉넉히　뫼실　밥　불때　짓　키
(현대어→「넉넉히 메(祭祀米) 쓸 밥, 불 때 짓기」)

漢字의 解例

■ **豊**의 訓=「넉넉히」(盛也)

■ **御**의 訓=「뫼실」로 읽고, 同音인 「뫼(=메) 쓸」로 해독(「뫼쓸」·「메쓸」은 「뫼(=메) 쓸」의 방언. 즉, 「쓸」(用也)의 방언이 「쓸」)

[「뫼」는 '밥'의 敬稱語로, 「진지」의 뜻. 文王이 혼번 뫼 자시며: 文王一飯(小學諺解)의 用例가 있고, 또 「山飯同訓皆云뫼」(='산'과 '밥'은 같은

訓으로 모두 '뫼'라 한다)(雅言覺非·卷一)의 용례도 있다. 「메」는 祭祀床에 올리는 供飯]

■ 食의 訓=「밥」(飯也)

이상, 「御食」을 연속하여, 「뫼실밥」으로 읽고, 「뫼(메)씰 밥」(供飯)의 類似音으로 해독

■ 炊의 古訓=「블 때」(현대어는, '불 때')

■ 屋의 訓=「짓(=집)」[古語에서 <屋>이나 <家>의 訓은 「짓」과 「집」의 양쪽으로 두루 通用되었다. ●술 프는 짓: 酒家(두시언해 2:18)]

■ 姬의 古音=「키」(現行音, '희')

이상, 「屋姬」를 연속하여 「짓키」로 읽고, 동음인 「짓기」(作也)로 해독

다음은 古史記의 경우

● 豊　　御　食　炊　　屋　　比　賣
　넉넉히　뫼실　밥　불때　짓(집)　비　매

(현대어→「넉넉히 메 쓸 밥, 불 때 지피매」)

漢字의 解例

■ 豊의 訓=「넉넉히」(前註). ■ 御食=「뫼실밥」(뫼 쓸 밥: 供飯)(前註).

■ 炊의 訓=「블때→불때」(前註). ■ 屋의 古訓=「짓」혹은「집」(前註).

■ 比의 音=「비」　■ 賣의 音=「매」

이상, 「屋比賣」를 연속하여, 「짓(집)비매」로 읽고, 동음의 「지피매」(불을 피우매)로 해독

제34대 息長足日廣額天皇—(舒明)

● 息 長 足 日 廣 額
　식 키 족 히 너븐 니마

(현대어→「씻기 좋게 넓은 이마」)

漢字의 解例

■ 息의 音=「식」　■ 長의 訓=「키」(古訓은 '킈' : 身長也)

이상, 「息長」을 연속하여, 「식키」로 읽고, 「씻기」의 類似音으로 해독

■ 足의 古音=「족」(現行音은 '족)　■ 日의 古訓=「히」(현대어는 '해')

이상, 「足日」을 연속하여 「족히」로 읽고, 동음의 「좋게」로 해독

따라서 「息長足日」을 모두 연속하여 「식키족히」로 읽고, 「씻기좋게」로 해독

■ 廣의 古訓=「넙, 너븐」(현대어는 '넓, 넓은')

■ 額의 古訓=「니마」(현대어는 '이마')

이상, 「廣額」은 「넙니마, 너븐 니마」(현대어는 '넓은 이마')

제35대 및 37대 天豊財重日足姬天皇—(皇極=齊明)

● 天 豊 財 重 日 足 姬
　하눌 넉넉홀 재 거듭 히 족 키

(현대어→「天位가 넉넉할 때 두 번 해 좋기」)

漢字의 解例

■ 天의 古訓=「하눌」　■ 豊의 古訓=「넉넉홀」　■ 財의 音=「재」

이상, 「天豊財」를 연속하여, 「하눌 넉넉홀 재」로 읽고, 「하늘 넉넉할

제」(天位가 餘裕로울 때)로 해독

■ 重의 訓=「거듭, 겹」(두 번). ■ 日의 古訓=「히」(현대어는 '해')

이상, 「重日」을 연속하여, 「거듭 히」로 읽고, 「두 번 해」(重任)로 해독

■ 足의 古音=「족」(前註). ■ 姬의 古音=「키」(現行音은 '희')(前註).

이상, 「足姬」를 연속하여, 「족키」로 읽고, 「좋기」(好也)로 해독

● 天　豊　　財　伊　柯　之　比　　足　姬

　하눌　넉넉홀　재　이　가　지　살오늬　족　키

(현대어→「天位가 넉넉할 때, 이 가지(柯之=枝) 살려내 좋기」)

漢字의 解例

■ **天豊財**=「하눌(하늘) 넉넉할 재(제: 때)」

■ **伊**의 音=「이」 ■ **柯**의 音=「가」 ■ **之**의 音=「지」

■ **比**의 古訓=「살오늬」(현대어는 '살오늬': 矢筈·시괄)

이상, 「伊柯之比」를 연속하여, 「이 가지 살오늬」로 읽고, 「이 가지 살오내」(현대어는 '이 가지 살려내': 此枝使活生)로 해독

■ **足姬**=「좋기」(前註)

제36대　天萬豊日天皇一(孝德)

● 天　萬　　豊　日

　하눌　일만　넉넉　히

(현대어→「하는 일마다 넉넉해」)

漢字의 解例

■ 天의 古訓=「하늘」 ■ 萬의 訓=「일만(一萬)」

이상, 「天萬」을 연속하여 「하늘일만」으로 읽고, 「하는 일만」(하는 일마다)의 類似音으로 해독

■ 豊의 訓=「넉넉」 ■ 日의 古訓=「히」

이상, 「豊日」을 연속하여 「넉넉히」로 읽고 「넉넉해」로 해독

제38대 天命開別天皇─(天智)

● 天　命　開　別
　하늘 시기 열 눈홀

(현대어→「하나(一)를 세게 열고 나눌」) (=즉, 一國을 强制로 兩分할)

漢字의 解例

■ 天의 古訓=「하늘」로 읽고, 동음인 「흐나홀 → 흐날」(현대어는 '하나(一)를')로 해독

■ 命의 古訓=「시기」(현대어는 '시키-')로 읽고, 동음인 「시기」(세게(强)의 방언)

■ 開의 訓=「열」 ■ 別의 古訓=「눈홀」(현대어는 '나눌')

이상, 「開別」을 연속하여 「열눈홀」로 읽고, 「열고 나눌」로 해독

제39대 天淳中原瀛眞人天皇─(天武)

● 天　淳　中　原　瀛　　眞　人
　하늘 믈괴 서리 벌 큰바다 진 사룸

(현대어→「하나(一)를 멀게 해스리, 벌큰 받아쥔 사람」)

→즉, <第一位(＝天皇位)를 辭讓했다가 불끈(＝힘껏) 받아 쥔 사람>

漢字의 解例

■ 天의 古訓＝「하놀」(현대어는 '하늘')로 읽고, 동음의 「ᄒ나홀→ᄒ날」
(현대어 '하날'='하나(一)를'의 略語)로 해독(前註)

■ 淳의 古訓＝「믈괴」 ■ 中의 古訓＝「서리」(현대어는 '사이'). 그래서 「淳
中」을 연속하여 「믈괴서리」로 읽고, 유사음의 「멀게스리」(멀게 해스리)
로 해독

■ 原의 訓＝「벌」 ■ 瀛의 訓＝「큰바다」(大海, 大洋)
「原瀛」을 연속하여 「벌큰바다」로 읽고, 「불끈(또는 벌컥) 받아」의 類
似音으로 해독

■ 眞의 訓＝「진」으로 읽고, 「쥔」(손에 잡은)의 方言的 類似音으로 해독
이상, 「原瀛眞」을 연속하여 「벌큰바다진」으로 읽고, 「불끈 받아 쥔」
(주먹으로 단단히 꽉 움켜잡은)의 뜻으로 해석

■ 人의 古訓＝「사롬」(현대어, '사람')

● 大 海 人
　키 바롤 사롬
(현대어→「크게 바랄 사람」)

漢字의 解例

■ 大의 古訓＝「키」(前註). ■ 海의 古訓＝「바롤」(海의 훈으로는, '바롤'과
'바다'의 양쪽이 두루 통용됨)로 읽고, 동음의 「바롤」(현대어는 '바랄'＝希望)

로 해독

[바롤애(바르래) 가ᄂ니 : 于海必達(龍飛御天歌2章) 바다 히 : 海(訓蒙字會上), (石峰千字文3)]

■ 人의 古訓=「사롬」(前註)

● 天　農　難　原　瀛　　眞　人
　　하놀　플뷔　난　벌　큰바다　진　사롬
(현대어→「하나(一)를 풀어삐 놔, 불끈 받아 줜 사람」)

漢字의 解例

■ 天의 古訓=「하놀」로 읽고, 「ᄒ나홀」(현대어, '하나(一)를'의 略語)로 해독(前註)

■ 農의 古訓=「플뷔」(현대어는 '풀베', 방언은 '플비') [農 : 플뷔(刈草)의 어원으로부터 경작의 뜻이 유래함. 草의 古訓='플', 刈의 古訓='뷜', 刈의 古音='애'(訓蒙字會·下)]

■ 難의 音=「난」

그래서 「農難」을 연속하여 「플뷔난」으로 읽고, 이의 방언인 「프러삐난」(풀어버려 놔)의 類似音으로 해독

■ 「原瀛眞人」=「벌큰 바다진 사롬」(현대어, 불끈 받아 줜 사람)(前註와 같음).

제40대 高天原廣野姬天皇—(持統)

● 高　天　原　廣　野　姬
　　빗슬　하놀　벌　넙　드르　키

(현대어→「빛살 환할 벌 널찍이」

→즉, 光明天下를 圖謀해 統治權을 擴大하기)

漢字의 解例

■ 高의 古訓=「빗술, 빗쓸」(현대어는 '비쌀'=錢多, 物價不廉로 읽고, 同音의 「빗살」(현대어는 '빛살'=光線)으로 해독 ■ 天의 古訓=「하눌」로 읽고, 유사음인 「한할」('환할'의 方言)으로 해독 ■ 原의 訓=「벌」

이상, 「高天原」을 연속하여 「빗술하눌벌」로 읽고, 「빛살 환할 벌」로 해독

■ 廣의 古訓=「넙」(현대어는 '넓')

■ 野의 古訓=「드르」(현대어는 '들')

■ 姬의 古音=「키」

이상, 「廣野姬」를 연속하여 「넙드르키」로 읽고, 「넓드렁기」('넓다랗게'의 方言)으로 해독

II. 고대어(古代語)의 표기방식(表記方式)

제1장 만요가나(万葉仮名)와 향찰식(鄕札式) 표기

1. 한자차용(漢子借用)에 의한 표기방식의 공통점

일본이나 한국에서 각자 사용하는 오늘날의 고유한 문자가 만들어지기 전인 고대에는 양국이 모두 한자를 차용하여 자국의 언어를 표기하는 방식을 고안해냈다는 점에서 공통된다.

일본에서는 이를 「만요가나(万葉仮名)」라 하고, 한국에서는 이를 「향찰식표기(鄕札式表記)」, 간단히 「향찰」이라 한다.

한국에서는 신라시대에 이 향찰에 의해 표기한 노래를 「향가(鄕歌)」라고 불렀다. 이것은 마치 일본의 「만요카(万葉歌 · 만엽가)」와 흡사한 성격의 고시가(古詩歌)인 것이다.

그러한 신라시대의 향가를 집대성한 『삼대목(三代目)』이라는 시가집이 서기 888년(신라 진성여왕 2년)에 편찬되었던 것이 있었고, 이것은 또 일본의 『만요슈(万葉集 · 만엽집)』에 비교될 만한 것이었다.

그러나 불행히도 『三代目』은 소실되고 지금은 전하지 않는다. 다만 25수의 향가만이 잔존하여 『삼국유사』에 14수, 『균여전(均如傳)』에 11수가 전하여 오늘에 이르고 있을 뿐이다.

그 현존하는 25수 중 가장 오래된 것은 「서동요(薯童謠)」라고 통칭되는 향가로서, 신라 제26대 진평왕 때(579~632년) 지었다고 전해져 온다. 즉, 현존하는 향가에 국한시켜 말하더라도 그 창작 시초의 상한점은 6세기가 되는 것이다.

이 점은 일본에서 만엽가가 처음 창작되던 시기와 거의 일치한다. 예컨대 광의의 「만엽시대」가 흠명조(540년 : 欽明원년)부터 평성조(平城朝 : 806~809년)까지 약 260년간이다.

만엽가가 활발히 성행하던 시대를 본격적인 「만엽가의 시대」로 구분한다면, 이것은 서명(舒明)천황 때인 629년부터 순인(淳仁)천황 때의 759년(淳仁 4년)까지 약 130년간을 말한다. 그리고 759년 이후부터를 「만엽가의 종언시대」로 일본학계에서는 정의하고 있다.

그렇기 때문에 한·일간에 자국의 언어로 부른 노래를 한자 차용하여 표기하던 방식에 따라 지었던 이들 「향가」나 「만엽가」의 출현연대가 거의 동일한 6세기 때였던 것은 주지의 사실이다. 이것은 다만 현존하는 작품에 한정지어 말할 때의 경우이다. 만약 신라 최대의 향가집인 『三代目』과 같은 현존하지 않는 작품까지 감안하면 향가의 최초 창작연대는 6세기 이전으로 소급될 수 있는 충분한 가능성의 여지를 갖고 있다.

그런데 한자를 차용하여 자국의 언어를 표기하는 공통된 방식을 고안, 활용할 수 있었다는 사실 이전에, 우리가 먼저 주목해야 할 또 다른 역사적 사실이 있었던 것도 간과해서는 안 된다.

그것은 『삼국사기』기년으로 백제 제7대 고이왕(古爾王)시대(재위 234~286년)에 해당하는 서기 285년, 고이왕이 왕인(王仁)박사로 하여금 「千字文」을 일본에 전했다는 이야기에 대해서다. 물론 이러한 연대는 조작된 것일 수도 있다. 왜냐하면 「천자문」은 중국 남조(南朝)인 양(梁)의 시대, 주흥사(周興嗣 : 470년경~521년)에 의해 편찬되었던 것으로 알려져 있으므로, 백제가 3세기에 「천자문」을 일본에 전수했다는 것은 그 연대면(年代面)에서 어긋난다.

이것은 백제가 일본에 「한자를 전래한 사실」을 두고 마치 「천자문」을 전수한 것처럼 잘못 이야기되어 왔던 것으로 볼 수 있다.

『일본서기』에 보면 응신 16년(285년)조에 왕인박사에 관한 기록이 나온다. 그러나 여기서도 실제 「천자문」에 대해 언급된 것은 없다. 즉, 다음과 같다.

「春 2월, 왕인이 왔다. 태자 토도치랑자(菟道稚郎子·우지노와키 이라쓰코)의 스승으로 삼았다. 여러 전적(典籍)을 왕인에게서 배웠다. 통달하지 못한 것이 없었다. 이른바 왕인은 서수(書首·후미노 오비토) 등의 시조이다.」

(春二月王仁來之 則太子菟道稚郎子師之 習諸典籍於王仁. 莫不通達. 所謂王仁者, 是書首等之始祖也.)

일본 사학계의 통설로 <응신기>의 연대를 소위 이주갑(二周甲 : 120년) 끌어내려, 이 해(285년)를 405년의 일로 취급하는 것은 별개의 문제이다. 설령 405년으로 치더라도 이 무렵에 「천자문」은 아직 편찬되기 이전의 일이라는 점에서 그것은 논의의 대상이 아니다.

그러나 분명한 것은 고대한국으로부터 일본에 한자가 전해졌다는 사실만은 부인할 수 없다는 점이다. 이 같은 명확한 사실에서부터 유추해 들어가면, 한자차용에 의한 자국 언어의 표기방식이란 점에서도 우리는 어떤 공통점을 발견할 수 있게 될 것이다. 그것은 다름 아니라 한자전래와 함께 고시가의 표기방법에서도 고대한국에서 사용하던 그 방식이 그대로 일본에서도 통용, 발전하게 되었다고 보는 점이다.

우리의 연구는 여기서부터 출발한다. 그리고 그것을 증명하기 위한 연구대상으로 4516수 남짓한 방대한 양의 현존하는 『만엽가』를 택하여, 이들을 고대한국어로 해독하고자 하는 것이다.

또한 『일본서기』 속의 120여수에 이르는 고시가(「和歌(와카)」)도 예외일 수는 없다.

2. 중세 이후의 일본어로는 해독 불가능한 『만요슈(万葉集)』

『만엽가』전20권, 4516수는, 잘 알려진 대로 한자를 빌려 표기하는 방식에 의한 것이긴 하지만, 正格(正式)의 한문은 아니다. 이른바 「만요가나」라고 불리는 것으로 기록하고 있다. 이러한 기술방식은 한국에서 고시가인 「향가」를 기록하던 방식과 유사하다.

다시 말해서, 「만요가나」라 하는 것이 한자의 음과 훈을 빌린 일본어의 음표기(音表記)라고 알고 있지만, 「만엽의 시대」, 특히 그 초기에 과연 「일본어의 음표기」로서 완성되어 있었던 것인가는 매우 의문스럽다.

무엇보다도 오늘날 『만엽가』연구자들 대부분이 중세이후의 일본어로 해독하고 있는 실정으로 미루어 볼 때, 이러한 의구심은 배가된다. 더구나, 오늘날의 '가나(かな·仮名)' 문자의 발명은 서기 900~1000년 사이에 이루어져, 이에 따라 일본어의 체계가 완성되었던 사정을 고려한다면, 중세이후의 일본어에 의한 만엽가의 풀이(해독방식)에는 아무래도 믿기 힘든 요소들이 있다.

쉽게 말해서 중세이후의 일본어는, 원칙적으로 **'초성–중성–종성'**의 결합으로 음절을 이루는 한국어와는 달리, **'받침'**(パッチム : 終聲子音)이 거의 없는 구조로 짜여진 **'자음+모음'** (C+V : cV / cVcV)의 형태적 특성을 가진 언어이다.

따라서 일본의 어음(語音)은 한자를 빌려 표기할 경우, 어떠한 발음이든 한자의 '음'만으로 정확히 표기되지 않는 예가 없다. 요컨대 한자의 '훈'을 빌려 구태여 표기할 필요가 전혀 없는 셈이다. 여기서 실제로 그러한 예를 한 가지 들어 보겠다.

(제1절) 伊豆の山山 月あわく (이즈노 야마야마 쯔키아와쿠) 燈りにむせぶ (아카리니 무세부) 湯のけむり (유노게무리) ああ初戀の (아아, 핫츠코이노) 君をたずねて今宵また (키미오 타즈네떼 코요이마따) ギター つまびく 旅の鳥 (기타-쓰마비꾸 타비노토리)	伊豆(이즈)의 山과 山, 달빛 아렴풋이 등불에 흐느끼는 溫泉의 연기(*湯의 수증기) 아아, 첫사랑의 그대를 찾아서 오늘밤도 기타-퉁기며 떠도는 철새

(제2절)

[風のたよりに聞く君は/溫泉の町の人の妻/ああ相見ても/晴れて語れぬこの想い/せめてとどけよ/流し唄]

(카제노 타요리니 키꾸키미와/이데유노 마찌노 히또노 쓰마/아아, 아이미떼모/하레떼 카타레누 코노오모이/세메떼 토도께요/나가시우따)

[바람결에 들으니 그대는/온천 마을의 남의 아내/아아, 서로 보아도/떳떳이 말할 수 없는 이 마음/어떻게 해서든 전해 주세요./흘러간 노래]

(제3절)

[あわい湯の香も/路地裏も/君住む故に なつかしや/ああ忘られぬ/夢を慕いて散る涙/今宵ギターもむせび泣く]

(아와이 유노카모/로지우라모/키미스무 유에니 나쯔카시야/아아, 와스라레누/유메오 시타이떼 치루 나미다/코요이 기타-모 무세비나꾸)

[은은한 탕의 향기도 / 뒷동네라도 / 그대 사는 까닭에 그립구나. / 아아, 잊을 수 없네. / 꿈을 쫓아 번지는 눈물 / 오늘밤 기타-도 흐느껴 운다.]

위에 소개한 노래는 소화(昭和·쇼와) 23년(1950년)에 일본에서 유행했던 「湯の町エレジー」(유노마치 에레지 : 溫泉村 엘레지)라는 대중가요이다 (野村俊夫 作詞, 古賀政男 作曲, 近江俊郎 歌).

후루가 마사오(古賀政男)라는 가요곡의 작곡가가 쓴, 유명한 엔카(演歌)의 하나다. 그는 전통적으로 일본엔 없었던 3박자(拍子)의 독특한 곡을 발표함으로써 천재적인 작곡가라는 평판을 얻었던 일본 엔카의 대가(大家) 반열에 든 사람이었다.

일본의 민요나 동요 등은 3박자가 없고, 반드시 2박자나 4박자의 짝수 박자인 것이다. 그런데 특이하게도, 일본인이라면 대부분 알고 있는 민요에 <五木의 자장가>라는 것이 있는데 이것은 3박자로 되어 있다.

한국의 민요나 동요는 전통적으로 3박자이기 때문에, 이 <五木의 자장가>는 역시 일본으로 이주(移住)한 한반도 사람들의 마을에서 생겨난 곡조(曲調)인 것 같다고 보는 견해도 있다. 일본인은 대개 3박자에 대해서는 생소한 편이다. 그런데 후루가 마사오의 엔카 곡들이 대체로 3박자인 이유는, 그가 소년시절을 한국에서 보냈던 사실과도 연관되어 있다. 학창시절의 상당기간을 서울에서 지낸 그에게 3박자의 음악 문화권이 끼친 영향은 훗날 그의 음악에 스스로의 피와 살이 되어 있었던 것만은 틀림없는 사실이다.

아무튼 그가 작곡한 노래 <유노마치(湯の町) 엘레지>를 다시 보기로 한다.

만약, 현재 일본의 '가나·かな'(仮名)문자가 제정되기 이전의 시대에 이런 노래가 불리고 있었다고 가정해 보고, 이것을 한자를 빌려 표기한

다면 어떻게 될까? 한번 상상해 보는 일만으로도 무척 흥미로울 것이다.

즉 「만엽의 시대」로 되돌아가 보자는 것이다. 당시의 사람들이 상용(常用)하던 음성언어는 있으되, 지금의 가나(仮名)와 같이 확립된 고유의 문자언어가 없던 시절에, 과연 이 노래를 어떤 방식으로 표기했을까.

이 점에 대해 지금의 시점에서 역추적(逆追跡)하는 기분으로 탐색해 들어가 보자. 그러면 도리어 현재의 『만엽집』 해독방식이 타당한지를 검증해 볼 수 있는 한 방법이 될 것이다.

현재의 『만엽집』 연구방법은 그 해독문제에서 중세이후의 일본어로 풀이하고 있다. 그렇기 때문에 그것을 기준으로 삼는다면, 만엽가(万葉歌)를 한자 차용하여 표기하더라도 구태여 한자의 '훈(訓)'을 빌려 적어야 할 이유가 전혀 없는 것이다. 왜냐하면 중세이후의 일본어식 한자독법으로는 '음(音)' 차용만으로써 일본어의 어떠한 발음도 다 표기할 수 있기 때문에 하는 말이다.

그러므로 한자의 '음'은 물론, '훈'까지 차용하여 적고 있는 『만엽집』을 중세이후의 일본어로 해독하는 현재의 연구방법은 확실히 의심스럽다. 이 점을 분명히 인식시켜 줄 필요가 있다. 그러기 위해, 앞에 인용한 유행가의 제1절을 중세이후에 확립된 일본식의 한자 독음만을 사용하되, 훈독은 철저히 배제한 채 소위 만요가나(万葉仮名) 스타일로 적어 보겠다.

伊豆能耶麻耶麻 都岐阿和久(イズノヤマヤマ ツキアワク)

阿加利爾霧世部 油能氣霧里(アカリニムセブ ユノケムリ)

阿阿 波都古伊能(アア ハツコイノ)

岐彌鳴他頭爾堤 孤予伊麻他(キミヲタズネテイ コヨイマタ)

技咤ー 都摩備久 陀梶能吐梨(ギターツマビク タビノトリ)

이상과 같이, 단 일자(但一字)의 경우에도 훈(訓)으로 읽어야 할 필요가 전혀 없다. 즉, 음차만으로 충분히 표기 가능하다. 그 결과에서 알 수 있는 것은, 한자의 일본식 음독만으로써 일본어의 발음을 거의 완전에 가깝게 다 적을 수 있다는 사실이다.

가령 「岐彌(키미・キミ)」는 『일본서기』에서 종종 「君(키미・キミ)」를 그렇게 적고 있는 경우를 볼 수 있다.

그리고 「禰(네)」라는 한자는 현재의 일본식 음독으로 「デイ(데이)」・「ナイ(나이)」로 발음하는 것이 상례인 듯하지만, 이 글자 역시 고음(古音)은 「ネ(네)」였음을 『일본서기』의 인명 등에서 쉽게 찾을 수 있다. 이를테면, <응신기>의 「タケシウチノスク禰(武內宿禰・타케시우치노 스쿠네)」의 예가 그렇다.

그밖에는 아무런 문제가 없고, 다만 「堤」의 음독이 「テイ(테이)」로서, 「て(테)」음을 표기함에는 약간 어색한 점이 있기는 하다. 물론 「頹(퇴)」와 「隤(퇴)」의 음독이 모두 「デ(데), 혹은 タイ(타이)」인 점을 생각하더라도 이것을 취하기는 아무래도 부자연스럽다. 이 경우 「手」의 훈이 「て(테)」임으로, 간단히 해결될 수도 있다. 그렇지만, 철저히 훈독을 배제하고 음독만으로써 표기한다는 전제하에서 그렇다는 이야기다.

어차피 고유문자가 없는 시절의 표기라는 것을 염두에 둔다면 이만한 정도의 무리는 인정되어도 좋을 것이다.

결국, 「君をたずねて(키미오타즈네테)」(―그 뜻은 '그대를 찾아서')의 발음을 표기한 차용한자 「岐彌鳥他頭禰堤」로서 「キミオタズネテイ(키미오타즈네테이)」라고 읽을 수 있는 정도로 복원했다면, 상당히 근접한 일본어의 발음을 살려낸 표기로 볼 수 있는 것이다.

이밖에 또, 기타(guitar・ギター)라는 단어의 표기에 문제가 있다. 이는 원래 외래어지만, 어차피 가나(仮名)문자가 없다고 가정하고 모든 일본식 발음을 다 적어 본다는 입장에서는 이것마저 한자차용의 「技咤」(ギター·기타)로 적어서 문제될 것은 없다고 본다.

경우에 따라서는 같은 음의 「伎他(ギター)」나 「戲陀(ギター)」로도 다 가능하다. 그러나 가급적 이미지(image)를 고려한 글자를 선택해서 「技咤」로 적은 것이다. 이 점은 가령 'トリ'(토리·鳥)라는 음을 적을 때, 「登里」·「杜唎」·「徒犁」·「吐利」등이 다 가능하다. 역시 이때도 시적 분위기나 그 노래의 이미지에 알맞은 글자를 선택하여 표기하는 것을 하나의 중요한 특징으로 삼았던 「향찰식 표기방식」(즉, 신라시대 「향가」를 적는 방식)을 고려하는 점도 간과할 수 없을 것이다.

따라서 우리는 『만엽집』의 노래들이 모두 그 표기방식에서 한자의 '음' 뿐만 아니라 '훈'까지 차용하여 적고 있었을 때는, 필시 중세이후의 일본어음으로는 다 적을 수 없는 소리가 당시의 일본어 속에 있었기 때문이라고 당연히 생각할 수 있다. 그리고 그러한 발음에 해당하는 한자음이 없었기에 굳이 '훈'을 차용했을 것이라고 판단하는 것이다.

이 점은 신라의 「향가」에서도 마찬가지였다. 그래서 소위 「향찰식표기」에는, 한자음에 없는 한국어음의 「갓」·「젺」·「꿈」·「곶」과 같은 소리를 도저히 음차만으로써는 표기할 수 없었으므로, 한자의 훈을 차용하여, 「갓=弁/笠/邊」·「젺=折」·「꿈=夢」·「곶=花/岬/串」등으로 표기하는 식이었다.

이러한 「향찰식 표기」의 특징 등에 대하여는, 좀 뒤에 인명, 지명, 관명의 표기 사례를 구체적으로 살펴봄으로써 한자의 음훈차용을 어떻게 활용하였는지를 볼 수 있게 될 것이다.

3. 구결(口訣)·이두(吏讀)·향찰(鄕札)

한국에서 통용되고 있는 현행어의 원류라고 할 수 있는「훈민정음」
(통칭 '한글')의 창제(1443년)이전에 한자를 이용하여, 이를 빌려 쓰는 형
식으로 창안, 사용된 표기 문자는 <口訣, 吏讀, 鄕札>의 3종류였다. 이
들은 모두 한자를 빌려 쓴 차자 체계(借字體系)인 점에서는 동일한 것이
나, 시대에 따라 어떤 목적과 범위에서 사용되었느냐에 따라 각기 달리
붙여진 명칭이다.

이들 차자 체계는 처음에는 인명, 지명, 관명 등 간단한 고유명사부터
시작하여, 마침내는「향가(鄕歌)」라는 문학적 창작에까지 미치는 발전을
가져왔다.

이를 간단히 요약해 보면 다음과 같이 구분된다.

(1) 口訣字 (略稱, '口訣' 혹은 '吐')

정식한문(正式漢文)의 문장에서 구두점(句讀點)을 찍을 곳에 붙이던
약호(略號). 작자와 창제연대는 미상이나, 고려시대 말기 이후, 특히 조
선시대에 와서 성행하다가 훈민정음(한글) 제정 이후 점차로 세력을 잃
어갔다.

이러한「구결(口訣)」의 성격은, 경우에 따라서는 일본에서처럼 한문
외 읽기 방식인「返り点(카에리텐)」의 역할과 목적에 상당(相當)하는 것
으로, 그곳에 끼워 적어 문맥의 연결을 보충하는 것이다.

좀 더 구체적으로는, 한국어의 격조사(格助詞) 또는 활용어미(活用語
尾)를 달아 읽는 법으로, 이두(吏讀)의 영향을 크게 받은 것이다.

이를 달리 말하면, 순한문체의 글에 구두(句讀) 밑에만 토(吐)를 붙여
서 적는 방식으로 고려말기부터 조선시대 말기까지 사용하였는데, 나중

에는 그 부분만 훈민정음(한글)으로 바꿔 적기도 하였다. 즉, 순한문의 원문에 끼워 쓰기만 하는 것으로 그 글을 읽을 때에 한문 문구에 잇달아 읽기 위한 정도뿐이다. 그 형식은 다음과 같다.

※ 朋友隱 同類之人是羅⇒朋友는 同類之人이라[※'隱'→'은, 는', '是羅'→'이라'].

※ 子是 (=이) 曰飯蔬食飮水爲古 (=ᄒᆞ고) 曲肱而枕之羅刀 (=라도)[是→이, 爲古→ᄒᆞ고(하고), 羅刀→라도]

나중에는 이와 같은 구결자가 극히 단순화한 부호로 바뀌어 사용되기도 하였다. 즉 「ᄒᆞ고(하고)」에 해당하는 「爲古」의 구결자를 극히 간략하게 기호화하여 「爲」의 약체(略體)인 「為」에서 「ソ」라는 부호만 따고, 「古」에서 「口」만 따서, 이 둘의 결합인 「丷口」라는 기호로써 「-하고(爲古)」를 나타내었다.

이런 식으로 「-하니(爲尼)」는 「丷匕」와 같이, 또 장소를 나타내는(처소격·處所格)조사 「-애/-에(厓)」는 「厂」와 같이 기호화하였다.

(2) 吏讀 ('吏吐' 혹은 '吏道')

어순을 한국어 구문(構文)식으로 배열하고(「주어+목적어+술어」), 일부 형태소를 한국어 식으로 첨가하는 방식이다. 즉, 한국말 식의 한문에 구두(句讀) 부분을 이루는 것에 해당한다.

이 역시 고려시대부터 조선시대 말기까지 사용되었다. 부분적인 형태소를 한국어 식으로 첨가한 것이 얼핏 보아 구결(口訣)과 비슷한 듯하지만, 정격한문이 아닌 한국말의 어순으로 짜여지는 점에서 구결과는 다르다. 특히 한문체를 우리말체로 풀어쓰는 경우도 있다는 점은 구결과 확실하게 다른 특징으로 꼽을 수 있다.

그 대표적인 형식의 하나로 1031년(고려시대 현종 22년)의 「淨兇寺造塔記(정토사조탑기)의 다음과 같은 예를 들 수 있다.

※ 同年春秋冬念丁(넘뎌=지나서) [그 뜻은, 「같은 해 봄, 가을, 겨울 넘겨서(지나서)」]

이와 같은 한국말의 어순에 일부의 형태소를 국어식으로 첨가하는 방식이다.

또 다른 예를 보자

※ 必于 罪名亦 明白爲去乃 ⇒ 비록 죄명이 명백ᄒ거나 (必于→'비록', 亦→'이', 爲去乃→'ᄒ거나')

※ 罪人矣 家口乙良(을랑⇒을랑=으란) (※矣→'의', 乙良→'을랑'='으란')

그밖에, 가장 흔하게 사용되었던 이두의 대표적인 예들을 소개하면 다음과 같은 것들이 있다.

◎ 是如: -이다. ◎ 是如可·是多可·是如加: -이다가(-이었다가)

◎ 是如在乙: -이다견을(-이라거늘) ◎ 是如乎所: -이다온바(-이라는바)

◎ 爲去乙: -하거늘 ◎ 爲去等: -하거든 ◎ 爲昆: -하곤(-하고는)

◎ 爲在果: -하견과(-하거니와) ◎ 爲在如中: -하견다해(-한 때에/ -하였는데)

◎ 爲如可: -하다가 ◎ 爲有去乙: 하잇거늘(-하였거늘)

◎ 爲有去等: -하잇거든(-하였거든) ◎ 爲置: -하두(-하여도)…等等.

(3) 鄕札

한자의 음이나 훈을 빌려 한국말을 전면적으로 표기하는 방식.

그런데 이러한 향찰에 대해 기성학계에서는 <신라시대의 「향가」를 적은 최초의 표기방식으로, 광의의 이두로서 후세에 향찰이라 일컫게 되었고, 신라의 설총(薛聰)이 창제한 때로부터 고려의 예종(睿宗) 때까지 사용된 차자표기 체계>라고 정의하고 있다.

그러나 이 같은 정의는 적절하지 못하다. 왜냐하면 이두(吏讀)와 향찰을 같은 것으로 파악하고 있고, 그 이두를 「우리말로 적은 글」이라는 범칭(汎稱)으로서의 「향찰」, 또는 방언문자라는 의미로 설명하고 있기 때문이다.

주지하다시피, 이두는 설총이 692년(신라 효소왕 즉위년)에, 한자의 음이나 새김(訓)에 소리만 쓰는 우리나라 고유의 옛 말을 이용하여 창제한 문자라고 알려져 있다. 그런데 앞서 언급한 적이 있거니와, 현존하는 신라 향가 중 가장 오래 전에 지어진 통칭 「서동요」는 그 창작연대가 진평왕 때(579-632년)의 것이다.

그렇다면, 설총이 이두문자를 최초로 창안한 692년보다 무려 60여년 앞서 지은 「서동요」도 과연 이두문자로 표기했다고 설명될 수 있는 일일까? 향찰문자를 이두와 같은 것으로 취급하거나 또 그렇게 파악하고 있는 기성학계의 향찰에 대한 정의는 이 경우와 대조하면 명백히 모순이다.

요컨대 '향찰'과 '이두'는 다른 것이다.

그럼에도 불구하고, 향찰을 넓은 의미의 이두로 간주(看做)하여 두루뭉실하게 얼버무려, 같은 것으로 취급한 나머지 지금과 같은 「향가의 해독체계」를 세운 것은 오구라 신뻬이(小倉進平)의 『郷歌及吏讀の研究』(향가 및 이두의 연구)나 양주동(梁柱東)의 『古歌研究』(고가연구) 이전으로 거슬러 올라가지 않는다.

향찰을 광의의 이두로 보는 경우에도 그것은 어디까지나 고유문자가 없던 시절에 우리 옛 말의 발음을 살려내려 했던 그 방식 면에서 비슷한 성격을 지녔을 따름이라고 생각해야 옳은 것이다. 즉 표기체계에서는 전혀 다르게 발전해 왔다고 판단하는 것이 오히려 타당하다.

이런 관점에서 우리는 현재의 향가 해독체계가 상당부분 오류였음을 지적한 연구서『전혀 다른 향가 및 만엽가』를 이미 상재(上梓)한 바 있다. 거기서도 지적하였듯이, 이두식의 표기는 그 나름대로 점차적인 발전으로 한자를 빌려 쓰는 범위가 어느 특수 방면으로 제한되면서, 그 사용형식도 거의 어떤 정형을 이루었던 이두식 표기로만 그칠 따름이었던 것이다.

거기에 비해 향찰은 또한 그 나름대로의 독특한 표기체계를 형성해 가면서 전면적인 고대한국어의「구어(口語)」(일상적으로 지껄이는 말)을 한자를 빌려 적는 방법이었다는 것은 우리의 연구 결과에서 도출한 결론이다.

향찰에 대한 이러한 새로운 정의 대신에 기존의「향찰 및 이두」라는 고정관념에 의한 향가 해독방식으로는 그 해독체계가 모순투성이였을 뿐 아니라, 기왕 해독한 것들도 일정한 법칙성이 없이 억지 추정에 의한 무리한 해석이 수다(數多)하였다.

또, 현재 학계에서 통설로 대접받고 있는 기존의 향가 해독체계에 근거한 방식으로는 절대로 일본의 만엽가를 해독해낼 수 없다.

무엇보나 ⏄ 첫째 이유는, 일본에서 만엽가가 처음 창작되던 시기와 견주어 봄으로써 분명해진다. 즉 광의의「만엽시대」로 분류할 때의 그 시발점을 서명조(舒明朝)(=서기540년 : 舒明元年)부터 치고 있는데 그렇다면 이보다 무려 152년이나 뒤늦은 692년에 신라의 설총에 의해 최초로 창제된 이두문자로써 만엽가를 해독한다는 것이 논리적으로 통할 리 없기 때문이다.

일본에서 만엽가가 활발히 성행하던 시대를 본격적인 「만엽가의 시대」로 구분하더라도 그 시기의 처음을 舒明王 때인 629년으로 잡고 있다. 실은 이것마저 설총의 이두 창제연대인 692년보다는 63년이나 앞선다. 그러니 신라시대의 이두와 만엽가의 표기방식인 이른바 「만요가나(万葉仮名)」와는 아무 상관이 없는 셈이다.

사실이 이러한데도 불구하고 현재 한·일 양국 학계에서는, 향가를 적는 이른바 「향찰」식 한자표기법(이하, 향찰이라고 略함)이 일본에 전해져, 「만요가나」와 같은 표기방식이 생겨났다고 보는 것은 무슨 까닭일까. 자기 나라 말을, 한자를 빌려 적는다는 개념에서는 향찰과 이두의 동질성은 인정되나, 실은 양자의 근본적인 차이를 혼동한 데서 나온 인식상의 잘못 때문일 것이다.

앞서 본 바와 같이, 이두가 창제되기도 훨씬 전에 향가가 창작되고 있었고, 만요가나에 의한 『만엽집』의 노래들이 기록되고 있었던 것이다. 무엇보다 이 점을 간과해서는 안 된다. 그렇다고 하더라도, 기존 학설에 대한 이러한 반박에 의해, 곧바로 『만엽집』이 일본어로 읽혀진다는 논리로 연결되는 것은 아니다. 일본의 학자 중에서도 『만엽집』은 모조리 일본어로 읽혀진다는 전제에 의문을 던진 사람도 있다. 철학자 우메하라 타케시(梅原猛) 같은 분이 그 대표적인 인물이다.

제2장 향찰의 원리·원칙

1. 향찰의 새로운 개념

「鄕札」은 전술한 바와 같이 고대한국어의 구어(口語 : 지껄이는 말인 일상어)를 한자를 빌려 표기하는 방법이다. 즉 한자를 사용하더라도, 한문에 의한 **주어+술어+목적어**라고 하는 중국어의 어순이 아니라. 한국어의 구어와 똑같은 모양으로, **주어+목적어+술어**의 어순으로 한다. 이것은 대체로 봐서, 일본어의 어순과 같은 것이다.

이 향찰은, 역시 전술한 대로 「향가」(鄕歌)를 표기하기 위해 고안된 한자의 표기법이다. 그리고 「향가」는 중국의 한시(漢詩)에 상대가 되는 입장에서 붙인 명칭인데, 문자 그대로 향토색이 강한 노래로, **주어+목적어+술어**라고 하는, 한국어의 문법과 같은 모양으로, 위로부터 막힘없이 술술 읊었다.

이 점 『만엽집』의 노래와 비슷하다. 즉 자기의 기분과 정서적 반응에 따라, 분위기와 어우러진 상태에서, 때로는 생의 의미를 반추(反芻)하며 읊었던 것이다.

그런데 이 향찰은 이두와는 다르게, 독자적인 체계로 발전해왔다고 보아야 옳을 것이다. 물론 한자를 빌려 자국의 언어를 적었다는 점과, 또 우리 민족의 소리말의 독자성에 맞추어 글자를 만들었다는 겨레의 언어적 자각 정신의 발현이라고 하는 개념에서는 이두나 향찰은 크게 다르지 않다.

그러나 이두의 창조연대를 놓고 따지면, 일반적으로 신라시대 설총(薛聰)=8세기 신라의 학자=로, 그의 최초의 이두문자의 창제를 효소왕(孝昭王) 즉위년인 692년이라고 말하고 있다. 그렇더라도 실은 이보다 앞서 7세기에 조성된 '남산신성비(南山新聖碑)'와 '갈항사조탑기(葛項寺造塔記)'에 이미 이두문자의 사용례가 나오므로 이두의 발생은 설총 이전부터 있었음이 확실하다.

이와 같이 그 연대를 약간 올려 잡더라도, 역시 현존하는 향가의 하나인 「서동요」의 제작연대인 6~7세기 중반의 진평왕대(579-632년)에 대해서는 충분히 상회하는 연대가 못 되므로, 이것을 이두로 적었다는 설명은 부적절한 것이다.

하물며 일본의 만요가나로 표기한 「만엽가」들의 첫 창작연대를 흠명원년(540년)으로 치고 있는 데 대해서는, 그『만엽집』의 노래들을 이두식 표기라고 말 할 수 있는 근거는 전혀 없게 되는 것이다.

이런 점에서 이두와 향찰은 그 표기방식이나 체계 면에서 다르게 발전해왔다고 보는 것이 논리적으로 옳다는 결론이다. 아무튼 이 향찰이라고 하는 표기법은 신라시대가 전성기로, 언어체계가 같은 백제에서도 사용되었다고 볼 수 있고, 이것이 일본으로도 들어갔던 것으로 해석할 때 순리적인 설명이 된다.

그것은 그렇다 하고, 일본에서는 고대한국으로부터 들어왔던 이 향찰이 발전하여, 소위 「만요가나(万葉仮名)」 및 가나(仮名)가 되고, 거기에다가 또 한자의 「음훈(音訓) 읽기」가 생겨났었다고 추측된다.

특히 훈독(訓讀)과 관련하여서는 재고(再考)를 요한다. 무슨 뜻이냐 하면, 앞서 살펴본 바와 같이, 소위 만요시대(万葉時代)가 끝난 다음부터서는, 중세이후의 일본어식 한자음(漢子音)의 차용만으로 얼마든지 일본어를 다 표기할 수 있다는 것을 예증해 보였던 점을 환기해야 할 것이다.

요컨대 한자의 일본식 음독의 차용만으로 어떤 일본어든지 전부를, 거의 비슷한 발음으로 표기 가능한 것이다. 따라서 구태여 훈독이 필요 없는데도『만엽집』의 노래들을 해독함에 있어, 훈독이 적용될 수밖에 없다는 것은 무엇을 의미하는 것인가. 이 점, 한자의 훈을 빌리지 않으면 표기 불가능한 발음이 고대의 일본어에 존재했다는 확실한 증거인 것이다.

여기서 우리가 당연히 추정해 볼 수 있는 것이 있다. 그 첫째로 한국에서는 「한글」(훈민정음)이 창제되고, 일본에서는 「가나·かな(仮名)」가

창제된 그 원인에 대한 것이다. 둘 다 이러한 자국의 고유문자 발명의 이전 단계에, 각각 향찰과 만요가나가 사용되고 있었다는 공통점이 시사해주는 의미와 관련된 어떤 깨달음이 뭣보다 필요하다는 점이다.

다시 말하면, 고유문자의 발명 이전에 사용된 향찰과 만요가나의 표기법만으로는 암만해도 자국의 언어(일상으로 지껄이는 구어)를 욕심껏 다 담아낼 수 없는 한계를 느낀 나머지 각각 소리글자(表音文字)를 창제하기에 이른 것이다. 이 점은 훈민정음 창제동기와 그 취지에도 명백히 표명되고 있다. 즉, 나랏말(조선족 언어)이 중국과 달라서, 제 뜻을 다 실어 펴지 못하는 자가 많기에, 국왕(세종대왕)은 이를 안타깝게 여겨 새로 나라글자를 만들기(1443)에 이르렀으니, 누구나 쓰기 쉽고 편리하게 하기 위함이라고 하였다.

이처럼 그 민족에게 알맞고 편리한 글자를 만들었다는 것은 '소리말'과 '글자말'의 차이에 대한 자각이 이미 신라시대의 이두(吏讀)(＝예컨대, 설총・薛聰 이전인 7세기에 조성된 '南山神聖碑' 및 '葛項寺造塔記'의 이두문자)나 향찰에서부터 비롯된 것이었다.

그러나 그것만으로는 부족하여 마침내 한겨레의 소리말의 독자성에 맞추어서 본격적인 새로운 '글자말'을 만든 것이 「한글」이었다고 본다면, 이 과정에서 종전까지 향찰로 적는 데 따른 표기상의 불충분함을 느꼈던 소리까지를 완전히 살려내는 방향에서, 일본어와 비교할 때 특별히 「받침」(종성음)이 발달하는 문자체계의 특성을 지니게 된 것이 아닐까 추측된다.

이에 비해 일본에서는, 만요가나(万葉仮名)에 의한 당시 자국어의 표기에 따른 고충을 감안하여, 가나제정(仮名製定) 시에는 이를 극도로 간소화하는 방향에서 대체로 <자음+모음>에 의한 간편한 음절구조로 추진시켜 갔을 것이란 추측도 가능해진다.

바로 이 같은 두 갈래의 다른 문자창제(文字創製)의 동기와 그 과정이 나중 한국어와 일본어를 완전히 다른 어휘(語彙) 속에 놓이게 만든 원인이 아니었을까, 라고 생각된다.

그 결과, 오늘날 한국어와 일본어의 엄청난 어휘상의 이질성에도 불구하고, 문장의 어순만큼은 결코 변함없이 대체로 동일한 형태를 지니고 있는 이유일 것이다. 또한 일본어는, 과거에는 충분히 발음 가능했던 영역을 스스로 축소시킨 결과를 초래했다고 말할 수 있다. 이에 반해, 한국어는 훈민정음의 제정과 함께 전보다 훨씬 그 수를 늘린 모음의 발달에 따라 발음 가능한 영역을 확대시켜, 발음과 표기 양면에서 거의 소리 내지 못하거나 그 음을 정확하게 적지 못하는 것이 없게 되었다.

2. 향찰의 원리에 의한 표기 실례(實例)

(1) 官名

예 ①⇒'차차웅(次次雄)': 신라 제2대 남해왕(南解王 : 서기4년~24년) 때 사용하던 임금의 칭호.

『삼국사기』에 의하면, 「차차웅은 혹은 자충(慈充)이라고도 한다. 김대문(金大問)은 『이는, 방언에 무당[巫]을 일컫는 것으로, 사람들은 무당이 귀신을 섬기고 제사를 숭상하는 까닭에 이를 두텁게 공경하므로, 마침내는 존장자(尊長者)를 칭하여 자충이라 한다』고 말하였다」는 설명이 나온다.

무당(巫)이 존장자와 관련이 있다는 것은 중세국어에서도 확인되는 바였다. 즉 '스승'(옛 한글로는 '스숭')이란 말은 '師'와 '巫'의 양쪽을 다 지칭하는 낱말이었다.

● 법 フ른치└닌 스슝이오, 빈호└닌 제자ㅣ라(月印釋譜1 : 9).

=(그 뜻은, 「법을 가르치는 것은 스승이요, 배우는 것은 제자다」).

● 水天을 스슝 사ᄆ샤: 師水天(楞嚴經諺解5 : 74)

=(그 뜻은, 「물과 하늘을 스승으로 삼으시어」).

● 녜 님구미 스슝 스로몰 삼가시고 : 前聖愼焚巫-(杜詩諺解10 : 25)

=(그 뜻은, 「옛 임금께서는 무당[巫]을 불태우시기를 삼가시고」).

이러한 예들을 통하여, <차차웅(次次雄) → 차충(次充) → 자충(慈充)>의 변화 과정을 거친 것으로 추정되며, 그 뜻은 <자충[巫](尊長者) → 스슝[師]>으로 변화했다. '次次雄'의 한자차용 표기의 원리는, 三字 모두 음차(音借)에 해당한다.

그리고, 「次-次雄」→「次-充」으로의 변화에서, 「次雄」(차웅)이 「充」(충)으로 단음절화(單音節化)한 것이다.

예②⇒'尼師今=尼叱今=齒叱今=齒師今=닛금' : 신라 제3대 유리왕(儒理王) 때부터(서기24년~) 제18대 실성왕(實聖王) 때까지(~서기417년)의 임금 칭호

여기서 '尼'와 '齒'는 다 같은 음인 '니'를 나타내기 위한 표기방법이다. 즉 '尼'는 음차 '니', '齒'는 「훈의 소릿값」'니'(=현대어, '이')를 나타낸다.

그리고 신리시대 이두식 표기의 '師·叱' 등은 음절말의 '―ㅅ―'을 나타낸 것으로 오늘날의 '사이시옷'(合成語의 접속역할)과 같다. 그러나 이것은 어디까지나 이두식 표기에 국한되는 특징일 뿐이다.

나중 전반적으로 고대한국어의 구어를 향찰로 적은 「향가」의 해독에서까지 이러한 이두식 표기의 특징을 그대로 적용시키고 있는 학계의 기존 해독방식은 '이두'와 '향찰'을 혼동하였기 때문임은 앞서 말한 대로

이다. 그리고 '今'은 음차 '금'.

이래서 尼師今＝尼叱今 혹은 齒師今＝齒叱今은, '닛금'(니ㅅ금)>님금>임금의 의미였던 것이다.

예③⇒'麻立干(마립간)' : 신라 제19대 訥祇王(눌지왕) 때부터 제22대 지증왕(智證王) 때까지의 임금 칭호

'마립(麻立)'은 원래 방언에서 '말뚝'[궐(橛)]을 일컫는 말이었다. 그러나 '말뚝'이라는 의미가 중시된 것이 아니라. 그 음을 차용한 표기이다. 즉, '麻立'의 발음은 '말', 또는 '마리', 'ᄆᆞᆯ(→마루)'로 추정되며, 그 뜻은 <頭, 首, 宗, 上, 長> 등으로 해석된다.

중세국어에서도 '말뚝'[궐(橛)]을 '말'이라고 발음했던 것은 문헌의 용례로도 확인된다.

[●말 : 橛 (訓蒙字會中18). ●橛은 말히라 (楞嚴經諺解8 : 85).]

그리고 '干'은 몽골어 'Khan'(王)과 일치하는 것으로, 결국 '麻立干'은 '임금(大王·上王)의 의미인 것이다. 한자차용의 원리로 보면, 「마립」은 '우두머리'의 뜻인 「마리, 머리, ᄆᆞᆯ(宗)」의 음차. '干'은 Khan(王)의 음차.

예④⇒角干<一云舒弗邯> : 신라 때의 17관위의 첫째, 伊伐湌(이벌찬)이라고도 한다.

여기서 '角'은 훈의 소릿값 '쓸'(현대어로, '뿔')이며, '舒弗(서블(불)→쓸→뿔)과 대응되고, '干'은 Khan(王/首長/君主/軍將)의 음차 '간'으로서 '邯'(한: 음차)과 대응된다.

고대에 Khan의 음차표기로는 可早(가한), 可汗(가한), 干(간), 汗(한), 邯(한) 등으로 다양하였다. 요컨대 '각간'이나 '서불한'은 곧 '쓸간(뿔칸)'이요, 그 의미는 「뿔 달린 투구를 쓴 군장(軍將)」이었다.

이러한 고대 관직명의 자국 언어 표기방식은 일본의 경우에도 그대로 적용된다.

(2) 人名

예① ⇒ 신라국조 '赫居世王' : 『삼국유사』에는, 이를 필경 향언(鄉言·신라 말)일 것이라 하여, 혹은 弗矩內(불구내)왕이라고도 하니, 밝게 세상을 다스린다는 뜻이라고 적고 있다.

이를 살펴보면, 赫居世(붉거뉘·불거뉘)의 '赫'은 훈독자 또는 석독자(통칭 「훈독」)이며, 그 소릿값은 '불(붉/볽)'이다. '居'는 음차 '거'로서, 사이시옷(接辭) '一ㄱ一'과 같은 역할.

「赫居」二字 합하여 '불거' 혹은 '붉-/볽-'이요, '世'는 훈독 '뉘'(←누리).

그래서 赫居世(불거뉘/ 붉뉘/ 볽뉘)와 동음인 '弗矩內'(불구내)는, 三字 모두 음차. 그 의미는 「밝은 世上」(光明理世)이다.

예② ⇒ 居柒夫<或云荒宗> : 신라장군으로 내물왕(奈勿王)의 5세손(五世孫). 고구려를 침공하여 10군을 공취하는 전공을 세우기도 함.

거칠부(居柒夫)를 혹 황종(荒宗)이라 불렀다는 『삼국유사』의 기록대로, 居柒夫=荒宗=거츨ᄆᆞᄅᆞ(=현대어, '거칠마루')의 대응관계를 볼 수 있다.

즉, '居柒(거칠 : 음차)='荒(거츨>거칠 : 훈독)이 각각 대응되고, '夫'(ᄆᆞ릇>무릇 : 훈의 소릿값)='宗(ᄆᆞ릇>마루 : 훈독)이 긱긱 대응 된다.

'夫'의 훈은, 일반적으로 '사내'(남자통칭 : 丈夫) 또는 '지아비'(配匹)지만, 어조사(語助辭)로는 'ᄆᆞ릇(무릇)'으로 새긴다.

● 夫天地者, 萬物之逆旅 (李太白集 : <春夜宴桃李園序>).
   =(그 뜻은, 「무릇 천지라는 것은 萬物의 旅館이요」)

따라서 '居柒夫＝荒宗'은 '거츨ㅁ릳(거칠마루)'의 향찰표기로서, 「거칠고 용맹한 남자」또는 「거칠기로 으뜸인 자」의 의미를 지닌 이름이다. 다만, '으뜸(首長)'의 뜻을 가진 'ㅁ릳＞마루' [이러한 용례는 중세국어에서도 확인된다. 즉, *ㅁ릳：宗 (訓蒙字會·上32)·(石峰千字文36)]과 '夫'의 훈인 'ㅁ릇(무릇)'의 소릿값이 완전히 동일하지 않음에도 불구하고, 굳이 '夫'자를 선택하여 쓴 것은, 한자가 지닌 원의(原義)의 이미지를 고려했다고 볼 수 있다.

예③ ⇒ 異斯夫<或云苔宗>：신라장군으로 내물왕의 4세손. 서기 512년(지증왕13년)에 하슬라주(何瑟羅州：지금의 강릉)의 군주(軍主)가 되어, 우산국(于山國：지금의 울릉도)을 복속시킴.

『삼국유사』에, '異斯夫＝苔宗'이라 한 것은, 居柒夫의 경우와 같은 한자차용의 표기방식에 따른 것이다. 즉, <異斯夫＝苔宗＝잇ㅁ릳>로 읽혀진다. '異'는 음차 '이', '斯'는 사이시옷(接辭) 'ㅡㅅㅡ'이므로, 二字 합쳐 '잇'이다.

그런데 '잇' 혹은 '잉'은 '이끼(苔)'의 고어이므로, '異斯(잇)'='苔(잇)'으로 대응되는 것이다. '夫'는 훈의 소릿값인 'ㅁ릇(무릇)'이 '宗(ㅁ릳＞마루)'와 유사음으로 되는 셈이다.

이처럼 인명을 향찰 혹은 이두식으로 적거나 읽는 방식은, 일본으로 건너간 한반도의 도래인들에 의해 그대로 전해져, 거기서 더욱 발전하였다. 지금까지 이 연구서에서 중점적으로 다룬 것이 바로 이 부분에 해당한다.

다시 말하면, 이러한 향찰식 한자표기법에 의한 인명이 일본의 역대 천황들의 이름에서 발견된다는 뜻이다. 즉, 두 자(二字)로 된 짧은 중국식 시호 외에 매우 길게 한자 차용으로 나열되어 있던 또 하나의 휘(諱)

가 그 대표적인 예였다. 이것은 정식 한문법으로 해독할 수 없는 향찰식 표기방법으로 적은 것이기 때문에, 그동안 학자들이 그 정확한 의미를 알지 못했던 것이다.

(3) 地名

예① ⇒ ⓐ得烏失<一云谷>(삼국유사) ⓑ絲浦今蔚州谷浦也(삼국유사)

ⓐ에서 '失'[실 : 음차]='谷'[실 : 훈차]='실'[sil]이 성립되며,

ⓑ에서 '絲浦[실개 : 훈차]='谷浦'[실개 : 훈차]='실개'[silgɛ]가 성립되므로, '谷'과 '실'은 동일한 말이라는 주장이 타당해지는 것이다.

중세국어의 경우에 '谷'의 釋(訓)이 '골'로 나타나지만, 위의 인용문에서처럼 『삼국유사』에서는 '谷'의 새김[釋]이 '실'이었음을 분명히 보인다. 또한 오늘날의 지명에서 '밤실'(栗谷), '돌실'(石谷), '무실'(水谷)[*믈>물이 '무'로 轉音] 등의 존재는, <실=谷>의 타당성을 분명하게 해준다.

지명의 이러한 표기방식도, 그대로 일본에서 습득되어 나타난다.

예② ⇒ '飛鳥(あすか)'와 '明日香'(あすか) : 이 지명의 어원에 대해서는 많은 설(說)들이 난무해 왔다.

① 「飛鳥」는 원래 「토부토리(とぶとり : 나는 새)」라 읽힌다. 그런데 이것이 「飛鳥明日香」처럼 늘 한 세트로 사용되어 「飛鳥」는 「明日香(あすか : 아스카)」를 수식하는 수사, 즉 「마쿠라 고토바(枕詞)」로 삼아져 왔고, 이 때문에 둘을 동일시하여 「飛鳥」도 어느 틈엔가 「아스카(あすか)」로 읽혀져 왔다는 설.

② 「이스카(いすか : 잣새)」라는 새를 「아스카」라고 잘못 불렀던 데서 유래했다는 설. 덧붙인다면, 잣새(이스카)가 아스카(明日香)의 하늘에 가

득히 나는 모습을 보고 이를 동일시했다는 설명.

③「安宿(あんしゅく・안슈쿠)」, 즉 백제의 도래인들이 「살기 좋은 편안한 고장」에 안숙(安宿・안슈쿠)했다는 뜻에서 부르게 된 말이 변형되어, 「아스카」로 부르게 되었다는 설.

④「飛鳥」라는 한자의 한국어식 새김(釋)은 「날(飛)・새(鳥)」가 되고, 「明日」의 의미(訓)도 한국어로 「날-새」(밤이 가고 날이 새는 것)의 발음이 같다는 설.

즉, 날이 새면 大地는 아침을 맞이한다. 그러니 「날-새」, 즉 「飛鳥」와 「아침의 땅」 즉 「明日香」은 한 뜻의 낱말이라 할 수 있다는 것이다. 「飛鳥」도 아스카, 「明日香」도 아스카로 읽게 된 연유가 이것이라는 설명.

이상에서 소개한 여러 이설(異說)들이 모두 그 나름대로 흥미로운 발상과 어느 정도의 설득력을 보여주고 있기는 하나, 한결같이 추정에 의존하고 있다. 그런 점에서는 과연 보편타당성 있는 학설로서의 가치를 지닌 합리적인 설명이 될 수 있는지 매우 의문이다.

그나마 ④의 경우가 그 중에서도 가장 논리적인 설명으로 다가온다. 그러나 다음과 같은 의문이 있다. 「飛鳥」와 「明日」의 한국어식 새김이 「날-새」로서 같다고 하지만, 굳이 향찰식으로 따지자면 「飛鳥」는 「날-새」로 읽고, 「明日」은 「새-날」 또는 「붉건(붉은)-날」로 읽어야 옳을 것이다. 「明日」을 「날-새」로 읽는 것은 한문식의 풀이다. 엄격하게 향찰식으로 하면 「日明」으로 적어야 「날-새」가 된다.

또 한 가지 수긍되지 않는 점이 있다. 즉 「飛鳥」와 「明日香」이 왜 같은 「아스카」라고 읽는지를 분석하는 마당에, 「明日香」의 '香(음: キョウ, コウ, 訓: か, かおり)은 왜 제외시켜 놓고 있는가? 말하자면, 「明日」과 「飛

鳥」의 대응만 살피고 있는 것을 이해할 수 없다.

요컨대 「飛鳥」즉 「날새」와 「明日香」즉 「날새카(明日香:か)」의 대응으로는 설명 불가능하므로, 편의에 따라 「香(か, かおり)」의 一字는 멋대로 떼어내고 논하는 것은 납득하기 어려운 설명이다.

더구나 「飛鳥」는 「明日香」을 수식하는 修辭(이른바 枕詞)로서, 실은 「飛鳥明日香」이 하나의 문맥인 것이다. 그런데 이를 「날-새(飛鳥) 날-새(明日) 카(香)」로 읽었을 때는, 도대체 무슨 소리인지 요령부득이다. 이것을 억지로 좋게 해석하면 「날-새, 날-새 가」(날이 밝아, 날이 밝아 가)라는 뜻으로도, 혹은 「날-새, 날-새 가오리(香:かおり)」(날 밝아, 날 밝아 가오리)라는 뜻일 수도 있겠다.

그래도 어쩐지 석연치는 않다. 그러므로 이에 대해 우리는 가급적 전거(典據)를 대어 새로운 설을 제기할까 한다.

「飛鳥明日香」을 하나의 문맥으로 놓고 이를 향찰식으로 읽으면 「ᄂᆞᆫ 새(飛鳥), 새-나라(明日) 옷곳(香)」=(나는 새[鳥], 새나래[新國] 왔고[來])의 의미가 된다. 즉 飛鳥는 「ᄂᆞᆫ 새」, 明日은 「새-날=새-나라」, 香은 「옷곳」으로 풀이되기 때문이다. 왜 그렇게 읽혀지는지의 근거를 보자.

먼저, 「飛」라는 한자의 한글식 새김[釋]의 용례는 다음과 같다.

[●海東 六龍이 ᄂᆞ르샤: 海東六龍飛(龍飛御天歌 제1장). ●ᄂᆞᆯ 비:飛(訓蒙字會下3)]

그러나 「ᄂᆞᆯ다(→ 날다)」의 관형어적 용법은 「ᄂᆞᆫ」(현대어, '나는').

그러니까 「飛鳥」는 「ᄂᆞᆫ 새」가 된다. 「明」이라는 한자의 한글식 새김은 일반적으로 「붉(밝), 볼ᄀᆞᆯ(밝을)」이지만, 「새」라고도 읽었다.

[●새별이 노파시니: 明星高了(老乞大諺解·上52). ●새별:明星(朝鮮館譯語·上1)]

결국, 「새(-다): 날이 밝아지다」라는 의미에서 「曙, 明」이 모두 「새-」로 읽혀질 수 있었다는 것이 위의 중세국어에서도 확인되는 셈이다. 그리고 「日」이라는 한자의 한글식 새김은 「날」(日은 나리라: 訓民正音註解3)이었는데, 이것의 어원은 몽골어 「nara」(日)에서 유래한 것이다.

그래서 「ᄀᆞ눌(陰)」(현대어로 '그늘')이라는 고어는 「ᄀᆞ(ᄀᆞ·邊)+눌(日)」(=ᄀᆞ눌), 즉 「햇빛의 가장자리」라는 뜻에서 만들어진 단어다.[「ᄀᆞ눌→그늘(현대어)」]. 이런 점에서, 「明日」의 향찰식 읽기는 「새날」또는 「새나라」가 된다. 그런데 이 「새나라(明日)」는 또 「새나라(新國·新天地)」와 동음이다.

그리고 「香」이란 한자의 순수 한국어의 古訓은 「옷곳-ᄒᆞ다」(현대어로, '향기롭다')로서, 이 「옷곳(香)-」(어근·語根)의 음을 빌려, 다른 단어인 「옷고-」('왔고-'의 고어식 표기)에 轉用한 훈(訓)의 소릿값 활용(제1법칙).

아무튼, 여기서 「옷고손(옷곳-온)」(향기로운), 「옷고시(옷곳-이)」(향기롭게)라는 말들이 파생되었다. 그러한 문헌적 예를 들면;

[●香潔은 옷곳ᄒᆞ고 조ᄒᆞᆯ 씨라.(月印釋譜7:65). 그 뜻은, 「香潔(향결)은 향기롭고 깨끗한 것이라」]

[●사ᄅᆞᆷ 브려 져재 가 옷고손 ᄡᆞᄅᆞᆯ 사고: 遣人向市 賒香粳. (杜甫詩諺解3:50).=그 뜻은, 「사람을 시켜 저자(市場)에 보내 향기로운 쌀을 사고」]

[●옷고손 벼 三秋ㅅ 그테: 香稻三秋末(杜甫詩諺解7:37).=그 뜻은, 「향기로운 벼가 삼추의 끝에」]

[●俗은 옷고시 조ᄒᆞᆫ 거슬 삼ᄂᆞ니라: 俗以爲香潔. (妙法蓮華經諺解2:111).=그 뜻은, 「속은 향기롭고 깨끗한 것을 삼는다」]

그러나 또 다른 관점에서 유추해 볼 수도 있다. 즉 「鄕」이나 「香」의 한국식 한자 독음이 둘 다 동일음인 「향」이고, 일본식 음독도 「キョウ(쿄-)」로서 동일음이란 점이다. 그런데 「明日香」이 하나의 지명이고, 또한 「고을(鄕·縣)」의 이름이므로 응당 「明日鄕」이라고 적었어야 옳지 않겠는가 하는 의문이 생긴다.

그럼에도 불구하고, '鄕'(キョウ) 대신에 굳이 동음인 '香'(キョウ)이란 字를 썼다는 것은 의도적이었다고 추측된다.

말하자면 일본식 훈독이 고려된 표기였다고 보는 것이다. 즉, '香'의 일본식 훈독이 'か'(가), 혹은 'かおり'(가오리)이기 때문이다. 'か'(ka)는 일본어의 조어성분(造語成分)으로 장소[處]를 나타내는 낱말이란 점[(例)='ありか': 있는 <u>곳</u>]과 동시에, 또 다른 훈인 'かおり'(가오리)는 '鄕'의 고대한국어식 훈독과도 그 발음이 일치한다는 점이다. 이런 점들이 고려된 교묘한 용자법이었다는 판단이 가능하다.

즉, '鄕'이나 '縣'을 '<u>ᄀ올</u>'(현대어, 고을)로 읽었던 증거를 중세한국어의 표기문헌에서 확인할 수 있다.

[●나그내는 어느 <u>ᄀ올</u>로 조차 와: 客從何鄕來 (初刊本 杜甫詩諺解18: 16).=그 뜻은, <나그네는 어느 <u>고을</u>로부터 와서>.

●다른 <u>ᄀ올</u> 와셔 녯 버들 맛나: 異縣逢舊友 (杜甫詩諺解9:17). =그 뜻은, <다른 고을에 와서 옛 벗을 만나>.

이런 점으로 봐서 鄕이나 縣 또는 郡의 뜻으로 사용하였던 고대일본어 「コホリ」(고호리→ 고오리)가 고대한국어 「ᄀ올, 고올」(현대어로는 '고을, 골')에서 유래하였음을 알 수 있다.

따라서 「明日香」은 「明日香(鄕=縣)」과 같은 표기로서, 고대한국어의 훈을 차용한 소릿값(향찰식독법의 제1법칙)으로 「새나라(明日)-ᄀ올(香)」

이며, 그 뜻은 「新國鄕(縣·郡)」이다.

이러한 추리를 통해 요약정리하면, '鄕'이나 '縣'이란 한자 대신에 굳이 '香'자로 대체한 이유를 알 수 있게 된다. 즉, 일본어식 훈으로 香은 장소[곳: 處]를 나타내는 조어성분인 'か'와 동음인 동시에, '縣'의 일본 고어인 'こほり'(고호리)의 어원인 한국어 「ᄀ올, 고올」의 발음과 유사한 'かおり'(가오리)란 점을 고려한 표기였다고 추측된다.

그건 그렇다 치자. 그런데 이 「明日香」을 '아스카'(あすか)라고 읽게 된 것은 무슨 까닭인가.

그것 역시 고대 한국어로 「아사」 혹은 「아춤」이 「朝^단旦, 晨朝^신, 明日」의 뜻이요, 「아ᄉᆞ～아시～아이」가 「始·初」(처음)의 의미였기 때문이다.

즉 「아ᄉᆞᄀ올」은 「新鄕(=新縣)」 또는 「朝鄕=明日香=旦縣」의 향찰식 읽기에 해당하고, 「아시ᄀ올」·「아사ᄀ올」은 이것의 동의이음(同義異音)이다.

그런데 이 「ᄀ올(鄕·縣)」의 음을 빌려 「香(かおり·か)」으로 적음으로써, 결과적으로 「明日香」은 「아스카오리·아스코호리(あすかおり·あすこほり)」 혹은 「아스카(あすか)」로 읽혀졌던 것이라고 추측된다. 다만, 일본어의 「-か」가 '곳[處]의 뜻이므로, 간단히 「아스카」로 고착되어, 이것이 일반화했을 것이라는 추정이다.

「아사」가 「王」의 뜻이었던 것은 옛 「王都」를 「阿斯達(아사달)」이라했던 데서도 알 수 있고, 또한 「아침(朝)」의 뜻이기도 하였다.

일본어의 「あさ(아사: 朝)」가 여기서 유래했다는 것은 이미 학계에서 정설로 대접받는 일반화한 이론이다. 또한 「아침」인 동시에 「엏～어ᄉᆞ」(옛 한글. 현대어로, '어버이')의 이형태(異形態)로서 「大」의 뜻이기도 하였다. 「達」은 고어에서 「드릭·드르(原)」의 차음표기로도 사용되었고, 「山」의

뜻으로도 쓰여, 대개 「고을, 골」의 의미를 지닌 것이었다.

따라서 「아사달」은 「큰 고을(大縣·大邑)」·「王都」·「朝鄕」등의 의미였다.

또, 「아시~아시~아이」가 「始·初」의 의미였던 사실에 관한 용례도 옛 문헌에 보인다.

● 「…므리 만코 길혼 멀오 도ᄌᆨ 하고 건나디 몯하야 개셔 자다니 아시져네 과글이 비롤 알하 믄득 니러 안자……(月印釋譜10:24). <그 뜻은, 「물이 많고, 길은 멀고, 도적은 많고, 건너지 못하여, 가(辺)에서 자더니 초저녁에 갑자기 배(腹)를 앓아, 문득 일어나 앉아…>」

● 아시 쯸 분: 饙(訓蒙字會·下12).

['아시'는 初回(초회·애벌)의 뜻이고, '饙(분)은 (고두밥 등을) '찌다·익히다']

● 만일 아이예 訟官티 아니코: 若初不訟官(增修無寃錄諺解1:8).

[그 뜻은, 「만일 애초에 관가에 소송하지 않고,」]

이상의 예에서 보듯 「아시→아이」로 변천했거나, 또는 「아시→아시」로 변천했음을 알 수 있다. 「아이예」가 오늘날의 「아예」(처음부터, 始初부터)라는 단어가 된 것도 「아시」가 그 어원이었음이 저절로 드러난다. 그러므로 위의 내용들을 간추려 보면 다음과 같은 해명이 가능해진다.

① 「飛鳥明日香」을 하나의 문맥으로 취급하여 향찰로 읽을 때는, 「ᄂᆞ는 새, 새나라 옷곳(왔고)」=[나는 새, 새 나라에 옮겨왔고]라는 뜻이 되고,

② 「飛鳥」라는 한자에 함축된 의미 면에서 살피면, 「새-눌아(→새-ᄂᆞ라」 즉 「새-나라(新國)」와 동음이다. 한문에서 주술관계가 도치(倒置)되는 경우는 흔히 볼 수 있는데, 가령 「開花」(꽃이 핌), 「降雨」(비가 내림).

「散花(=華)」(꽃이 져서 흩어짐) 따위는 **술어+주어**의 대표적인 용례다.

따라서 「새-눌어(飛鳥)→새-ᄂ라=새나라(新國)」와 「새날-ᄀ올(明日香)=새나라-ᄀ올(新國鄕)」, 또 「아ᄉ│ᄀ올=아사ᄀ올=아시ᄀ올(明日香·朝縣)」은 「新土·初耕地·開拓地」로서 동일의미였다.

③ 「飛鳥」나 「明日香」이 둘 다 향찰식 읽기로는, 「새-나라」와 「새-나라-ᄀ올(고을)」로서 같은 의미를 띠게 된다. 바로 그 점에서 「ᄀ올(かおり), 고올(こほり)」의 음과 장소[處: 곳]의 의미까지 함축한 「香(か, かおり)」으로 대체하여 「明日香」을 「아스카」로 읽고 있는 현재의 발음은, 원래 「아시ᄀ올」 혹은 「아시카」에서 와전(訛傳)된 일본식 발음이 아닐까 생각된다. (大尾)

『神들의 이름』 출판을 축하하며

孫永穆

(소설가/한국소설가협회 부이사장)

자기 專門分野가 엄연히 있음에도 불구하고 엉뚱한 外道로 주변사람들을 어리둥절하게 만드는 욕심쟁이를 우리 주변에서 간혹 발견한다.

내가 몸담고 있고 누구보다 잘 아는 좁은 소설동네 사정만 보더라도 그동안 詩人이나 評論家로 행세하다가 뒤늦게 소설작품을 명함처럼 불쑥 내밀며 식구로 끼워주기를 바라는 사람들이 종종 있다.

美術家로 활동하거나, 대기업 또는 금융기관에 근무하다가 소싯적의 꿈을 살려 소설을 쓰겠다고 어느 날 갑자기 버젓한 직장 때려치우고 찾아오는 어이없는 경우도 있다.

그러나 극히 드문 예외 말고 그런 사람들이 소설가로 성공하기는 매우 어렵다. '小說'의 鐵甕城이 그만큼 단단하고, 문장께나 쓸 줄 안다고 아무나 소설가가 될 수는 없다는 反證이기도 하다.

바로 그 점이 가난을 밥 먹듯 하면서도 피나는 창작행위에 매달려 평생을 살아가는 나 같은 사람들이 느끼는 희열과 긍지의 원천이며, 같은 脈絡에서 눈 씻고 봐도 소설을 접고 다른 장르나 분야로 轉業하는 소설가가 없는 이유이기도 하다.

그런 측면에서 김인배 형은 상당히 흥미로운 연구대상이다.

삼십대 한창이던 1975년에 고급문예지 『문학과 지성』을 통해 소설가
로 데뷔해 「물목」 같은 우수한 작품으로 호평과 화제의 대상이 되던 때
만 해도 그가 次世代 대표소설가의 한 명이 될 것이라고 예상하는 이들
이 많았고, 본인의 열정도 대단했다. 그러다가 이상하게 文壇의 관심권
에서 점점 멀어지더니, 마침내 그의 작품을 誌面에서 거의 발견할 수 없
는 지경이 되고 말았다.

한 작품에 워낙 공을 들이는 寡作이기도 하지만, 김 형이 그처럼 小
說界의 野人처럼 된 데에는 미안하게도 나를 비롯한 우리 친구들의 책
임이 조금은 있는지도 모르겠다.

1980년대 초기 세상에 저 잘나고 두려울 것 없던 젊은 우리 친구들은
'作家'라는 小說同人會를 결성해서 왕성하게 활동했는데, 김 형은 누구
보다 열심이고 적극적인 멤버였다. 그러다가 열정도 웬만큼 식고 약간
의 내부혼선이 생긴 데다 저마다 어느 정도 이름을 얻어 개별활동 쪽에
무게를 두게 되자 동인회는 단순한 친목모임으로 퇴색하고 말았고, 同
人作品集 출판이라는 可視的이며 실질적인 동아줄이 사라짐으로써, 홀
로 지방에 거주하는 김 형은 자연히 우리 모임에서 멀어지게 되었다.

그런 김 형이 1990년대 초에 한·일 양국 古代言語의 相關關係를 다
룬 語文歷史硏究書를 불쑥 보내왔을 때, 그 연구의 독창성과 해박한 論
證에 놀라고 탄복하면서도 솔직히 나는 '웃기는 친구세. 이런 外道보단
차라리 本業인 소설이나 열심히 쓰지.'하는 심정이었다.

일찍이 그림과 붓글씨에 대한 미련을 과감히 떨치고 인생승부의 카드
를 小說 한 장으로만 확정했던 내 자긍심 탓이기도 했지만, 어쨌든 나는
그가 우수한 재능을 허비하고 있다고 안타까워했던 것이 사실이었다.

그러나 김 형이 자기 아우와 공동저작으로 이 책까지 일련의 硏究書
를 벌써 몇 권이나 발표하며 그때마다 關聯學界에 상당한 반향을 불러

일으키는 것을 보고는 나 자신의 생각을 수정하지 않을 수 없었다. 그의 경우 古代語文歷史研究야말로 결코 외도나 재능 허비가 아니라 나름의 보람찬 本業이며, 오히려 소설쓰기가 그 반대일 수 있다고.

하기야 어쩌면 먼 훗날 우리네 소설들은 다 죽어도 그의 研究書는 여전히 살아남아서 '자기 목소리'를 값지게 유지할지도 모르는 일 아닌가.

이 책 출판이 오랜 연구작업의 大尾에 해당된다고 본인은 생각하는지, 김 형은 앞으로는 소설쓰기에 새로운 열정을 쏟겠다고 했다.

나는 친구로서 그의 약속을 신뢰하고, 한편으로는 기대한다.

● 책을 엮고 나서

지난 2001년 12월, 일본의 아키히토(明仁)천황이 자신의 68세 탄생일 (12월 23일)을 앞두고 가진 기자회견에서 한국에 대해 지니고 있는 생각을 질문 받고는 이렇게 말하였다고 한다.

"일본과 한국 사람들 사이에 옛날부터 깊은 교류가 있었다는 것은 『일본서기』 등에 상세히 기록돼 있다. 한국에서 이주해온 사람들, 초빙돼온 사람들에 의해 다양한 문화와 기술이 전해져 왔다. 궁내청 악부(樂部)의 악사(樂士)들 중에는 당시 이주자의 자손들이 대대로 악사를 지냈고, 지금도 때때로 아악(雅樂)을 연주하는 사람이 있다. 이런 문화와 기술이 일본 사람들의 열의와 한국 사람들의 우호적 태도에 의해 일본에 전래됐다는 것은 다행스런 일이며 그 후 일본의 발전에 크게 기여했다고 생각한다.

나 자신도, 간무(桓武)천황의 생모(生母)가 백제 무령왕(武寧王)의 자손이라고 『속일본기(續日本記)』에 기록돼 있는 사실에, 한국과의 인연(因緣)을 느낀다. 무령왕은 일본과 관계가 깊어 이때부터 오경(五經) 박사가 대대로 일본에 초빙되었다. 또, 무령왕의 아들 성명왕(聖明王)은 일본에 불교를 전해 준 것으로 알려져 있다. 그러나 유감스럽게도 한국과의 교류는 이런 교류만 있었던 것이 아니었다. 이런 사실을 우리들은 잊어서는 안 된다고 생각한다.

월드컵을 앞두고 양국민의 교류가 활발해지고 있는데, 이것이 좋은 방향으로 나아가기 위해서는 양국 사람들이 각자 제 나라가 걸어왔던 길을, 개개의 사실에 대해 정확히 알도록 노력하고 개개인으로서 서로의 입장을 이해해 가는 것이 중요하다고 생각한다. 특히 이번 한·일 월드컵이 양 국민의 협력에 의해 차질 없이 진행돼, 양 국민 사이에 이해와 신뢰감이 깊어지기를 기대하고 있다.”

이상은, 간무(桓武)천황의 생모가 백제의 제25대 무령왕의 자손이라고『속일본기』에 기록돼 있는 사실에서 한국과의 인연을 느낀다고 했던 아키히토 현 일왕(日王)의 발언을 통해, 소위 천황가(天皇家)가 고대 한국과 깊숙이 관련돼 있음을 인정했던 것으로 큰 관심을 모았던 내용의 전문(全文)이다.

대관절 간무천황은 어떤 인물인가?

그는 서기 781년~806년까지 재위했던 제50대 일본천황이며, 혼란한 정계의 기풍을 혁신하고 율령체제를 재편하기 위해, 서기 794년 현재의 교토(京都)에 헤이안쿄(平安京)를 조성해, 이전의 수도인 나라(奈良)로부터 도읍을 이곳으로 옮겨 이른바 ‘헤이안시대(平安時代)’를 열었던 인물이다. 그 헤이안시대는 간무천황 후 약 400년간 지속됐다.

간무천황의 명을 받들어 만든『속일본기』에는 간무천황의 생모인 다카노노 니이가사(高野新笠)가 백제 무령왕의 자손이라고 전하며, 백제의 건국신화도 싣고 있다. 역사학에서는 예선부터 주목돼온 기술이지만 이것을 일왕 스스로 언급한 것은 매우 큰 의미가 있다.

하기야 일왕 자신의 입으로, 그것도 공개적으로 한국과의 혈연적 관련성을 언급한 것은 이번이 처음은 아니다.

1984년 한·일 영수회담(領首會談) 때도 당시 히로히토(裕仁) 일왕이 만찬석상에서 다음과 같은 말을 하였다.

"스이코(推古)천황(592~628년 재위) 이전의 일본천황 역사는 모르는 부분이 많다. 혹시 천황 중엔 귀국(貴國: 한국을 지칭)과 관련 있는 분이 일본에 와서, 그 흐름이 천황사(天皇史) 속에 들어왔는지도 모르겠다……"

당시 만찬장의 취재기자는 누구나 들었을 이런 발언이 이상하게도 일본 신문에서는 전혀 보도되지 않았다고 한다. 이 사실은, TV아사히(朝日)의 황실 담당기자를 오래 지낸 간다 슈이치(神田秀一) 오비린 대학 강사가 생방송 프로그램에 출연해 밝힌 증언이었다. 일본 황실의 혈통은 확실히 오랜 세월동안 일본 언론이 금기시(禁忌視)해온 일종의 터부(taboo)로서, 지난 2001년 아키히토 현 일왕의 소위 '한반도 혈연관계' 언급도 마찬가지였다.

일본 천황가에 백제왕실의 피가 섞였다는 일왕 본인의 발언이 아사히신문을 제외한 거의 대부분의 일본 신문에서 다뤄지지 않았던 것은 물론이다. 일왕이 기자회견에서 스스로 황실의 '뿌리'를 언급했다는 뉴스로서의 가치를 감안하면 이례적이라 할 만큼 일본의 언론에선 거의 보도조차 하지 않고 침묵으로 일관했던 셈이다. 아마도 일본 황실의 혈통문제가 공공연히 노출되는 것을 꺼리는 보수 지도층과 언론계로선 이 사실이 일반대중에게 폭넓게 전달되는 것 자체가 곤혹스러울 것이라는 우려가 작용했을지도 모른다.

물론 지난번 일왕의 그 발언은 학문적으로 새로운 사실을 밝힌 것도 아니다. 이미 『속일본기』에 기록돼 있는 내용을 인용한 것에 불과하며, 『일본서기』 등 각종 문헌에도 한·일 교류를 통해 한반도 계통 이주민들이 일본열도에 끼친 막중한 영향과 역할 등이 소상하게 기술돼 있기 때문이다. 그런 점에서, 일본 황실이 백제와 밀접한 관련이 있다는 것은 주지의 사실이며, 또 일본인들도 사석에서는 "천황의 가계(家系)를 거슬러 올라가면 한국에서 왔을지도 모른다."고 말할 정도이다. 그러나 단지 이를 공개적으로 언급하는 것은 금기시돼 왔다.

그럼에도 불구하고, 바로 이런 금기를 일왕 스스로 깨뜨리고 '혈통' 문제까지 언급함으로써 한국과의 관계를 강조한 것은, 그 저의가 무엇이든 간에 예상을 훨씬 뛰어넘는 대담한 발언이었다. 설령 그렇다 해도, 이것이 일본인들에게 적지 않은 영향을 줄 것으로 판단한다면 그 점은 어디까지나 한국 측에서 해보는 추측일 따름이다.

비록 일왕의 그 같은 발언이 듣기에 따라서는 천황가가 백제계일 가능성을 높이고 있지만, 실은 유감스럽게도 일본에서 침묵해온 데는 일본 황실의 뿌리에 대한 의문을 갖고 본격적으로 천착(穿鑿)한 학문적 연구가 거의 없었기 때문이다. 다만 역사에 관심이 있는 일반인들 사이에서 적잖이 그렇게 회자(膾炙)돼 왔을 뿐이었지 감히 천황가의 뿌리에 대해서는 아무나 함부로 건드릴 수 없는 문제였던 것이다.

따라서 어느 정도의 심증(心證)만 있을 뿐 아직까지 확증은 없다. 한국에서는 일본 천황가의 백제 기원설을 내세우는 책들이 더러 시중에 나와 있으나, 사료의 자의적 해석 등, 역사 연구자 입장에서 볼 때는 학문적 성과로 받아들이기 어렵다는 주장도 만만찮다.

이에, 우리는 이번에 『神들의 이름』이란 제목으로 이 책을 엮어낸다. 이 연구서를 통해 그동안 일본 천황가의 뿌리에 대해 온갖 확증 없는 의문들만 난무하던 것으로부터 비로소 나름대로 그 계통이 바로 잡히고 체계가 선 하나의 해답을 얻을 수 있기를 바라마지 않는다.

己丑年(서기 2009년) 初春 지은이

神들의 이름

   -일본 천황가의 한국식 이름 연구

초판 1쇄 인쇄 · 2009년 2월 20일
초판 1쇄 발행 · 2009년 2월 25일

지은이 · 김인배 · 김문배
펴낸이 · 이종천
펴낸곳 · 오늘
등록일 · 1980년 5월 8일 제10-104호
주소 · 서울시 마포구 마포동 35-1 현대빌딩 609호
전화 · 719-2811(대) 716-2811
팩스 · 712-7392
http://www.oneul.co.kr
E-mail : oneull@hanmail.net

ⓒ 김인배 김문배 · 2009
* 저자와의 협의하에 인지는 붙이지 않습니다.
* 파본 및 잘못된 책은 바꾸어 드립니다.
ISBN 978-89-355-0444-2 03910